UNITALL

DIE SCHLÜSSEL
DER OFFENBARUNG

– Als Agent der Dritten Macht –

Julian von Salomon

1. Auflage
Januar 2014

HJB Verlag & Shop KG
Im Kai 1
78259 Mühlhausen-Ehingen
Deutschland
Tel.: 0 77 33 – 9 77 34 30
Fax: 0 77 33 – 9 77 34 39
www.alternative-realität.de
hjb@bernt.de

© 2013 HJB Verlag KG

Inhaltsverzeichnis

Vorwort

Der 21.12.2012 wurde von vielen Menschen ängstlich erwartet. Denn die Welt sollte einmal mehr untergehen … Es ist schon verwunderlich, dass immer wieder Menschen auf den Zug dieser mit schöner Regelmäßigkeit *nicht* eintreffenden Prophezeiungen aufspringen. Für mich persönlich jedenfalls war das genaue Gegenteil der Fall: die Welt erstrahlte für mich an jenem Tag in neuem Glanze, erhellt vom Licht der Erkenntnis!

All die scheinbar unzusammenhängenden Dinge, die mich bislang begleitet und auch geprägt hatten, fügten sich wie Puzzleteile zu einem deutlichen Bild des Großen und Ganzen zusammen. Dieses Gesamtbild konnte ich zuvor nicht erkennen, weil ich, wie die meisten anderen Menschen auch, die einzelnen Teile isoliert betrachtet hatte. Nur allzu deutlich erlebte ich, was, in tiefstem Sinne, eine »ganzheitliche Betrachtungsweise« bedeutet: von den Geheimnissen der *Tempelritter* bis zur Legende um König Artur und dem heiligen Gral, vom Wirken Jesu Christi bis hin zu den prähistorischen außerirdischen Besuchern Erich von Dänikens, vom Aufstieg bis zum Untergang der Imperien von der Antike bis heute, von der Funktionsweise des Bankensystems bis zum Ausbruch des 1. und 2. Weltkrieges, vom Zerfall der Sowjetunion bis zu den Terroranschlägen vom 11. September – alles passte unmittelbar nach dem »Weltuntergangsdatum« 21.12.2012 nahtlos zueinander.

Das Zusammenfügen all jener Puzzleteile ist ohne äußere Hilfe praktisch unmöglich. Dies wäre eine Aufgabe, an der auch der klügste Kopf scheitern müsste – ich also erst recht … Doch genau diese Hilfe widerfuhr mir an jenem schicksalhaften Freitag zur Wintersonnenwende des vergangenen Jahres in Form des Vermächtnisses meines Großvaters.

Im ersten Teil dieses Buches schildere ich, wie ich zu diesem Erbe gelangte und woher mein Großvater seine Informationen bezog, die die gesamte Menschheitsgeschichte in einem neuen Licht erscheinen lassen.

Die übrigen Teile dieses Buches befassen sich dann mit Abschnitten dieser »Enzyklopädie der Menschheit« – jedoch nicht in chronologischer Reihenfolge. Ich schildere zunächst das Wirken der *Vril-Gesellschaft* im vergangenen und gegenwärtigen Jahrhundert. Dabei vergleiche ich die Mythen um diese Geheimorganisation, die in der Literatur und den schier unendlichen Weiten des www, vulgo Internet, zu finden sind, mit der Wirklichkeit. Erst nachdem ich Ihnen, verehrte Leser, die Hintergründe jener Organisation grob skizziert habe, in der mein Großvater wirkte, beginne ich mit dem Zeitpunkt in der Geschichte der Menschheit, ab dem diese interessant wird: mit der zeitgleichen Entstehung der Hochkulturen rund um den Erdball – und nicht zuletzt mit der Ursache dieses Quantensprungs kultureller Evolution. Diese Aufklärung der Hintergründe werde ich in weiteren Bänden fortführen.

Die Menschheitsgeschichte wird im Wesentlichen durch zwei Geheimgesellschaften beherrscht und dementsprechend geprägt: durch die *»Bruderschaft der Schlange«* und durch die *»Artur«* (nicht zu verwechseln mit dem männlichen Vornamen). Erstere werden von »Insidern« häufig einfach *»Die Bruderschaft«* genannt und sind speziell in den letzten Jahrhunderten unter dem Namen *»Illuminaten«* oder lateinisch *»Illuminati«* bekannt geworden. Die *»Artur«* hingegen wurden vom sumerischen König Gilgameš[I] gegründet[II] und organisierten sich Jahrtausende später vom 12. bis 14. Jahrhundert unter dem Namen *»Tempelritter«*. Heute nennen sie sich aus historischen Gründen *»Deutschtempler«* und die *Vril-Gesellschaft* ist ihr naturwissenschaftlicher Arm.

Es wäre naive und unangebrachte Schwarzweißmalerei die einen als »gut« und die anderen als »böse« zu bezeichnen. Ihre

---

[I] Das Zeichen »š« wird wie das deutsche »sch« ausgesprochen.

[II] Im Sumerischen ist »Ar« die Kurzform für »Ara«, was »Herrlichkeit« bedeutet. »Tur« ist zusammengesetzt aus »tu« (geboren) und »uru« (bewachen). Das sumerische Wort »Artur« bedeutet also: »Geboren, die Herrlichkeit zu bewachen«. Damit ist auch geklärt, warum die Ursprünge des männlichen Vornamens »Artur« bis heute nicht bekannt waren. Mit »König Artur« in der Grals-legende ist nicht etwa eine Person, sondern seine Tafelrunde »die *Artur*« gemeint. Die Natur des Grals wird noch ausführlich im vorliegenden Buch diskutiert.

Ideologien und auch ihre Ursprünge sind jedoch ziemlich konträr, woraus sich eine nun fünf Jahrtausende währende Todfeindschaft entwickelt hat.

Gemeinsam ist beiden Geheimbünden jedoch, dass sich ihre Denkweisen zum Teil sehr stark von den ethischen Dogmen unserer westlichen Zivilisation unterscheiden.

Die *Illuminaten* streben den alten Traum der meisten Herrscher an: Sie wollen sich die gesamte Menschheit untertan machen – ein Ziel das sie praktisch bereits erreicht haben. Dabei folgen sie konsequent ihrer zum Prinzip erhobenen Erkenntnis: »Der perfekte Sklave weiß nicht, dass er ein Sklave ist.«

Die Philosophie der *Artur* hingegen erklärt den Fortschritt im Sinne naturwissenschaftlicher Erkenntnis und der daraus resultierenden Technologie als Existenzzweck der Menschheit – in einem sehr tiefen Sinne, wie wir in den Folgebänden noch sehen werden. Aus diesem Grunde bekämpfen sie den Aberglauben, die Basis der Religionen, welche unter anderem der *Bruderschaft* als Herrschaftsinstrument dienen, aufs Schärfste. Umgekehrt tun die *Illuminaten* ihr Möglichstes, um die Aufklärung der Menschen zu verhindern. Welche Tricks und teils geniale psychologische Kniffe sie dabei verwenden, werden wir noch im Detail sehen.

Also sind die Illuminaten die Bösen, werden Sie jetzt vielleicht denken. Das ist allerdings eine Frage der Perspektive. Die moralische Berechtigung, warum wir Massentierhaltung betreiben und unseren Mitgeschöpfen große Schmerzen und Leid zufügen dürfen ist die, dass wir die Tiere für »minderwertiger« und deshalb für weniger lebenswert als uns selbst halten. Jeder Mensch, der Fleisch isst, stimmt diesem ethischen Grundsatz bewusst oder unbewusst zu. Analog verhält es sich mit den *Illuminaten*: Sie halten die Masse der Menschheit für minderwertig und daher für weniger lebenswert als sich selbst (schließlich sind sie die »Erleuchteten«), woraus sie sowohl ihren Herrschaftsanspruch als auch ihre – aus ihrer Perspektive berechtigte – Skrupellosigkeit ableiten.

Die *Illuminaten* sind folglich aus dem Blickwinkel des Massenmenschen ähnlich »böse«, wie es die Fleischindustrie aus dem Blickwinkel der Kuh ist. Wobei die Kuh derartige Betrachtungen über das Wesen der Fleischindustrie genauso wenig anstellt, wie der Massenmensch über die Strategien der *Illuminaten* ... Ich gebe zu, dass dieser Vergleich ziemlich drastisch ist, doch erstens stammt er nicht von mir, wie wir gleich sehen werden, und zweitens trifft er die Denkweise jener »Erleuchteten« ziemlich genau. An dieser Stelle möchte ich einen berühmten Schriftsteller als *Deutschtempler* »outen«. Als Eingeweihter und daher als Kenner der *Illuminaten*strategien machte George Orwell schon in der zweiten Hälfte der 1940er Jahre auf den Überwachungsfetischismus der *Bruderschaft* in seinem Roman »1984« aufmerksam[1]. Unter Einbeziehung des technischen Fortschritts, den er durch sein Geheimwissen absehen konnte, skizzierte er die totale Überwachung der Privatsphäre durch eine Herrschaftselite in einer Gesellschaft, die in einer Pyramidenstruktur organisiert ist (Abb. V.1). Wir dürfen darin einen direkten Hinweis auf die Pyramide der *Illuminaten* mit dem allsehenden Auge (Abb. V.2) erblicken, was wiederum seine Entsprechung in Orwells »Big Brother« hat.

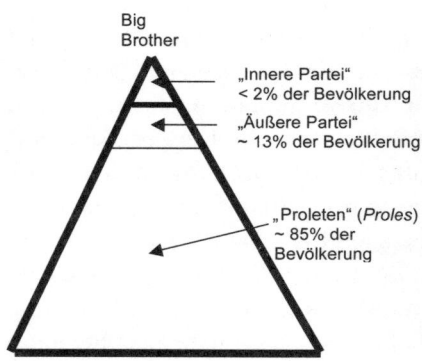 

(Abb. V.1: Gesellschaftsstruktur nach Orwells »1984«)

(Abb. V.2: Die *Illuminaten*pyramide als Siegel der USA auf der Ein-Dollar-Banknote)

Durch den »Prism-Skandal« dürfte auch dem letzten Hinterwäldler klar geworden sein, dass Orwell keineswegs eine paranoide Dystopie schrieb, sondern mittlerweile sind seine Visionen von der Wirklichkeit längst eingeholt wurden. Dementsprechend wurde der Roman durch den Überwachungsskandal erneut zum Bestseller[2] und das »allsehende Auge« der *Illuminaten*pyramide hat eine bedrückend reale Bedeutung bekommen.

Zuvor schrieb Orwell den Roman »Animal Farm«[3], in dem er einen Aufstand der Tiere gegen den menschlichen »Besitzer« schildert. Daher meine obige Gleichung, »Kuh zu Fleischindustrie verhält sich wie Massenmensch zu *Bruderschaft*«. Oberflächlich betrachtet ist »Animal Farm« eine Parabel auf die Sowjetunion, deren Bewohner das Joch des Zaren gegen die Terrorherrschaft Stalins eintauschten. Doch dies ist wiederum eine Allegorie auf die Herrschaft der *Illuminaten* über die Menschheit. Der wirklich dystopische Gedanke ist dabei der, dass es der Masse niemals gelingen wird, diese Herrschaft abzuschütteln, weil sich die Mehrheit anschließend erneut dem nächsten Aberglauben (Religion oder Ideologie, was so ziemlich aufs Gleiche hinausläuft) unterwerfen würde. Und wer wären dann wohl diejenigen, die den neuen Aberglauben wie einen Virus, um mit den Worten Richard Dawkins'[4] zu sprechen, verbreiten würden? Richtig! Es wären wiederum die *Illuminaten*. Wenn man dieser Organisation einen Kopf abschlägt, wachsen ihr zehn neue nach.

Diese auf Naivität oder weniger freundlich formuliert, auf Dummheit beruhende leichte Beeinflussbarkeit der Massen durch die *Illuminaten* prägte in den vergangenen acht Jahrhunderten in zunehmendem Maße die Denkweisen der *Artur*. Die aus einem hohen Maß an Ernüchterung geborene Haltung gegenüber dem Großteil der Bevölkerung ist der Grund dafür, dass man die *Deutschtempler* nicht pauschal als »die Guten« bezeichnen kann. Sie propagieren zwar den Fortschritt, also eine für uns alle gute Sache, sie sind jedoch der Meinung, dass der Großteil der Menschheit nicht zu jenem klaren Denken fähig ist, der für das Erreichen von Fortschritt notwendig ist. Letzterer ist nach Meinung der *Artur* alleiniger Verdienst einer kleinen Elite, sozusagen des rechten Ausläufers der Gauß'schen

Verteilungskurve von Befähigungen innerhalb der Bevölkerung.

Die Masse hingegen taugt ihrer Ansicht nach bestenfalls, um jene Elite mit den lebensnotwendigen Grundbedürfnissen zu versorgen, damit sich diese mit den »höheren« Dingen des Lebens (Naturwissenschaft, Geisteswissenschaft, Kunst) beschäftigen kann. Der Fortschritt selbst macht die Masse nach Ansicht der *Artur* durch die mit ihm verbundene, immer weiter voranschreitende Automation, mehr und mehr überflüssig. Sie vertreten deshalb zwar auf der einen Seite nicht die Ansicht, die *Proles* (Orwell wählte diesen Ausdruck mit Bedacht) müssten dezimiert werden, sie sehen auf der anderen Seite aber auch keine Veranlassung, die Masse an ihrem Wissen und den damit verbundenen Segnungen teilhaben zu lassen. Im Gegenteil – die *Deutschtempler* gehen sogar davon aus, dass die Beherrschung des Vril-Prozesses (siehe Anhang 1) durch die Allgemeinheit unweigerlich zur Vernichtung unseres Heimatplaneten führen würde. Daraus resultierte auch das ambivalente Verhältnis der *Artur* zum Deutschen Reich zur Zeit des Nationalsozialismus: Auf der einen Seite verabscheuten sie die Nazis, die das »deutsche Volk« verherrlichten, geniale Juden aber nur wegen ihrer Abstammung aus dem Land vertrieben und schließlich den Holocaust organisierten. Auf der anderen Seite sahen sie in Deutschland jedoch den Vorreiter für den Fortschritt und somit als idealen Nährboden für die Rekrutierung geeigneter Mitglieder ihrer elitären Gesellschaft. Unbestritten war das Land der Dichter und Denker damals eine geistige Weltmacht, und ein Großteil der naturwissenschaftlichen Erkenntnisse und Technologien aus der ersten Hälfte des 20. Jahrhunderts war »Made in Germany«.

Einen weiteren Punkt haben die beiden verfeindeten Parteien jedoch gemeinsam: Sie denken streng analytisch. Bevor ich mit dem eigentlichen Inhalt der mir zugespielten Informationen beginne, möchte ich zunächst ein paar Worte in der Einleitung zu diesen streng analytischen Denkstrukturen verlieren, die unerlässlich sind, um den Wahrheitsgehalt meiner Behauptungen beurteilen zu können und die natürlich auch dazu beitragen, die Herrschaftsmethoden der *Illuminaten* zu entlarven.

Mit meinen Veröffentlichungen werde ich einigen Leuten ganz gehörig auf die Füße treten. Da mir mein Herz im dynamischen Zustand erheblich besser gefällt als im statischen, bin ich auf eine Kontaktaufnahme mit den Handlangern der Geheimgesellschaften, speziell jenen der *Bruderschaft*, nicht sonderlich erpicht. Mein Wissen basiert auf einer ganzen Bibliothek digitaler Dokumente, die ich auf Umwegen von meinem Großvater an jenem schicksalhaften 21. Dezember 2012 erhielt. In Teil 1 schildere ich, wie es dazu kam. Nicht unerwähnt lassen möchte ich an dieser Stelle, dass ich Kopien jener digitalen Bibliothek angefertigt habe, die mir als Lebensversicherungen dienen. Diese Kopien (mehr als 20, die genaue Zahl nenne ich natürlich nicht) habe ich bei rund um den Erdball lebenden Freunden hinterlegt. Sollte ich mich nicht einmal im Monat durch verschlüsselte Texte, verborgen in speziellen Netzseiten, melden, so werden meine Mitstreiter die gesamte Bibliothek ins Internet stellen. Selbst wenn man mich aufspürt und foltert, so kann man niemals sicher sein, dass ich alle Inhaber der Kopien genannt habe. Die Aufzeichnungen enthalten die Namen sämtlicher Personen, die im Verborgenen unseren Planeten bis ins Jahr 2012 regieren – inklusive ihrer Planungen für unser aller Zukunft. Die Veröffentlichung dieser Informationen dürfte den Interessen der heute Herrschenden (womit ich nicht den amerikanischen Präsidenten, die Bundeskanzlerin oder ähnliche Marionetten meine) massiv zuwider laufen. Der einzige Grund, warum ich dieses Buch schreibe und nicht gleich die digitale Bibliothek selbst ins Internet stelle ist der, dass ich mich dieser Lebensversicherung nicht berauben möchte (und ja, ich möchte damit auch ein paar Euros verdienen, schließlich ist der mir nun aufgezwungene verdeckte Lebenswandel nicht umsonst zu haben).

Irgendwo in Deutschland – irgendwann im Dezember 2013,

Ihr
Julian von Salomon

Einleitung

A. Wunschdenken

Was ist Wahrheit? Entspricht unsere persönliche Wahrnehmung auch der Wirklichkeit? Was können wir wahrnehmen und wie weit kann unsere Wahrnehmung jenseits von Zeit und Raum reichen? Diese grundlegenden Fragen stellen sich – neben der Frage nach der Existenz Gottes und dem Ursprung und Sinn unseres Daseins – wohl jedem faustischen Menschen ...

Die meisten Menschen sind jedoch sehr empfänglich für die Vorstellung, die Welt, das Universum (definiert als Summe alles Existierenden) sei so etwas wie ein Wunschkonzert. Den wenigsten von uns behagt beispielsweise der Gedanke, dass wir nach unserem Tode begraben werden, um in der Erde zu verfaulen. Aus diesem Grunde ist die Idee der Existenz eines Gottes, der uns nach dem Tode wieder auferstehen lässt, äußerst verführerisch. Nur – ist etwas deshalb näher an der Wahrheit, einfach weil wir es uns wünschen? Wohl kaum. Um nicht missverstanden zu werden: Damit möchte ich nicht unbedingt die Existenz Gottes anzweifeln, sondern Sie, lieber Leser, lediglich dafür sensibilisieren, Ihre Gefühle zu erforschen und ehrlich gegenüber sich selbst die Frage zu beantworten: Glaube ich an dieses oder jenes, weil ich es für *wünschenswert* halte? Falls Sie in diesem Punkt nicht ehrlich zu sich selbst sind, oder aus irgendwelchen Gründen nicht in der Lage sind, Ihre eigenen Motivationen zu erkennen, dann haben die *Illuminaten* schon gewonnen.

Die großen Weltreligionen sind allesamt »Erfindungen« der *Bruderschaft*, worauf ich in den Folgebänden noch detailliert eingehen werde. Sie geben den Menschen genau das, was sie sich wünschen: Einen Gott, der – wenn nicht im Diesseits, dann eben im Jenseits – barmherzig ist, der Trost spendet und der ewiges Leben schenkt ... Aber selbstverständlich furchtbar bestraft, wenn man nicht an ihn glaubt, was gleichbedeutend ist, den Religionsfürsten die Gefolgschaft zu verweigern, wobei diese wiederum, bewusst oder unbewusst, der *Bruderschaft* dienen.

15

Doch nichts ist umsonst – für dieses »Geschenk des ewigen Lebens« inklusive Erlösung usw. fordern die *Illuminaten* einiges zurück: Man muss die entsprechende Religion, speziell deren weltliche Vertreter, als legitime Instanz für die Formulierung alle Lebensbereiche betreffenden Vorschriften anerkennen. Damit verbunden ist einerseits die permanente Beschäftigung des Massenmenschen mit der Befolgung teils höchst unsinniger Gesetze (z.B. »Du sollst dir kein Gottesbildnis machen«), die natürlich mit durchaus sinnvollen Vorschriften (z.B. »Du sollst nicht töten«) vermischt werden. Die Mischung von Wahrheit und Lüge ist übrigens eine der Hauptstrategien der *Illuminaten*, um die Lüge ebenfalls als Wahrheit *erscheinen* zu lassen. Dies ist ein einfacher, aber sehr wirkungsvoller und häufig angewandter psychologischer Trick. Ordnet man sich unter, kommt man ins Paradies, tut man das nicht, droht einem die ewige Verdammnis.

Andererseits verwenden die *Proles*, um bei Orwell zu bleiben, einen großen Teil ihrer Energie darauf, dem alleinigen Gott dieser allein selig machenden Religion zu huldigen und Andersgläubige, die als Feinde dieses einzig wahren Gottes gesehen werden, zu bekriegen.

Diese Taktik hat Jahrhunderte lang funktioniert. Juden, Christen und Moslems wurden von ihren Religionsführern regelmäßig *gegeneinander* aufgehetzt, damit sie erst gar nicht auf die Idee kommen konnten, einmal die Volksver*hetzer* zur Rechenschaft zu ziehen. Lediglich die von den *Artur* vorangetriebene Epoche der Aufklärung hat der Religion als Kriegsgrund in unserem Kulturkreis gewissermaßen Grenzen gesetzt. Weniger aufgeklärte Völker ziehen natürlich auch heute noch begeistert in den »Heiligen Krieg«.

Hier haben wir wieder die Parallele zu Orwells »1984«. In seinem Roman befinden sich drei Großmächte im permanenten Kriegszustand – eine Allegorie auf die drei großen Weltreligionen. Und wozu das Ganze? Der permanente Kriegszustand soll die Bevölkerung zusammenschweißen gegen einen äußeren Feind, um vom inneren Feind, nämlich den tatsächlichen Herrschaftsstrukturen, abzulenken. Der Hass der

Proles wird auf die jeweils anderen *Proles* gelenkt, statt auf diejenigen, die sie unterdrücken und ausbeuten (bei Orwell *die Partei*). Wie bereits erwähnt, lautet einer der Grundsätze der *Illuminaten*: »Der perfekte Sklave weiß nicht, dass er ein Sklave ist.« Er glaubt sogar, für Freiheit und Gerechtigkeit zu kämpfen ...

Wie wir gesehen haben, ist der psychologische Trick zur Erreichung dieses Zustandes denkbar einfach: *die Befriedigung von Wunschdenken.* Zusätzlich werden noch entsprechende Sanktionen erdacht, um die wenigen renitenten *Proles* auch noch auf Linie zu bringen. Diese Sanktionen bestanden früher aus einem nicht nur die Herzen erwärmenden Scheiterhaufen und heute aus gesellschaftlicher Ausgrenzung und wirtschaftlicher Vernichtung. Diesen gesellschaftlichen Fortschritt hat die Aufklärung immerhin zuwege gebracht.

Doch wie haben es die *Illuminaten* geschafft, nach der zumindest teilweisen Entmachtung der Religion im Zuge der Aufklärung ihre Herrschaft beizubehalten? Ganz einfach: Durch das Ersetzen von Religion durch »Religion ohne Gott«, also Ideologie. Das Prinzip ist jedoch das Gleiche, nur dass nicht der Wunsch nach ewigem Leben genährt wird. Stattdessen sagt man den *Proles*, sie wären ebenso viel »wert« wie ein großer Philosoph, Unternehmer, Wissenschaftler oder Künstler, indem man eines der Dogmen der christlichen Religion, nämlich »Vor Gott sind alle Menschen gleich« zu einem allgemeinen Gleichheitsgrundsatz verklärt. Es ist leicht, sich vorzustellen, wie sehr sich die *Proles* durch eine solche Ideologie gebauchpinselt fühlen und wie empfänglich sie dafür sind, diese grundsätzliche Gleichheit zu einem »angeborenen Menschenrecht« zu erklären.

Lassen wir kurz die Ideologie beiseite und analysieren wir dieses Gleichheitsprinzip. Selbst unter der Voraussetzung, dass Gott existiert, ist die Behauptung »Vor Gott sind alle Menschen gleich« bereits unsinnig. Da der vorausgesetzte Gott den Menschen geschaffen hat (direkt oder durch das Anstoßen der Evolution lassen wir jetzt mal außen vor) und da ganz offenkundig keine zwei Menschen, selbst Zwillinge, gleich sind, müssen wir davon ausgehen, dass dem allwissenden Schöpfer diese Tatsache ebenfalls aufgefallen ist. Daher lautet eine sinnvolle Interpretation von »Vor Gott sind alle Menschen gleich«: »Gott richtet alle Menschen mit dem gleichen Maß.« Dies bedeutet, dass jeder für die gleiche Tat die gleiche Belohnung oder Strafe im Jenseits erhält. Wohlgemerkt, die in diese Betrachtung eingeflossene Voraussetzung ist der richtende Gott der Weltreligionen, ob er nun existiert oder nicht.

Genauso ist die Übertragung des religiösen Dogmas auf das ideologische Analogon »Vor dem Gesetz sind alle Menschen gleich« unsinnig. Es müsste heißen: »Das Gesetz wird auf alle Menschen gleich angewendet«, was äußerst sinnvoll ist und was mich sehr freuen würde, wenn es denn Realität wäre.

Warum reite ich darauf herum? Weil in der *unsinnigen* Aussage, »Vor dem Gesetz sind alle Menschen gleich«, sich die *Gleichheit* auf die *Menschen* bezieht. Wollen wir daraus einen *sinnvollen* Rechtsgrundsatz machen, müssen wir die Gleichheit jedoch auf die *Anwendung von Gesetzen* beziehen, und gelangen so zu: »Das Gesetz wird auf alle Menschen gleich angewendet.«

Hier wird also die »Gleichheit aller Menschen« einfach nur durch eine sinnentstellende Sprechweise, durch eine bloße Wortspielerei, als eine religiöse und darauf aufbauende ideologische Basis eingeführt. Dies ist ein schönes Beispiel für einen der vielen genialen *Illuminaten*tricks, mit denen sie Unsinn verbreiten, der dann von den Einfältigen gedankenlos nachgeplappert wird, weil genau dieser Unsinn wünschenswert ist. Warum? Weil es den von Gott, der Natur, der Gesellschaft oder sonst wem »Benachteiligten« *aufwertet*.

Nur einen kleinen Schritt weiter geht die Naziideologie, die den *Proles* erklärt, sie seien sogar *mehr* »wert« als der große Philosoph, Naturwissenschaftler oder Künstler sofern sie nur »arisch« sind und die Vergleichsperson zum Beispiel »jüdisch« ist. Es handelt sich hier um nichts weiter als eine Steigerung (mehr als nur gleich) dieser Bauchpinselei der Einfältigen. Dafür ist man dann auch schon mal bereit, »Heil Hitler« zu grölen und in den Krieg gegen die »Untermenschen« zu ziehen. Es handelt sich um die gleiche Rattenfängerei wie bei den Religionen. Ersetzen sie einfach »Heil Hitler« durch »Allahu akbar«[III] und »Untermenschen« durch »Ungläubige« – was Extremisten durchaus tun ...

Soweit unser kleiner Ausflug in wünschenswerte Realitäten (was ich hier endlos fortsetzen könnte), die vorzugaukeln zwar ein hervorragendes Herrschaftsinstrument ist, mit der tatsächlichen Wirklichkeit jedoch wenig zu tun hat. Mit anderen Worten: Das Wünschenswerte wird von den Herrschenden benutzt um eine Scheinrealität vorzugeben, die zu glauben die *Proles* nur zu gerne bereit sind. Durch die modernen Massenmedien wird diese Scheinrealität auf perfekte Weise verstärkt. Doch wenn der Wunsch an sich kein geeignetes Kriterium ist, um der Wirklichkeit zumindest nahe zu kommen, was sind dann geeignete Kriterien? Zunächst einmal sind Wünsche subjektiv. Was wir brauchen sind objektive Kriterien – und die gibt es tatsächlich! Sie bilden die Grundlage für das analytisch/naturwissenschaftliche Denken. Nach genau diesen objektiven Kriterien, denken und handeln sowohl die *Bruderschaft* als auch die *Artur* und es sind exakt jene Lösungsmethoden, die seit der Zeit der Aufklärung mehr oder weniger öffentlich bekannt wurden, aber vom Großteil der Menschen immer noch nicht verstanden werden. Selbstverständlich wurden diese Denkweisen im Anschluss an die Aufklärung mit den üblichen Sprachverwirrungen und begrifflichen Umdeutungen von der *Bruderschaft* diskreditiert. Für sie wäre es schließlich der größte anzunehmende Unfall, wenn die *Proles* beginnen würden, rational/analytisch zu denken. Das würde das Ende ihrer Herrschaft bedeuten. Genau aus diesem Grunde haben die *Artur* die Aufklärung vorangetrieben – leider nur mit mäßigem Erfolg, was schließlich dazu führte, dass heute ihr Glaube an die intellektuellen Fähigkeiten der *Proles* praktisch gegen Null geht.

Auch wenn es sich um kein Geheimnis handelt, so möchte ich vor dem Hintergrund des geringen Verbreitungsgrades die na-

---

[III] Um mal nicht immer nur auf den Christen herum zu hacken: Nicht, dass es wichtig wäre, aber »Allahu akbar« bedeutet »Gott ist groß«. Interessant ist für den Außenstehenden daran höchstens, warum die Gläubigen sich bemüßigt fühlen, den eigenen Glaubensbrüdern durch lautstarke Wiedergabe diese Trivialität stets aufs Neue mitzuteilen.

turwissenschaftlichen Denkmuster kurz skizzieren. Wie bereits gesagt, ist deren Verständnis unabdingbar, um die Strategien der Geheimgesellschaften und auch den Wahrheitsgehalt dieses Buches nachvollziehen zu können.

B. Experiment und Theorie

Die Menschheit gehört wahrscheinlich (siehe Teil 3 dieses Buches) zu den intelligentesten Spezies unseres mit rund 15 Milliarden Jahren noch recht jungen Universums[IV]. Trotzdem hat es sich gezeigt, dass wir jenes Universum nicht durch bloßes Nachdenken (Entwicklung von Theorien) verstehen können – ein Ansatz, der die antiken griechischen Philosophen zwar weit gebracht, den technologischen Durchbruch jedoch verhindert hat.

Unsere Überlegungen brauchen eine von unserem Denken und unseren Vorstellungen unabhängige objektive Grundlage: die Beobachtung, wie die Natur sich im reproduzierbaren, also im Prinzip von jedermann nachvollziehbaren Experiment verhält. Diese beiden Grundpfeiler des naturwissenschaftlichen Denkens möchte ich im Folgenden kurz skizzieren.

Zunächst einmal muss sichergestellt sein, dass die Beobachtung, die wir zur Grundlage der Entwicklung von Theorien verwenden, möglichst objektiv ist. Wir können Beobachtungen grob in drei Klassen unterteilen ...

1) *Subjektive Beobachtungen:* Stellen Sie sich vor, ich behaupte, an einem bestimmten Ort wäre mir die Jungfrau Maria erschienen. Zwei Freunde von mir haben sie ebenfalls gesehen. Doch leider ist sie in der Zwischenzeit wieder verschwunden, weshalb es Ihnen, lieber Leser oder auch sonst irgendjemandem unmöglich ist, meine Beobachtung zu überprüfen.

[IV] Das gesamte Universum ist nur ungefähr dreimal so alt wie unser Heimatplanet. Es existiert seit 13,7 Milliarden Jahren, es wird aber noch viele Billionen Jahre existieren. Somit hat das Universum erst weniger als ein tausendstel seiner Lebensspanne hinter sich gebracht. Es ist also zu vergleichen mit einem wenige Wochen alten Kind.

Falls meine Beobachtung in die das allgemeine Wunschdenken befriedigende Scheinwirklichkeit der Herrschenden passt, könnte meine »Beobachtung« von Selbigen durchaus dazu aufgebauscht werden, den angeblichen Erscheinungsort der Jungfrau Maria zu einem Wallfahrtsort zu erklären. Das trägt jedoch überhaupt nichts zum Wahrheitsgehalt meiner Beobachtung bei. Eine alternative Erklärungsmöglichkeit zur tatsächlichen Erscheinung der Jungfrau Maria wäre schließlich, dass meine Freunde und ich dieses komische Zeugs, das wir an einer finsteren Straßenecke kauften, besser nicht geraucht hätten ...

Spaß beiseite, behauptete Beobachtungen dieser Art passen in die Kategorie »Russels Teekanne«. Der große Mathematiker und Philosoph Bertrand Russell brachte diesen Gedanken auf den Punkt, indem er die anerkannten Religionen in der Pflicht sah, ihre Unfehlbarkeitsansprüche stichhaltig zu beweisen, anstatt vom Skeptiker die unmögliche Widerlegung zu fordern, da das Konzept des nicht-nachprüfbaren Gottes – oder der wieder verschwundenen Jungfrau Maria – genau diese Unmöglichkeit der Widerlegung impliziert. Dies machte Russell in seiner gelungenen Analogie der Teekanne deutlich[5]:

»Wenn ich behaupten würde, dass es zwischen Erde und Mars eine Teekanne aus Porzellan gäbe, welche auf einer elliptischen Bahn um die Sonne kreise, so könnte niemand meine Behauptung widerlegen, vorausgesetzt, ich würde vorsichtshalber hinzufügen, dass diese Kanne zu klein sei, um selbst von unseren leistungsfähigsten Teleskopen entdeckt werden zu können. Aber wenn ich nun weiterhin auf dem Standpunkt beharrte, meine unwiderlegbare Behauptung zu bezweifeln sei eine unerträgliche Anmaßung menschlicher Vernunft, dann könnte man zu Recht meinen, ich würde Unsinn erzählen. Wenn jedoch in antiken Büchern die Existenz einer solchen Teekanne bekräftigt würde, dies jeden Sonntag als heilige Wahrheit gelehrt und in die Köpfe der Kinder in der Schule eingeimpft würde, dann würde das Anzweifeln ihrer Existenz zu einem Zeichen von Exzentrizität werden. Es würde dem Zweifler, in einem aufgeklärten Zeitalter, die Aufmerksamkeit eines Psychiaters oder, in einem früheren Zeitalter, die Aufmerksamkeit eines Inquisitors einbringen.«

Russel wollte mit seiner Analogie darauf hinaus, dass Behauptungen, die ihre Nachprüfbarkeit von vornherein ausschließen, *keinerlei Relevanz* haben, weil die Beweislast bei demjenigen liegen muss, der etwas behauptet und nicht bei demjenigen, der die Behauptung anzweifelt.

Die Erscheinung der mittlerweile wieder verschwundenen Jungfrau Maria fällt in diese Kategorie, die Behauptung eines übernatürlichen Schöpfergottes, der außerhalb des Universums steht und sich so jeder Nachprüfbarkeit entzieht oder Feen in meinem Garten, die genau dann verschwinden, wenn jemand anderer als ich hinsieht.

Falls jemand derartige Behauptungen äußert, so ist es ratsam, diese sofort in die Kategorie »Teekanne« einzuordnen und ihnen keinerlei Relevanz für die Erstellung des eigenen Weltbildes beizumessen. Der Behauptende kann gelogen haben, um sich wichtig zu machen oder Macht erlangen zu wollen, er kann aber auch unter Drogen gestanden oder schlicht einen an der Waffel (»Morbus Bahlsen«) haben. Hinzu kommt natürlich die Möglichkeit einer Sinnestäuschung ...

Achten Sie bitte einmal darauf: Die Menschen sind in ihrer Geschichte von Staat und Religion bis heute mit »Teekannen« geradezu überhäuft worden.

2) *Semiobjektive Beobachtungen:* Hier handelt es sich um Beobachtungen, die übereinstimmend von einer großen Zahl von Menschen gemacht wurden.

Ein Beispiel wäre Folgendes: Mehrere hundert Menschen sehen, wie ein Zauberer auf einer Bühne eine Frau in zwei Hälften zersägt, einen Elefanten verschwinden lässt und was es da an verblüffenden Kunststücken mehr gibt. Natürlich wissen die Menschen, dass mit Tricks, also Täuschungen, gearbeitet wird. Kaum einer glaubt daran, dass es sich um echte Magie, also tatsächlich um übernatürliche Zauberei handelt. Nehmen wir nun aber einmal an, der Zauberer tritt vor weniger aufgeklärten Menschen auf und führt seine Kunststückchen auf, um die naive Masse davon zu überzeugen, er sei ein echter Zauberer. Seine Tricks sind so verblüffend, dass keiner der Zuschauer sich erklären kann, wie der gute Mann das gemacht hat. Was man nicht erklären kann, wird gerne mit »Übernatürlichem« (ich gebe zu, nicht begriffen zu haben, was das eigentlich sein soll) in Zusammenhang gebracht, also werden die meisten der unaufgeklärten Menschen übereinstimmend sagen, es habe sich um echte Zauberei gehandelt. Worauf ich hinaus will: Wenn also eine große Anzahl von Menschen übereinstimmend von einer verblüffenden Beobachtung berichtet, so können wir deshalb nicht wirklich wissen, was die Ursache dieses Phänomens war. Es kann sich tatsächlich um etwas handeln, was bislang nicht in unser Weltbild passte oder es handelt sich um eine wie auch immer geartete Täuschung. Wir können jedoch sorgfältig abwägen, welchem Erklärungsansatz für das Phänomen die höchste Wahrscheinlichkeit zukommt. Was wiederum keine Garantie dafür ist, dass man sich nicht irrt – es reduziert lediglich die Wahrscheinlichkeit für einen Irrtum.

Ein anderes Beispiel ist ein aus dem Jahre 1917 stammender Bericht[6], wonach 70.000 Pilger im portugiesischen Fatima sahen, »wie die Sonne sich vom Himmel losriss und auf die Menge herabstürzte«. Die Wahrscheinlichkeit dafür, dass diese Beobachtung der Wahrheit entspricht, ist gleich Null. Würde die Sonne auf die Erde herabstürzen (bzw. umgekehrt wegen der vielfach größeren Masse der Sonne), so würden sämtliche Planetenbahnen unseres Sonnensystems durcheinander geraten, die Atmosphäre würde so stark erhitzt werden, dass sie in den Weltraum entweicht und durch die hohe Sonnengravitation würde alles auf der Erdoberfläche ebenfalls in den Weltraum gerissen. Ein solches Ereignis hätte niemand in Fatima überlebt, der anschließend hätte davon erzählen können – und außerhalb von Fatima wäre den anderen Menschen das Ende unseres Planeten sicherlich auch aufgefallen ...

Eine andere Erklärungsmöglichkeit wäre natürlich, dass die 70.000 Pilger das gleiche Zeug geraucht haben, das meine Freunde und ich bei der Erscheinung der Jungfrau Maria (rein hypothetisch) konsumierten. 70.000 kiffende Pilger? Die Wahrscheinlichkeit ist zwar größer als Null, aber doch verschwindend gering. Sie ist jedoch unendlich viel größer als die Wahrscheinlichkeit, dass die Erde tatsächlich in die Sonne stürzte. Einen Wahrscheinlichkeitsbonus dürfen wir leider auch nicht vergeben, auch wenn Sie den Gedanken an fröhliche Bekiffte, so wie ich, vielleicht reizvoll finden. Wünsche dürfen bei der Wahrheitsfindung schließlich nicht berücksichtigt werden, wie ich ausführlich dargelegt habe.

Sämtliche Berichterstatter des Ereignisses könnten gelogen haben. Diese Erklärung ist schon eine Idee wahrscheinlicher, fällt aber immer noch in die Kategorie »ziemlich unglaubwürdig«.

Dann fällt mir noch ein, dass, wenn die Leute in die hochstehende Mittagssonne schauen, ihre Sehnerven überreizt worden sein könnten, was bei ihnen den Eindruck erweckt haben könnte, die Sonne würde auf die Erde stürzen.

Ich sage Ihnen ganz ehrlich: Ich habe lediglich eine vage Ahnung, was in Fatima im Jahre 1917 wirklich geschah. Sicher weiß ich jedoch, dass die Sonne *nicht* auf die Erde stürzte, dass also 70.000 Menschen ihre Beobachtung garantiert falsch interpretierten. Daran besteht nicht der geringste Zweifel, weil wir sonst schließlich alle tot, beziehungsweise nicht geboren worden wären, in jedem Fall also nicht existieren würden ...

Unter den Erklärungsmöglichkeiten, die mir einfallen (siehe oben, vielleicht gibt es noch andere, die eine von Null verschiedene Wahrscheinlichkeit haben und nicht in die Kategorie »Teekanne« fallen) räume ich den überreizten Seenerven die größten Chancen ein, der Wahrheit zu entsprechen.

Als letztes Beispiel für semiobjektive Beobachtungen möchte ich das UFO-Phänomen anführen, weil es von Bedeutung für dieses Buch ist. Seit dem Ende des Zweiten Weltkrieges wurden immer wieder unbekannte Flugobjekte, meist in der Form von Untertassen, gesichtet. Menschen berichten, von UFOs entführt worden zu sein. Es ist sogar von UFO-Abstürzen die Rede. Dabei wird behauptet, die amerikanische Regierung sei im Besitz von UFO-Trümmern und hätte sogar die Leichen von Außerirdischen geborgen, was sie aus diversen Gründen vertuschen will.

Dieses Phänomen hat natürlich sehr viel mit dem Thema dieses Buches zu tun. Vorab, ohne weitere Hintergrundinformationen, eine Wahrscheinlichkeitsanalyse:

a) Es gibt keine UFOs: Sämtliche UFO-Sichtungen basieren auf Täuschungen und/oder sämtliche Menschen, die behaupten, ein UFO gesehen zu haben, sind Lügner.

Gegen die Annahme »Täuschung« spricht das Faktum, dass, anders als in Fatima, die Beobachtungen an unterschiedlichen Orten zu unterschiedlichen Zeiten gemacht wurden. Die Menschen waren also völlig unterschiedlichen Umweltbedingungen ausgesetzt. Die Bedingungen, die vorherrschen müssen, um ein untertassenförmiges Flugobjekt durch eine Sinnestäuschung wahrzunehmen, dürften hingegen ziemlich speziell sein und nicht überall und jederzeit vorkommen.

Abgesehen davon, könnten die Täuschungen auf Wetterphänomenen wie z.b. Kugelblitzen oder »bekannten« Flugobjekten (Ballone, Flugzeuge) beruhen. Allerdings sieht kein bekanntes Flugobjekt wie eine Untertasse aus. Diese in tausenden Beobachtungen geschilderte Form muss also andere Ursachen haben.

Dass *alle* UFO-Zeugen Lügner sind, ist ebenfalls nicht wahrscheinlich, weil das Berichten einer derartigen Beobachtung meist damit verbunden ist, als »Spinner« verleumdet zu werden. Zumindest auf die Mehrzahl der UFO-Zeugen trifft dieser nachteilige Aspekt des »Outings« zu, auch wenn es Menschen geben mag, die irgendwelchen UFO-Kreisen angehören und sich durch eine angebliche UFO-Sichtung profilieren wollen oder ganz einfach im Hinblick auf Veröffentlichungen finanzielle Vorteile sehen. Doch diese Fälle dürften gemessen an der Gesamtzahl der Sichtungen deutlich in der Minderheit sein.

Fazit: Es ist durchaus denkbar, dass diese Möglichkeit (*alles* Täuschung und *alle* Zeugen sind Lügner) zutrifft, sie ist bei der Vielzahl der gemeldeten Sichtungen jedoch unwahrscheinlich. Schließlich würde es reichen, wenn eine einzige der zahlreichen Beobachtungen weder auf eine Täuschung noch auf einen Lügner zurückzuführen wäre.

b) Die UFOs sind außerirdischen Ursprungs: Es handelt sich um Raumschiffe (oder deren »Beiboote«) einer oder mehrerer außerirdischer Spezies.

Gegen diese Annahme spricht die Tatsache, dass diese Außerirdischen die Erde nicht kolonialisiert haben. Wären Außerirdische nämlich hier, würden sie genau das mit großer Wahrscheinlichkeit tun und zwar aus folgenden Gründen: Wie wir in Abschnitt 3.3 sehen werden, ist ein interstellarer Raumflug keine Kleinigkeit. Science-Fiction-Serien wie »Star Trek« vermitteln in dieser Hinsicht ein falsches Bild. Raumschiffe, die durch irgendwelche Tricks, wie z.B. die Erzeugung einer »Warp-Blase«, effektiv schneller als das Licht reisen können, werden aber wohl *Science-Fiction* bleiben ...

Nun mögen Sie sich fragen, woher ich die Sicherheit nehme, überlichtschnelles Reisen mit hoher Wahrscheinlichkeit auszuschließen. Diese Sicherheit hat ihren Ursprung in den Erkenntnissen, die wir in den letzten hundert Jahren gewonnen haben. Diese versetzen uns in eine grundsätzlich andere Lage als die, in der sich unsere Vorfahren noch im 18. Jahrhundert befunden haben. Mit der Entwicklung der »Quantenmechanik (QM)« haben wir eine physikalische Theorie, die das Universum im ganz Kleinen, also in den Dimensionen von Atomen, Molekülen und Elementarteilchen, hervorragend beschreibt. Die Berechnung der Spektrallinien von Atomen mittels Quantenmechanik beispielsweise stimmt mit dem Experiment mit einer Genauigkeit überein, die mit der Vermessung des amerikanischen Kontinents auf einen Millimeter genau vergleichbar ist.

Gleiches gilt für unser Verständnis des ganz Großen. Die »Allgemeine Relativitätstheorie (RT)« liefert für das Verhalten von Sonnensystemen, Galaxien und sogar für das gesamte Universum ähnlich gute Ergebnisse.

Die »Newton'sche Mechanik (NM)«, die hervorragend zur Beschreibung mittlerer Größenordnungen, wie den Dingen die uns umgeben, geeignet ist, folgt als Grenzfall sowohl aus der Quantenmechanik wie auch aus der Relativitätstheorie.

Was uns noch fehlt, ist eine übergeordnete Theorie, die sowohl die Quantenmechanik als auch die Relativitätstheorie enthält (ähnlich wie die QM und die RT die NM als Grenzfall

enthalten). Das wäre dann die häufig zitierte »Weltformel«[V].
Wie auch immer diese Weltformel aussehen wird, sie wird uns
ein neues Verständnis der Natur liefern, aber sie wird nicht die
Aussagen der QM und der RT grundsätzlich über den Haufen
werfen. Gerade für das sehr Große (interstellare Distanzen) und
das sehr Schnelle (hohe Geschwindigkeiten für die Überbrückung
dieser Distanzen), dürfte die Allgemeine Relativitätstheorie unabhängig von der Existenz der die Natur *exakt* beschreibenden
»Weltformel« eine ausgezeichnete Näherung der Wirklichkeit
sein.
Betrachten wir vor diesem Hintergrund das folgende Gegen-
argument: »Im 19. Jahrhundert hätte sich auch niemand vorstellen können, dass eine einzige Bombe eine ganze Stadt vernichten kann, folglich wäre es falsch zu behaupten, überlichtschnelles Reisen wäre unwahrscheinlich, nur weil wir uns das
heute nur schwerlich vorstellen können.« Der Haken bei dieser
Argumentation ist der, dass es im 19. Jahrhundert nicht einmal
ansatzweise Theorien zur Beschreibung von Atomkernprozessen
gab. Heute jedoch verfügen wir über entsprechende Theorien für
sämtliche Größenordnungen der Natur. Was uns noch fehlt sind
Details, nicht jedoch die Grundlagen, die unseren Vorfahren sehr
wohl fehlten.
Sir Isaac Newton (1643 – 1727), einer der größten Physiker aller Zeiten, sagte einmal:

Was wir wissen ist ein Tropfen –
was wir nicht wissen, ist ein Ozean.

Dieser Spruch ist tiefsinniger, als er zunächst erscheinen mag.
Oberflächlich betrachtet könnte man meinen, Newton wollte damit die Unwissenheit der Menschheit ausdrücken. Doch speziell auf unsere heutige Situation gemünzt, bekommt der Satz
eine höchst zutreffende Bedeutung: Wir kennen die Physik des
Tropfens – die Interaktion der Wassermoleküle darin ist diesel-

---

[V] Im englischen Sprachraum wird diese uns noch fehlende, übergeordnete Theorie oftmals als
»Theory of everything« (ToE), deutsch: »Theorie von Allem«, bezeichnet.

be wie im gesamten Ozean. Die Betrachtung des Meeres erfordert nicht die Entdeckung neuer Naturgesetze; die Anwendung der Gesetze, die wir bereits kennen, wird lediglich *komplexer*. Ähnlich verhält es sich mit den Mikroorganismen, die in jedem einzelnen Tropfen des Ozeans vorhanden sind. Deren Verständnis und das Erkennen der zugrunde liegenden Gesetze der Evolution sind der Schlüssel zum Verständnis jeder anderen Lebensform im Meer. Der prinzipielle Unterschied zwischen einer Bakterie und einem Wal ist lediglich *Komplexität*.

In diesem Sinne wird auch das Universum noch viele Überraschungen für uns bereit halten, in dem gleichen Sinne, wie der Wal für uns eine Überraschung ist, nachdem wir uns nach unserem Verständnis des Tropfens zur Erforschung des Ozeans aufgemacht haben. Grundlegend neue Naturgesetze werden jedoch nicht dabei sein, obwohl sich das Verständnis dieser Gesetze stark verändern wird. Doch dies auszuführen ginge an dieser Stelle zu weit und soll an anderer Stelle Thema unserer Ausflüge in die Wirklichkeit sein.

Es gibt auch noch ein weiteres Argument gegen die Behauptung, die Außerirdischen seien so viel weiter als wir entwickelt, dass dies unseren Horizont übersteigen würde. Sie wissen bereits, worauf ich hinauswill? Ich glaube, Sie ahnen es zumindest: Dies ist nämlich wieder eine Behauptung der Kategorie »Teekanne«. Es wird etwas vorausgesetzt (»Wir sind zu dumm, die Technologie der Außerirdischen zu verstehen«), was die Möglichkeit einer Überprüfung der Aussage explizit ausschließt.

In Abschnitt 2.7 skizziere ich den »idealen« Raumschiffantrieb, bei dem sämtliche Treibstoffmasse in Energie umgewandelt wird. Detaillierte physikalische Betrachtungen dazu folgen in den Anhängen 1 und 2. Bei dem zugrunde liegenden physikalischen Prozess handelt es sich um den sagenumwobenen Vril-Prozess, der den Physikern heute bereits theoretisch unter dem Namen »Sphaleron Baryonenvernichtung« bekannt ist. Dabei werde ich zeigen, dass eine interstellare Expedition mit »nur« 5% der Lichtgeschwindigkeit Energiemengen erfordert, die mehr als einhundert mal größer sind, als die gesamte Energieproduktion unserer heutigen Zivilisation. Diese Energiemengen kann man, die Beherrschung des Vril-Prozesses vorausgesetzt, durchaus erzeugen. Doch das ist kein Kindergeburtstag; der Aufwand ist gigantisch.

Aus diesem Grunde ist die Annahme nicht plausibel, die hypothetischen Außerirdischen würden uns unter riesigem Aufwand besuchen, wobei ihre Reise Jahrhunderte dauern würde, nur um uns ein wenig zu studieren oder mit ihren fliegenden Untertassen zu erschrecken. Sie würden eine solche Reise höchstens deshalb auf sich nehmen, weil sie an den Ressourcen unseres Planeten interessiert wären – und die würden sie sich mit an Sicherheit grenzender Wahrscheinlichkeit auch nehmen.

Ein weiteres Argument der UFO-Gläubigen lautet, die Außerirdischen würden völlig anders denken als wir, weshalb wir ihre Motivationen nicht durchblicken können. Dieses Argument ist gleich in zweierlei Hinsicht unsinnig. Erstens handelt es sich wieder einmal um eine »Teekanne«, also jener Sorte von Argumenten, die man zwar gefahrlos vorbringen kann, weil sie sich der Nachprüfbarkeit entziehen, deshalb aber völlig sinn- und gehaltlos und ohne jegliche Beweiskraft sind. Zweitens werden diese hypothetischen Außerirdischen höchstwahrscheinlich genauso denken wie wir. Damit meine ich nicht, dass sie so denken, wie die *Proles*, sondern wie die *Illuminaten* oder die Mitglieder der *Vril-Gesellschaft*: nämlich analytisch-naturwissenschaftlich. Um als »Außerirdische« überhaupt erst auf der Erde in Erscheinung zu treten, ist es eine »conditio sine qua non« – eine unabdingbare Voraussetzung –, Raumschiffe zur Überbrückung interstellarer Distanzen bauen zu können. Und das geht nun einmal nicht durch glauben, beten oder sich was wünschen, sondern nur, indem man die Gesetze der Natur versteht und anwendet. Diese Naturgesetze sind überall im Universum gleich und folgen den gleichen Regeln der Mathematik, die wiederum auf reiner Logik (griechisch *logos* bedeutet u. a. Vernunft) aufgebaut sind. Die Mathematik der Außerirdischen wäre die gleiche wie unsere – sie würden lediglich andere Symbole verwenden. Hier haben wir übrigens ein Gleichheitsprinzip, dessen Ursache nicht auf einer sprachlichen Verwirrung, sondern auf einer wohl begründeten Überlegung beruht.

Zu guter Letzt erscheint es in höchstem Maße unplausibel, dass die Außerirdischen einerseits interstellare Entfernungen überbrücken können, ihre Raumschiffe aber andererseits gelegentlich abstürzen – sohin äußerst unzuverlässig sind (siehe Abschnitt 2.8.2).

Fazit: Es ist nicht völlig auszuschließen – aber sehr unwahrscheinlich, dass UFOs ein außerirdisches Phänomen sind.

c) »Fliegende Untertassen« (Flugscheiben) sind irdischen Ursprungs: Diese Behauptung setzt voraus, dass eine Gemeinschaft, vielleicht ein Staat, über eine geheime, weit fortgeschrittene Technologie verfügt.

Die Fragen, die sich in diesem Zusammenhang stellen, sind folgende: Woher hat diese mysteriöse Gesellschaft eine Technologie, die allem, was öffentlich bekannt ist, um zumindest Jahrzehnte voraus ist? Warum hält die Gesellschaft diese Technologie geheim?

Die Antwort auf die erste Frage könnte lauten: Sie verfügen halt über geniale Wissenschaftler, die bereits in der ersten Hälfte des 20. Jahrhunderts Dinge entwickelten, die dem Rest der Menschheit bis heute nicht möglich sind. Das ist in der Tat denkbar, aber unwahrscheinlich. Der wissenschaftliche Fortschritt ist in der westlichen Hemisphäre ziemlich gleichmäßig verteilt. Wenn irgendwo etwas erfunden wird, ist man andernorts nur wenige Jahre später in der Lage, es nachzubauen. Diese Aussage trifft beispielsweise auf die Erfindung des Buchdrucks, des Dynamits, der Dampfmaschine, des Autos, des Flugzeugs und der Atombombe zu. Aus diesem Grunde ist es eher wahrscheinlich, dass die hypothetischen Wissenschaftler dieser hypothetischen Gesellschaft Hilfe »von außen« hatten. Dies wirft jedoch wiederum die Frage auf, warum Außerirdische bestimmten Menschen eine technologische Hilfestellung leisten sollten, statt einfach unseren Planeten zu kolonialisieren.

Die einzige vernünftige Erklärung, die mir einfällt, ist die, dass diese Hilfestellung bereits vor langer Zeit erfolgte, und die Außerirdischen die Erde aus bislang unbekannten Gründen längst wieder verlassen haben bzw. verlassen mussten und die

Menschheit somit bis zum Anfang des 20. Jahrhunderts brauchte, um auf der Basis der QM und RT diese Hilfestellung überhaupt zu verstehen.

Genau diese Vermutung entspricht der Wahrheit, wie wir noch sehen werden ...

3) *Reproduzierbare Experimente und verifizierbare Theorien:*
Nach den subjektiven, also belanglosen, und den semiobjektiven, also möglicherweise wahren Beobachtungen, kommen wir jetzt zur Königsdisziplin naturwissenschaftlichen Denkens. Ein Experiment heißt genau dann *reproduzierbar*, wenn es – zumindest prinzipiell –, von jedermann überprüft werden kann. Es handelt sich also um das genaue Gegenteil der Teekannen, die den *Proles* so gerne aufgetischt werden und an die jene, die sie auftischen, selbst wohl selten glauben – sieht man einmal von echten, an»Morbus Bahlsen« leidenden Spinnern, die uns mit ihren»Visionen« beglücken wollen, ab ...

Beginnen wir mit einem einfachen Beispiel für ein reproduzierbares Experiment. Nehmen wir an, jemand, nennen wir ihn»Experimentalphysiker«, lässt von unterschiedlich hohen Türmen unterschiedlich schwere Stahlkugeln herabfallen.

Zunächst einmal berichtet er, dass die Kugeln, unabhängig von ihrem Gewicht, gleich lange brauchen, bis sie den Boden erreichen. Die Fallzeit hängt also nur von der Höhe des Turms ab. Zusätzlich veröffentlicht der Wissenschaftler eine Tabelle, in der die Fallzeiten als Funktion der Turmhöhen aufgelistet sind.

Jedermann kann überprüfen, ob die Ergebnisse des Wissenschaftlers stimmen, indem er das Experiment wiederholt. Andere Experimentalphysiker werden so die Fallzeiten in Abhängigkeit von der Turmhöhe bestätigen – also reproduzieren.

An dieser Stelle betritt eine andere Physikerspezies die Bühne: der Theoretische Physiker. Er analysiert die Turmhöhen und Fallzeiten in der Absicht, ein allgemeingültiges Gesetz daraus abzuleiten. Nehmen wir an, wir hätten Messwerte für die Fallzeiten von Türmen in Höhe von 10, 20, 30, bis 100 Metern. Wenn wir aber nun wissen möchten, welche Fallzeit sich bei einer Höhe von 15 m ergibt, müssten wir auf einen Turm der entsprechenden Höhe klettern, unsere Kugeln fallen lassen und die Flugzeit messen. Hätten wir jedoch ein »Fallgesetz«, so könnten wir die gesuchte Zeit einfach ausrechnen.

Zunächst einmal findet der Theoretische Physiker heraus, dass sich die Geschwindigkeit der Kugel, unabhängig von deren Gewicht, gleichmäßig erhöht. Damit ist gemeint, dass die Fallgeschwindigkeit nach 2 Sekunden doppelt so hoch ist wie nach einer, nach drei Sekunden dreimal so hoch und so weiter. Dieser in der deutschen Sprache formulierte, komplizierte Satz lautet in die erhabene, universelle Sprache der Mathematik übersetzt:

$$\frac{dV}{dt} = K \qquad\qquad\qquad \text{(Gl.}^{\text{VI}}\text{V.1)}$$

Wobei V die Fallgeschwindigkeit, t die Zeit und K die konstante Geschwindigkeitsänderung ist. Das »d« vor dem »V« und dem »t« bedeutet, dass es sich um sogenannte Differentiale handelt, dV/dt ist also die zeitliche Ableitung der Geschwindigkeit nach der Zeit. Falls Sie Differential- und Integralrechnung beherrschen, ist dieser Sachverhalt klar, falls nicht, muss ich Sie bitten, mir das jetzt einfach mal zu glauben.

Durch Integration von Gleichung V.1 ergibt sich:

$$V = K \cdot t + C \qquad\qquad\qquad \text{(Gl. V.2)}$$

C ist die Integrationskonstante. Sie ist die Anfangsgeschwindigkeit der Kugel. Wenn wir diese einfach nur fallen lassen, also nicht etwa herabschleudern, gilt:

$$C = 0 \qquad\qquad\qquad \text{(Gl. V.3)}$$

VI Gleichung

Durch Messen von Fallgeschwindigkeiten in Abhängigkeit von der Zeit erhalten wir die Konstante K. Sie hat den Wert 9,81 m/s². Wir versehen diesen Messwert mit dem Buchstaben »g«. Nicht dass die Bezeichnung wichtig wäre, wir machen dies nur, damit unsere abgeleitete Formel genauso aussieht wie in den gängigen Physikbüchern.

$$g = 9,81 \frac{m}{s^2}$$ (Gl. V.4)

Mit den Gleichungen V.2, V.3, und V.4 haben wir schon mal ein Fallgesetz für die Geschwindigkeit in Abhängigkeit von der Zeit:

$$V = g \cdot t$$ (Gl. V.5)

Geschwindigkeit ist jedoch definiert als die zeitliche Ableitung der Strecke (hier: Fallhöhe h):

$$\frac{dh}{dt} = V$$ (Gl. V.6)

Eingesetzt in Gl. V.5 ergibt sich:

$$\frac{dh}{dt} = g \cdot t$$ (Gl. V.7)

Die Integration von Gl. V.7 liefert:

$$h = \frac{1}{2} \cdot g \cdot t^2$$ (Gl. V.8)

Die Integrationskonstante habe ich wieder gleich 0 gesetzt. Jetzt haben wir das gesuchte Fallgesetz, das wir natürlich nach t umstellen können:

$$t = \sqrt{\frac{2h}{g}}$$ (Gl. V.9)

Wir können nun die Fallzeiten für beliebige Turmhöhen ausrechnen. Für h = 15 m ergibt sich beispielsweise t = 1,75 s.

Ich habe die Sache mit den Fallzeiten und den Turmhöhen so ausführlich diskutiert, um Ihnen die Schönheit, Klarheit und vor allem *Ehrlichkeit* der Naturwissenschaft nahezubringen. Alles ist für jedermann nachvollziehbar – wir haben lediglich unsere Beobachtungen in der Sprache der Mathematik verallgemeinert und die daraus resultierenden Gesetze können für beliebige Turmhöhen überprüft werden.

Ist es nicht so etwas wie ein Wunder, dass man sich eine beliebig ausgedehnte Tabelle aus Turmhöhen und Fallzeiten sparen kann, indem man einfach nur das Fallgesetz Gleichung V.9, bestehend aus nur 7 Zeichen, hinschreibt? Ist es nicht ein Wunder, dass die Natur diesem einfachen Gesetz tatsächlich gehorcht? Das, lieber Leser, ist die wahre Magie! Es werden klar definierte Begriffe verwendet und nach den Regeln der Logik (Mathematik) miteinander zu Ergebnissen verknüpft, die nachprüfbar sind.

Auf der Basis von Experimenten (Beobachtung), werden Theorien entwickelt, die wiederum durch weitere Experimente verifiziert – oder eben auch falsifiziert werden.

Das Wort »Theorie« hat im naturwissenschaftlichen Sinn eine völlig andere Bedeutung als in der Umgangssprache. In der Naturwissenschaft ist es ein im Sinne der uneingeschränkten Nachprüfbarkeit durch das Experiment bewiesenes Gesetz. In der Umgangssprache wird unter einer Theorie oftmals eine Vermutung verstanden, die vielleicht der Wahrheit entspricht, vielleicht aber auch nicht. Darauf werde ich im nächsten Abschnitt noch etwas ausführlicher zu sprechen kommen.

Doch zunächst möchte ich ein völlig anderes Beispiel für eine reproduzierbare Beobachtung ansprechen, die von großer Relevanz für das Thema dieses Buches ist: Sämtliche Hochkulturen der Menschheit sind im Rahmen des Messfehlers bei der Altersbestimmung zur gleichen Zeit rund um den Erdball entstanden.

Die Reproduzierbarkeit dieser Beobachtung ist in diesem Falle nicht so einfach, wie auf einen Turm zu klettern, Kugeln hinabzuwerfen und die Fallzeiten zu messen. Man muss die Überreste jener Hochkulturen z.b. in Mesopotamien, Ägypten, China, Europa, Indien und Mexiko aufsuchen und das Alter der Bauwerke und sonstiger Überbleibsel bestimmen. Doch wie Sie wahrscheinlich nicht auf Türme klettern um Fallexperimente nachzuvollziehen, werden Sie auch nicht unbedingt in Bielefeld gewesen sein müssen, um durch die Beobachtungen einer Vielzahl von Mitmenschen davon überzeugt zu sein, dass Bielefeld tatsächlich existiert. Sie können getrost den Ergebnissen von Heerscharen von Wissenschaftlern vertrauen, die das Entstehen sämtlicher Hochkulturen auf ungefähr 3.000 vor unserer Zeitrechnung datieren. Aber bitteschön: Wenn Sie wollen, überprüfen Sie die Angaben selbst.

Eine Theorie – im wissenschaftlichen Sinne – zu entwickeln, *warum* sämtliche Hochkulturen zur gleichen Zeit entstanden, ist nicht so einfach wie bei den Fallgesetzen. Der Grund für diese Schwierigkeit liegt im Fehlen weiterer Informationen zur Entwicklung einer solchen Theorie.

Wir können es uns an dieser Stelle einfach machen und behaupten, es handele sich einfach um einen Zufall. Wenn man jedoch bedenkt, dass es seit rund 70.000 Jahren Menschen wie uns auf der Erde gibt[7], so würde die »Zufallstheorie« bedeuten, unsere Vorfahren wären 65.000 Jahre lang als Jäger und Sammler in Sippen durch die Landschaften gestreift … Und auf einmal, urplötzlich und rein »zufällig« sind überall auf der Welt die Baukunst, Mathematik, Staats- und Rechtssysteme, die Astronomie und viele andere Dinge praktisch zur gleichen Zeit erfunden worden!? Ich halte diese »Zufallstheorie« für äußerst unbefriedigend, weil sie extrem unwahrscheinlich ist!

Wir können auch eine andere Theorie formulieren: Ein Anstoß von außen führte die Entstehung der Hochkulturen herbei. Das Problem mit dieser Theorie besteht darin, dass wir bis zu dieser Stelle des Buches über keinerlei Informationen über die Natur dieser von außen wirkenden Kräfte haben. Also gehen wir weiter auf Entdeckungsreise und versuchen genau diese Informationen zu finden. Vielleicht führt dies zu einer Theorie, die nicht nur die reproduzierbar zeitgleiche Entstehung der Hochkulturen, sondern auch semiobjektive Beobachtungen wie das UFO-Phänomen erklärt.

C. Verschwörungstheorien

Wie bereits erwähnt, hat das Wort »Theorie« im Volksmund eine ganz andere Bedeutung als im wissenschaftlichen Sinne. Nehmen wir die Theorie »Newton'sche Mechanik«. Sie beschreibt sehr genau die Flugbahn einer Kanonenkugel, die Zeit, die ein Apfel braucht, um von einer bestimmten Höhe zu Boden zu fallen, sie beschreibt die Planetenbahnen und sie diente sogar für sämtliche Berechnungen, die für die Flugbahnen, den Treibstoffverbrauch usw. der Mondraketen notwendig waren. Für sehr große Geschwindigkeiten, nahe der Lichtgeschwindigkeit, versagt die Theorie allerdings. Dort erhält man exakte Ergebnisse durch Anwendung der Relativitätstheorie. Im atomaren Bereich versagt die Newton'sche Mechanik ebenfalls. Hier muss man die Quantenmechanik bemühen.

Eine Theorie ist also keine Vermutung sondern eine Anzahl von Gesetzen, die das Verhalten von Systemen innerhalb des Gültigkeitsbereichs der Theorie exakt beschreiben.

In dem Sinne wäre eine »Verschwörungstheorie« eine bewiesene Behauptung über das Wesen einer Verschwörung. Das ist mit dem Wort natürlich nicht gemeint. Besser wäre es, von einer »Verschwörungshypothese« zu sprechen, solange die Beweise für die Verschwörungsbehauptung noch nicht stichhaltig genug sind.

Da Verschwörungen aber nun einmal die unangenehme Eigenschaft besitzen, geheim zu sein, fehlen die eindeutigen

Beweise als Grundlage für eine entsprechende Theorie häufig. Folglich müssen wir uns, wie es auch üblicherweise in Gerichtsverhandlungen praktiziert wird, mit Indizien zufriedengeben. Auf diese Weise können wir dann eine Theorie erstellen, die plausibler Weise *wahrscheinlicher* die Wahrheit trifft, als alternative Theorien.

Diesen Gedanken möchte ich am Beispiel »Terror« nur ganz kurz erläutern:

Zunächst die Fakten: am 11. September 2001 flogen zwei Passagierflugzeuge in die Zwillingstürme des World Trade Centers. Zumindest ... sah es für das Auge des Betrachters so aus. Rund dreitausend Menschen starben. In der Folge dieses Vorfalls wurden Afghanistan und der Irak von amerikanischen Streitkräften besetzt. Die Vereinigten Staaten von Amerika geben heute mehr als 600 Milliarden Dollar jährlich für Rüstung aus, das ist mehr als zur Zeit des kalten Krieges. So weit, so gut – bzw. so schlecht.

Die offizielle Darstellung bzw. Deutung der Ereignisse lautet: Islamische Terroristen entführten besagte Passagiermaschinen und flogen sie in die Zwillingstürme und ins Pentagon, um die Vereinigten Staaten zu bekämpfen, weil diese wiederum Israel unterstützen, das sich bereits seit Jahrzehnten im Clinch mit den Arabern befindet, die wiederum in der überwältigenden Mehrzahl Moslems sind.

Diese Darstellung impliziert natürlich, dass die Entführer der Maschinen nicht intelligenter als ein Toastbrot gewesen sein können. Denn erstens bewirkten sie mit ihrer Tat die Bombardierung und Besetzung zweier islamischer Länder durch die »Ungläubigen« – was als Reaktion der USA auf den unsachgemäßen Gebrauch der Passagiermaschinen vorauszusehen war. Zweitens ist ihr Erzfeind USA heute militärisch stärker als jemals zuvor, weil durch die Anschläge ein *Grund* für die immensen Rüstungsausgaben geschaffen wurde. Andererseits ist diese implizierte Dummheit natürlich plausibel, mag der eine oder andere Leser – in einem Moment, in dem er sich von der allgegenwärtigen Political Correctness unbehelligt fühlt – einwenden, denn schließlich *glaubten* die Entführer an eine der archaischen Weltreligionen.

Gegen diese Dummheit spricht jedoch, dass die Flugzeugentführer in der Lage waren, eine Boing nicht nur zu fliegen, sondern auch noch bei hoher Geschwindigkeit zielgenau in die Türme krachen zu lassen.

Die Amerikaner sind laut dieser offiziellen Theorie die Guten und müssen nun leider Unsummen ihres hart verdienten Geldes für die Rüstung im Kampf gegen den ihnen von den Mächten des Bösen aufgezwungenen Terror ausgeben.

Ein unabhängiger Richter würde bei dieser Darstellung die Verhandlung wahrscheinlich wegen eines Lachanfalls vertagen müssen. Schon der römische Konsul Lucius Cassius pflegte zu fragen »Cui bono?«[VII], wenn er dabei war, politische Korruption und Intrigen aufzudecken. Gehen wir das Ganze also einmal etwas weniger naiv an. Dabei möchte ich an dieser Stelle nicht auf die ganzen Ungereimtheiten im Zusammenhang mit dem mutmaßlichen Terroranschlag eingehen, sondern, wie Lucius Cassius, einfach nur fragen: »Wer hat von diesen Anschlägen profitiert?«

Die Terroristen auf jeden Fall schon mal nicht. Abgesehen von der dummen Sache, dass sie tot sind, was man ihnen durchaus als Nachteil auslegen könnte, wenn man nicht an die Geschichte mit den 72 Jungfrauen im Paradies glaubt, haben ein paar hunderttausend ihrer Glaubensbrüder (die Schwestern zählen ja nur halb) ihr Leben verloren, muslimische Länder wurden besetzt und ihr Erzfeind ist stärker als jemals zuvor. Schauen wir uns mal die Gegenseite an: Die Amerikaner haben also mehr als 600 Milliarden Dollar für Rüstung ausgegeben – und das nur im vergangenen Jahr. Seit 2001 sind hier also Billionen in die Rüstung gesteckt worden, die ohne die »Terrorgefahr« nicht ausgegeben hätten werden können. »Ausgegeben« hört sich immer so an, als sei das Geld weg. Ist es aber nicht. Eine Seite gibt das Geld aus, die andere empfängt es. Genau diese »andere« Seite ist es, die profitiert – und das nicht zu knapp. In einschlägigen Kneipen kann man für ein paar tausend Euro jemanden anheuern, einen Auftragsmord zu begehen. Was mögen Menschen dann erst für

---

[VII] Wem nutzt es?

ein paar Billionen – also das milliardenfache des Salärs eines Auftragskillers – bereit sein zu tun?

Wir haben also die verdeckt rassistische Theorie von den ultrablöden Islamisten, die sich dafür umgebracht haben, um den Gegner zu stärken und ihre Glaubensbrüder massiv zu schwächen.

Auf der anderen Seite haben wir die Theorie, dass gewisse Leute Billionen (das ist eine Eins mit zwölf Nullen) daran verdienten und daher ein beträchtliches Interesse am Zustandekommen dieser Attentate haben mussten – von der Inbesitznahme irakischen Öls und afghanischer Bodenschätze sowie den Zinsgewinnen aus der zusätzlich resultierenden Staatsverschuldung durch den »Kampf gegen den Terror« ganz zu schweigen ...

Natürlich habe ich dieses Beispiel nicht willkürlich gewählt. Aus meinen Unterlagen geht zweifelsfrei hervor, wer für die Anschläge vom 11. September verantwortlich ist. Doch vergessen Sie bitte für einen Moment diese Unterlagen. Urteilen Sie einfach anhand der Faktenlage, welche der beiden Verschwörungshypothesen eher der Wahrheit entspricht: die Verschwörung der Islamisten oder – die Verschwörung der amerikanischen Hochfinanz?

An dieser Stelle möchte ich eine Zwischenbemerkung aus aktuellem Anlass einfügen. An einem einzigen Tag gingen Berichte über zwei Verschwörungen durch die Weltpresse, die allen, die sich über »Verschwörungstheorien« lustig machen, das unangebracht arrogante Lächeln im Gesicht gefrieren lassen sollten. Die Geschichte geht schließlich weiter – tagein, tagaus.

Am heutigen Morgen des 7.6.2013 ging die Meldung durch alle Medien, dass die US-amerikanische Regierung ihre Bürger bespitzelt. Speziell das Internet-Magazin »Spiegel-Online(SPON)« dient mir persönlich häufig dazu, mir ein Bild von den regimetreuen Darstellungen der weltweiten Nachrichten zu machen, was – ich gebe es zu – auch regelmäßig zu meiner Erheiterung beiträgt.

An jenem Tag veröffentlichte SPON einen weiteren Bericht, nämlich einen Hinweis auf das diesjährige »Bilderberger«-Treffen in der Nähe von London. Diese beiden SPON-Artikel passen sehr schön zu den obigen Betrachtungen zu Geheimgesellschaften und Verschwörungstheorien.

Außerdem ist die zufällige zeitliche Koinzidenz der beiden Artikel ein bezeichnendes Beispiel dafür, wie versucht wird, die Bevölkerung von den regimetreuen Journalisten auf geradezu präpotente und hirnrissige Art und Weise für dumm zu verkaufen. Jene Journalisten scheinen noch nicht einmal merken, dass sie selbst für dumm verkauft werden – und in vielen Fällen werden sie wahrscheinlich auch einfach nur dumm sein.

Die Tatsache, dass Journalisten die wahren Hintergründe selbst nicht durchblicken, möchte ich noch kurz erläutern, bevor ich auf den Punkt komme, damit ich nicht missverstanden werde. Die von mir als »regimetreu« bezeichneten Journalisten sind sich keineswegs bewusst, Teil irgendeiner »Verschwörung« zu sein. Sie befolgen beim Schreiben ihrer Artikel einfach nur ungeschriebene Gesetze, weil dagegen zu verstoßen einen Einschnitt in ihrer Karriere und gesellschaftliche Ächtung zur Folge hätte. Gleiches gilt übrigens auch für die überwiegende Mehrheit der Politiker: Sie vertreten einfach jene Standpunkte, auf die sie konditioniert wurden und die ihrer persönlichen Karriere förderlich sind. Doch auf diese Zusammenhänge komme ich noch an mehreren Stellen, speziell im Folgeband, detailliert zurück.

Zunächst einmal zum Artikel über den »Prism-Skandal«. Details kann man bei praktisch allen Nachrichtenkanälen nachlesen, also kann ich mir nähere Einlassungen sparen. Der wesentliche Punkt des Skandals: Der US-Geheimdienst National Security Agency (NSA) hat ohne Wissen der amerikanischen Bevölkerung Zugriff auf sämtliche E-Mails, hinterlegte Fotos, Videos, Blogs und Kommentare bei Dienstanbietern wie Google, Microsoft, Apple und vielen anderen IT[VIII]-Firmen. Zusätzlich hat die NSA direkten Zugang zu allen Telefonverbindungsdaten, weiß also, wer wann mit wem telefoniert hat. Diese Informationen werden in einem gigantischen Rechenzentrum in einer Acumolo-Datenbank abgespeichert. Mittels einer speziell zum Zwecke der Auswertung derart riesiger Datenmengen (wir sprechen hier von Petabytes[IX])

[VIII] Informations-Technologie
[IX] Ein Petabyte = 1.000 Terabyte = 1.000.000 Gigabyte

entwickelten Software werden Profile von sämtlichen Telefon- und Internetnutzern angefertigt. Teil derartiger Profile sind beispielsweise das soziale Umfeld, Bewegungsprofile, die politische Einstellung, sexuelle Orientierung, finanzielle Situation und vielerlei Dinge mehr, die von jedem geistig gesunden Menschen als »Privatsache« eingestuft werden. Die beteiligten IT-Konzerne bestreiten selbstverständlich eine aktive Mitarbeit, was natürlich kompletter Unsinn ist. Wer auch nur eine ungefähre Ahnung davon hat, wie Telekommunikation und Informationsverarbeitung funktionieren, der *weiß*, dass es *unmöglich* ist, auf diese Datenmengen (Petabytes!) zuzugreifen, ohne dass die Konzerne etwas davon mitkriegen. Diese Gewissheit wurde durch die Aussagen von Edward Snowden bestätigt, der für die NSA an der Implementierung der Überwachungssysteme bei den IT-Firmen arbeitete und durch den die ganze Verschwörung ans Licht kam. Der »demokratisch legitimierte« US-Kongress segnete diese Überwachungsmaßnahmen Stück für Stück ab, wobei die Politiker darüber nicht sprechen durften, weil sie sich sonst strafbar gemacht hätten; Tatbestand: Landesverrat.

Wir haben also folgende Situation: Die US-Regierung bespitzelt aufs Gröbste ihre eigene Bevölkerung und die der anderen Länder – was man durchaus als einen kriegerischen Akt werten kann. Dabei tun sich höchste Regierungsstellen mit dem Top-Management einiger der größten Unternehmen der Welt zusammen, um die Sache im Geheimen durchzuziehen. Involvierte Politiker werden mundtot gemacht und Edward Snowden, derjenige, der die Bevölkerung über diese ungeheuerlichen Machenschaften aufklärt, wird strafrechtlich verfolgt, weshalb er sich auf der Flucht befindet.

Ich frage Sie, lieber Leser, was denn sonst noch vorliegen muss, um von einer »Verschwörung« zu sprechen? Die Absprachen zwischen der Regierung und den Konzernleitungen sind okkult[X], da der Bevölkerung nichts davon gesagt wurde und der Vorgang of-

---

[X] Die Bedeutung des Wortes ist »verborgen«, »verdeckt«, was zunächst einmal nichts mit Magie und ähnlichem Unsinn zu tun hat. Ein »Okkultist« ist also jemand, der seine Handlungen vor der Öffentlichkeit verbirgt. Nicht mehr, aber auch nicht weniger.

fenbart die tiefgreifenden Pläne von Politik und Konzernen gegen die Freiheit der Bürger. Noch mal: Was braucht man sonst noch, um von einer Verschwörung zu sprechen? Kapuzenmäntel oder die rituelle Opferung von Säuglingen? Hier handelt es sich offensichtlich und zweifellos um eine »Verschwörungstheorie« im streng wissenschaftlichen Sinne des Wortes »Theorie«. Es handelt sich um eine bewiesene Tatsache.

Nun zum Artikel über das Bilderberger-Treffen. Für diejenigen unter Ihnen, die noch nichts von den Bilderbergern gehört haben, hier eine kurze Zusammenfassung: Es handelt sich um ein alljährliches Treffen der (zumindest vordergründig) mächtigsten Menschen der Welt, also der »Elite« aus Politik und Wirtschaft. Das erste Treffen der Bilderberger fand im Jahre 1954 in einem gleichnamigen Hotel in Arnheim-Osterbeck in den Niederlanden statt. Seitdem trifft sich diese illustre Gesellschaft immer wieder an anderen Orten, im Jahre 2013 in einem – wie immer abgesperrten – Areal in Watford, nördlich von London.

Die Liste der geladenen Gäste wechselt ebenfalls jährlich. Es handelt es sich jedoch ausschließlich um die höchsten Politiker und einflussreichsten Konzernlenker. In diesem Jahr gehören beispielsweise zu den Teilnehmern der britische Finanzminister George Osborne, Wirtschaftsbosse wie Bob Dudley (BP), Stuart Gulliver (HSBC), Hessens früherer Ministerpräsident Roland Koch (Bilfinger SE), Ex-Deutsche-Bank-Chef Josef Ackermann (Zurich Insurance Group) oder der FDP-Politiker Christian Lindner. Auch die Chefin des Internationalen Währungsfonds (IWF), Christine Lagarde, steht auf der Gästeliste.«[XI]

Eine kleine Zwischenfrage, die sich jedem mitdenkenden Menschen stellen muss, lautet: »Wenn die ›Gäste‹ ausschließlich Top-Politiker und Industrielle sind, wer sind dann die ›Gastgeber‹?« Diese Frage führt uns jählings zu des Pudels Kern – doch dazu später!

[XI] Wörtlich zitiert aus »Spiegel Online«, »Der Club der Mächtigen: Bilderberg-Gruppe trifft sich nahe London« vom 7.6.2013.

Wichtig im Zusammenhang mit den Bilderbergern: Es gibt keine Agenda der Themen, die besprochen werden und es wird auch kein Protokoll der Entscheidungen veröffentlicht, die getroffen wurden. Es handelt sich also um ein okkultes Treffen. SPON bemerkt dazu lapidar, dass die Bilderberger in diesem Jahr über »die Auswirkungen des Internets, die Situation in Afrika oder die Wachstumschancen für Europa und die USA« debattieren. Nichtssagender kann eine solche offizielle Agenda kaum sein. Nächstes Jahr ist es wahrscheinlich der Hunger in der Welt oder, auch immer sehr schön, der Weltfrieden. Mich persönlich würden auch die Auswirkungen des Terrorismus auf die Kaninchenpopulationen im bayrischen Wald interessieren ...

Spaß beiseite – die Bilderberger sagen also nicht, worüber sie reden und was entschieden wird. Man muss sich das wirklich mal auf der Zunge zergehen lassen: Da treffen sich die vordergründig mächtigsten Menschen der Welt, sie besprechen Dinge, die zweifellos unser aller Leben bestimmen, aber, sie sagen uns – nichts – darüber!

Wann, wenn nicht auf diese Konferenz bezogen, darf der Begriff »Verschwörung« als dem Wortsinn nach vollumfänglich zutreffend angewandt werden!?

Und was meint SPON dazu? »Jedes Jahr, wenn sich die internationale Führungselite zur Bilderberg-Konferenz trifft, blühen die Verschwörungstheorien.« Da kann man mal sehen, für wie blöd die Spiegel-Redaktion ihre Leser hält. Am gleichen Tag wird ein Artikel über die Verschwörung der US-Regierung mit den Großkonzernen zur geheimen Bespitzelung der eigenen Bevölkerung veröffentlicht, die Spitzenpolitiker und Konzernlenker der westlichen Welt treffen sich im Geheimen und den Schreiberlingen fällt nichts Besseres ein, als von »blühenden Verschwörungstheorien« zu sprechen. Entweder sind die wirklich so unintelligent, oder sie schätzen den Intelligenzquotienten des Großteils ihrer Leserschaft als verschwindend gering ein – oder beides ...

Fazit: Wenn Ihnen gegenüber jemand auf lächerlich machende Weise von »Verschwörungstheorien« spricht, so machen Sie sich bewusst, dass diese Verschwörungen *bewiesenermaßen* real existieren. Natürlich gibt es auch Spinner, die an die Relevanz irgendwelcher schwarzmagischer Zirkel glauben, die uns im Geheimen beherrschen. Doch nur weil es derartigen Unfug gibt, sind die wirklichen Verschwörungen nicht weniger real. Bei diesen geht es nicht um Magie, Teufelsanbetung und ähnlichen Schwachsinn, sondern ganz »weltlich« um Geld und Macht. Beides sind die Folgen okkulten Wissens und okkulter Absprachen. Ich habe weiter oben erwähnt, wer unter anderem auf der »Gästeliste« des diesjährigen Bilderberger-Treffens steht. Meiner Meinung nach ist es, wie bereits erwähnt, viel interessanter zu wissen, wer der Hausherr ist, der diese Gäste einlädt – eine Einladung, die offensichtlich niemand ausschlägt.

Selbstverständlich handelt es sich beim Wirken der *Vril-Gesellschaft* und der *Illuminaten* ebenfalls um Verschwörungen – sie agieren okkult, sie halten ihre Ziele geheim und sie handeln nicht unbedingt zum Vorteil der breiten Masse, sondern zu ihrem eigenen (was allerdings aus einem bestimmten Blickwinkel betrachtet durchaus legitim ist).

Ich behaupte zwar, über ausführliche Unterlagen zu verfügen, aus denen das Treiben, die Motivationen, Weltanschauungen, Philosophien und Technologien jener Geheimgesellschaften klar hervorgehen, doch das können Sie mir glauben oder es sein lassen. Sehen Sie daher die Behauptungen in diesem Buch als eine Theorie, die reproduzierbare Experimente, semiobjektive Beobachtungen und auch Mythen und Legenden, die sich hartnäckig über Jahrhunderte und teils sogar über Jahrtausende gehalten haben, zu einem konsistenten Weltbild verknüpft. Natürlich kann man immer behaupten, die gleichzeitige Entstehung der Hochkulturen, die Legende um Gilgameš, die im Alten Testament geschilderten Ereignisse, das Wirken Jesu Christi, die Geschichte der *Templer*, das »moderne Finanzsystem« und das UFO-Phänomen hätten nichts miteinander zu tun. Das wäre fast vergleichbar mit der Annahme, dass es keinen Zusammenhang zwischen Fallhöhe und Fallzeit gibt, der für alle Höhen und Zeiten gilt. Wir müssten also jedes Mal auf einen Turm passender Höhe klettern, um die Fallzeit bestimmen zu können, und das Fallgesetz würde sich uns niemals erschlossen haben.

Daher ist es sinnvoll eine Theorie zu entwickeln, die eine Erklärung für die Vergangenheit und Gegenwart der Menschheit liefert und fundierte Prognosen für die Zukunft ermöglicht. Daher möchte ich Sie einfach nur bitten zu vergleichen, ob die von mir vorgestellten Theorien glaubwürdiger sind als die Behauptung, dass es keine Zusammenhänge gäbe, eine Behauptung, die eine tiefere Erkenntnis von vornherein unmöglich macht.

Nachdem Sie sich diese Frage beantwortet haben, können Sie immer noch entscheiden, ob Sie mir meine ganz persönliche Geschichte glauben oder eben nicht.

D: Technologie, Magie und Volksverdummung

Ich schreibe dieses Buch, weil mir das Schicksal äußerst brisante Informationen in die Hände gespielt hat. Diesen Umstand verstehe ich als Verpflichtung, mein Wissen mit denjenigen Menschen, die über die Wahrheit hinter den Kulissen der Macht informiert werden wollen, zu teilen. Denn genau jene wahrheitssuchenden Menschen haben meinen Respekt, schließlich ist dieses Suchen und generell Neugierde die Triebfeder jeglichen Fortschritts, sei er nun intellektueller oder praktischer Natur (oder beides, was meist Hand in Hand geht).

Den meisten Zeitgenossen ist die Wahrheitssuche offensichtlich kein inneres Bedürfnis. Die Einschaltquoten von RTL, SAT1 oder der öffentlich/rechtlichen Märchenstundensender verraten, dass die Masse damit zufrieden ist, ihre abendliche Freizeit vor der Glotze zu verbringen und ein paar Bier zu trinken, um dann anschließend »erschöpft« ins Bett zu fallen.

Wohl gemerkt, ich verurteile hier nicht, dass sich Menschen nach einem langen Arbeitstag mit Trivialitäten entspannen. Das mache ich auch gelegentlich selbst, um »meine Seele baumeln zu lassen« und neue Kraft zu schöpfen. Problematisch wird es meiner Meinung nach jedoch, wenn *sämtliche* Freizeitbeschäftigungen nur noch dem Trivialen gewidmet sind. Dieser Zustand der permanenten geistigen Inaktivität, wohlwollend formuliert, verstärkt durch die Betäubung des letzten Restes Verstand durch Alkohol oder andere Drogen, mag durchaus kurz- oder sogar mittelfristig glücklich machen. Wer beispielsweise nicht in der Lage ist, Ungerechtigkeiten zu erkennen, wird auch nicht bewusst unter ihnen leiden und sich folglich nicht wehren. Wer nicht bemerkt, dass er betrogen wird, wird sich auch nicht darüber ärgern – und vor allem auch keine Gegenmaßnahmen einleiten ...

Auf geradezu zynische Art definiert der Evangelist Matthäus (Kap. 5,3) dann auch die eigene Klientel der sogenannten »Gläubigen«: »Selig sind, die da geistig arm sind; denn ihrer ist das Himmelreich.« So wimmelt die ganze Bibel von Sprüchen, die den Menschen erklären, dass es ganz toll ist, dumm, arm und schwach zu sein und erstaunlicherweise gerade diese Menschen »erlöst« werden, wenn – ja wenn – sie nur »glauben«.

Es wird als positiver Charakterzug verklärt, an die ganzen »Teekannen« zu glauben, die von den Kirchenfürsten präsentiert werden. Dummheit ist gut, Hinterfragen ist schlecht. Man soll also nicht nach Wissen und Weisheit streben oder nach mentaler und physischer Stärke, man soll keine Selbstverantwortung übernehmen, sondern einfach nach irgendwelchen, teils abstrusen Gesetzen leben, den Mund halten und sich »erlösen« lassen. Genauso erzieht man Menschen dazu, sich beherrschen zu lassen. Meiner Meinung nach ist dies der Gipfel der »Menschenverachtung«, die aus Sicht der *Illuminaten* sogar berechtigt ist, weil die Menschen sich genau diesen Unsinn auftischen lassen und sich darin *fügen*.

Das war nun in drei aufeinanderfolgenden Sätzen »sich lassen«. Dabei handelt es sich nicht um eine stilistische Schwäche meinerseits (böse Zungen meinen, davon hätte ich mehr als genug), sondern dies soll verdeutlichen, dass es um »erwünschte« Passivität geht. Man soll nicht denken, nicht aktiv sein, dann kommt eben alles Gute von oben – ganz automatisch, man braucht nichts weiter dafür zu tun, als an die Obrigkeit zu glauben und das eigene Hirn abzuschalten. Die von oben kommenden Geschenke erstrecken sich dann für die Schäfchen der Herde vom Versprechen des ewigen Lebens im Himmelreich bis hin zu den durchaus realen Sozialleistungen des modernen Staates; die aber natürlich nicht diejenigen bezahlen, die sie beschließen. Nach dem Prinzip des

Zuckerbrots und der Peitsche werden – zusätzlich zu jenen wundervollen Geschenken als Gegenleistung für die Hirnabschaltung – speziell den besonders Renitenten, die sich partout der Hirnabschaltung verweigern wollen, noch ein paar Nettigkeiten mit auf den Weg gegeben wie »Ewige Verdammnis«, »Fegefeuer« und ähnliche Schauermärchen mehr. »Ketzerei« gegen die bestehende Gesellschaftsordnung, deren Absolutheitsanspruch durchaus religiöse Züge trägt, wird hingegen »nur« mit gesellschaftlicher Ausgrenzung, finanziellem Ruin und in speziellen Fällen mit Freiheitsentzug geahndet.

Diese über hunderte Generationen anerzogene Mentalität des »Alles-geschenkt-haben-Wollens«, die man auch als den erweiterten Erlösungsgedanken bezeichnen könnte, gepaart mit religiösem Glauben an die weltliche und/oder »übernatürliche« Obrigkeit, äußert sich auch in vielen anderen Dingen. Nehmen wir beispielsweise das Thema »Magie«. Seit jeher sind die Menschen von der Vorstellung fasziniert, durch das Aufsagen dämlicher Zaubersprüche – jeder Idiot ist in der Lage diese zu plappern, er muss sie nur kennen – fliegen zu können oder einen Feind durch einen Blitz in Asche zu verwandeln. Der einzige Haken bei der Sache ist natürlich, dass noch niemand etwas »Magisches« vorführen konnte, das einer seriösen Überprüfung standhielt.

Trotzdem ist die Popularität derartiger Vorstellungen ungebrochen, wie man beispielsweise am Erfolg der Roman- und Spielfilmserie »Harry Potter« ablesen kann. Die eigentliche Aussage ist, wie immer, die gleiche: Jeder kann, praktisch ohne etwas dafür zu tun, durch das Aufsagen von Sprüchen und das Herumfuchteln mit Zauberstäben große Macht erlangen – er kann *jemand Bedeutsames sein*. Nicht umsonst wird das ungeliebte Waisenkind Harry Potter zum Helden. Hier möchte ich wieder den Vergleich zu den Religionen ziehen: Das Gleichheitsprinzip wertet auch den letzten »Totalbenachteiligten« auf, wobei viele Menschen zwischen unverschuldeter »Benachteiligung« (wie der Filmwaise Harry Potter) und verschuldeter »Benachteiligung«, z.B. durch eigene Faulheit, nicht differenzieren dürften.

Das i-Tüpfelchen bei »Harry Potter« ist dann, wenn diejenigen, die nicht an diesen Magie-Blödsinn glauben, verächtlich »Muggles« genannt werden. Und wieder der Vergleich zu den Religionen: »Glauben« ist eine Tugend, »Ungläubige« sind verachtenswert und schlecht. Schon klar: Die Jungs und Mädels mit den Zauberstäben sind die »Wissenden«, die anderen die Dummen. Wer an Jungfrauen glaubt, die übers Wasser wandelnde Söhne gebären, die sich ans Kreuz schlagen lassen, um uns zu erlösen (wovon eigentlich?), ist ein guter Christ, wer hingegen eine nicht ganz unangebrachte Skepsis äußert, ist ein verdammungswürdiger Ketzer. Damit werden die Dinge auf den Kopf gestellt. Aber den Dummen gehört ja das Himmelreich, Idioten können durch Magie Macht erlangen, wir werden alle gerettet, erlöst, alimentiert. Das kommt gut an bei den Massen, der Glaube daran fällt leicht, weil »das Himmelreich« *wünschenswert* erscheint ...

Doch zurück zur Magie. Interessanterweise gibt es die wirklich. Ein nicht unerheblicher Teil der Menschen erkennt sie jedoch nicht oder will sie nicht erkennen, selbst wenn man sie mit der Nase darauf stößt: Diese Magie heißt Technologie. Sie basiert nicht auf Zaubersprüchen und Märchen aus von Menschen geschriebenen Büchern, sie ist abgeleitet aus den Gesetzen des Universums, für jedermann nachvollziehbar, geschrieben in der universellen, unmissverständlichen Sprache der Mathematik.

Die reale Magie vermag Dinge, von denen in den Ammenmärchen noch nicht einmal zu träumen gewagt wurde. Menschen können mit Überschallgeschwindigkeit reisen, statt auf einem Besen durch die Lüfte zu reiten. Sie können ganze Städte auslöschen, statt einzelne Gegner mit einem Blitz zu verbrennen. Wir können die überall auf der Welt stattfindenden Ereignisse von unserem Wohnzimmer aus verfolgen, statt in eine Glaskugel zu glotzen. Wir können Pestkranke heilen, Nahrung im Überfluss erzeugen und wie durch ein Wunder mit unseren Freunden und Bekannten sprechen, egal wie weit sie weg sind.

All diese Dinge sind *real*, jeder kann nachvollziehen, dass ich die Wahrheit schreibe. Es sind die Früchte aktiven Denkens, dem Verständnis der Sprache, in der das Buch der Magie (Mathematik) geschrieben ist und letztlich dem Verstehen des Buches der Natur selbst.

Dieses Buch der Natur wurde eben nicht von Menschen zum Zwecke der Beherrschung ihrer Mitmenschen geschrieben, sondern von Gott, sofern er existiert, und es ist die Grundlage unseres Universums. Vor diesem Hintergrund wundert es mich, dass sich so wenige religiöse Menschen für Naturwissenschaft interessieren. Statt in alten Schriften höchst zweifelhaften Ursprungs könnten sie in den Naturgesetzen die tatsächliche Handschrift Gottes erkennen.

Doch diese echte Magie hat einen gewaltigen Nachteil: Man kann sie nicht beherrschen, indem man Zaubersprüche aufsagt oder mit Stöckchen herumfuchtelt. Harte Arbeit ist notwendig, um ihre Gesetzmäßigkeiten zu erlernen. Das passt natürlich überhaupt nicht in die »Alles-geschenkt-haben-Wollen«-Mentalität und die nur mit der bloßen Existenz begründeten Rechte ohne Pflichten, die sich viele Zeitgenossen haben einreden lassen, damit sie schön gefügig werden.

Daher ist die echte Magie für die Dummen und/oder Faulen schlichtweg *unattraktiv. Um Gottes Willen,* denkt dieser ganze Stolz unserer Spezies (womit ich die den Zeitgeist unreflektiert Nachplappernden meine), Wissenschaft und Technologie widersprechen doch dem Gleichheitsgrundsatz, nach dem jeder Schwachkopf ein – wodurch auch immer – legitimiertes Recht auf alles Mögliche hat. Diese böse Wissenschaft entzieht sich aber einfach dem Dummen: Das ist diskriminierend! Ist Wissenschaft gar Naziideologie? Werden da nicht Klassenschranken aufgebaut? Nieder mit der Intelligenz! Und noch mal *»Um Gottes Willen«,* Wissenschaft versteht man nur durch harte Arbeit, das lernt man auch nicht in der »Tagesschau« und erst recht nicht bei »Bauer sucht Frau«. Immerhin streben die Konsumenten der schönen neuen (Fernseh-)Welt bei der Auswahl ihrer medialen Berieselung, in punkto Gehaltlosigkeit ihrer intellektuellen Beschäftigung, nach Perfektion. Zumindest meinen das Zyniker ...

Das Resultat ist selbstredend eine gewisse Technologiefeindlichkeit eines Teils der Bevölkerung mit durchaus schizophrenen Zügen. Einerseits ist jenen das Thema Technologie aus obigen Gründen suspekt. Man versteht es nicht aufgrund intellektueller Defizite, man ist einfach zu faul oder es widerspricht, wie oben erläutert, einer absurden egalitären Ideologie, die in unserer Gesellschaft durchaus einen religiösen Status erlangt hat. Andererseits möchte man aber in den Genuss der Früchte der magischen Arbeit anderer kommen – vom iPhone über den VW-Golf bis hin zum fließenden, warmen Wasser. Auch an einer Blinddarmentzündung zu sterben ist ziemlich »uncool« …

Wer nun glaubt, ich würde hier ein Plädoyer zugunsten von Technologie*gläubigkeit* und wider die Technologie*kritik* halten, hat die Funktionsweise seriöser Wissenschaft nicht verstanden. *Kritik* ist das Kernelement der Wissenschaft. *Alles* wird hinterfragt, nichts als der Weisheit letzter Schluss angenommen. Nobelpreise werden für Experimente vergeben, die nicht mit den gängigen Theorien übereinstimmen, was dazu zwingt, die bestehenden Denkmodelle zu erweitern oder sie ganz zu verwerfen und neue zu entwickeln. *Das* ist Erkenntnisgewinn. Natürlich freut man sich auch über Experimente, die bestehende Theorien bestätigen, wie zum Beispiel die kürzliche Entdeckung des Higgs-Bosons im Beschleunigerzentrum CERN. So weiß man zumindest, dass man weiterhin auf dem richtigen Weg ist – auch eine Erkenntnis.

Dass es keine gute Idee ist, ein Kernkraftwerk in einem Erdbebengebiet an einem tsunamigefährdeten Strand zu bauen oder ein solches Kraftwerk wie in Tschernobyl schludrigen Sozialisten zu überlassen, versteht sich von selbst. Das einzige Problem der Technologie in diesem Zusammenhang ist, dass es keine Technologie gegen Dummheit und Geldgier gibt. Der Protest gegen derartigen Irrsinn sollte sich daher nicht gegen die Technologie sondern gegen die Gesellschaft richten, die Derartiges zulässt. Die Obrigkeit schlägt natürlich genau in die Kerbe ihrer »Gläubigen«, womit ich nicht die Gottgläubigen, sondern die an kirchliche und staatliche Ammenmärchen Glaubenden meine, und gibt der bösen Technologie die Schuld, wenn irgendwo ein Atomunfall passiert, statt den wahren Übeltäter zu nennen: die Gier nach materiellem Profit einiger weniger. Denn genau darauf, auf schnödem Mammon, basiert deren Macht. Damit finanzieren sie die Organisationen, die von ihnen selbst als wahre Schuldige der Missstände ablenken: Kirche, Finanzsystem und Medien.

Vor diesem Hintergrund finde ich es verwunderlich, dass auf den Plakaten von Umweltaktivisten »Atomkraft, nein danke!« steht. Abgesehen von der falschen Begrifflichkeit – es handelt sich nicht um »Atomkraft« sondern um »Kernenergie« –, wogegen diese Leute Stellung beziehen, sollten die Plakate mit »Nieder mit dem Zinssystem!«, »Profitgier, nein danke!« oder »Stoppt die mediale Verdummung!« beschriftet sein. Aber dazu müsste man natürlich die Ursachen für den verantwortungslosen Umgang mit unserer Umwelt verstanden haben – also etwas, das man leider von »Umweltaktivisten« ganz offensichtlich nicht erwarten kann. Zum Totlachen finde ich das Symbol der Anti-Atomkraft-Bewegung: eine strahlende, grinsende Sonne. Ob denen entgangen ist, dass die Strahlung von Sternen wie unserer Sonne durch Kernenergie erzeugt wird?

Mut macht mir die »Occupy«-Bewegung, die immerhin im Finanzsystem den wahren Feind erkannt hat. Mal sehen, wie lange es dauert, bis die üblichen *Illuminaten*tricks die Ziele dieser Bewegung verwässern.

Es gibt einen sehr gewichtigen Grund, warum ich in dieser Einleitung so sehr auf der Bedeutung von Technologie und dem krassen Gegensatz zum Aberglauben herumgeritten habe. Zum Verständnis der Geheimnisse, die ich in diesem Buch enthüllen werde, sind diese Zusammenhänge von erheblicher Bedeutung. Den heiligen Gral, beispielsweise, so unglaublich das an dieser Stelle auch klingen mag, gibt es wirklich und er ist eben kein Gefäß, das Unsterblichkeit verleiht, wenn man daraus trinkt; wieder so ein Ammenmärchen ... Das Geheimnis des Grals ist technologischer Natur und es konnte erst entschlüsselt werden, als die Zeit dafür reif war. Mit anderen Worten: Es mussten zuerst die physikalischen Grundlagen zur Entschlüsselung des Grals erarbeitet werden. Aber keine Sorge, lieber Leser, ich werde die zum Verständnis dieses Buches notwendigen naturwissenschaftlichen Sachverhalte ausführlich erklären. Für mich ist jeder, der *wissen* möchte, ein wertvoller Mensch, was ich nicht von seiner naturwissenschaftlichen Bildung abhängig mache.

Doch zurück zur »Obrigkeit«, die den Massen das Denken abnimmt. Wer es wagt, sein Hirn einzuschalten, wird vielleicht zunächst fragen: »Warum macht die Obrigkeit das alles? Wer sind die überhaupt?« Die Antwort auf die erste Frage lautet: »Geld und Macht« – zwei Begriffe, die durchaus auch synonym benutzt werden können. Es geht darum, die Bevölkerung dumm und schwach zu halten, um sie zu beherrschen und auszubeuten. Die Antwort auf die zweite Frage kann man mit wenigen Worten formulieren: Es handelt sich um wenige Personen (ein paar Hundert), die als *Bruderschaft der Schlange* seit Jahrtausenden eine verschworene Gemeinschaft bilden und sich heute *Illuminaten* nennen. Die Details folgen in Band 2 der Reihe »Schlüssel der Offenbarung«.

Der vorliegende erste Teil beschäftigt sich primär mit einer anderen Frage, nämlich: »Gibt es Organisationen, die sich dieser die Massen verdummenden und somit beherrschenden Obrigkeit widersetzen?«

Ja, die gibt es. Ein recht dramatisches Wirken dieser Organisationen in der jüngeren Geschichte war die Aufklärung. Die Kirche wurde in Europa weitgehend entmachtet in dem Sinne, dass sie nicht mehr so »mir nichts dir nichts« Leute auf dem Scheiterhaufen verbrennen konnte, die an den von ihr ersonnenen Weisheiten zweifelten. Der Absolutismus wurde beseitigt und durch eine Herrschaft des Gesetzes ausgetauscht. Doch nach diesem Zeitalter des Lichts folgte dann auch gleich wieder die nächste Verdummungswelle. Durch kleine Kunstgriffe, die einem Menschen natürlich nicht auffallen, dessen Gedanken sich fast ausschließlich um Nahrung und Fortpflanzung drehen, wurden die Ideale der Aufklärung in ihr Gegenteil verkehrt. So wurde beispielsweise, wie ich bereits erläuterte, die »Gleichheit aller Menschen« durch eine einfache Wortverdrehung postuliert und als ein die Religionen ersetzendes Dogma eingeführt.

Wenn Sie, lieber Leser, aus diesen Bemerkungen nun ableiten, dass es zwei vollkommen unterschiedliche Gruppen von Organisationen gibt, die sich gegenseitig in die Suppe spucken, dann liegen Sie vollkommen richtig. Der okkulte Krieg, der zwischen ihnen herrscht, wütet nun schon seit Jahrtausenden.

Die teilweise phantastisch auf den Uneingeweihten anmutenden Hintergründe dieser beiden Organisationen sind der Inhalt der ersten beiden Bände der Reihe »Die Schlüssel der Offenbarung«. Die Sachverhalte, die ich darstellen werde, sind durchaus geeignet, das Weltbild des einen oder anderen Lesers radikal zu verändern. Wer Furcht dabei empfindet, sollte lieber die blaue Pille nehmen und in der Matrix[XII] bleiben. Ich hingegen biete Ihnen die rote Pille an. Zu Risiken und Nebenwirkungen befragen Sie Ihren örtlichen Politiker, Pfarrer oder die seltsamen Figuren, die uns in der »Tagesschau« als Autoritäten verkauft werden.

[XII] Wer nicht weiß, wovon ich rede, weil er den Spielfilm »Matrix« nicht gesehen hat, sollte dies unbedingt nachholen.

Teil 1: Wie alles begann

1.1 Mein Umfeld und meine frühen Jahre

Zunächst einmal möchte ich ein wenig über mich selbst berichten. Selbstverständlich ist Julian von Salomon aus Sicherheitsgründen ein Pseudonym, wie Sie sicher schon vermutet haben. Aber wenn Sie schon nicht wissen, wie ich wirklich heiße, so sollten Sie doch zumindest eine grobe Vorstellung davon haben, wer ich *bin*. Ich denke, dies ist erheblich wertvoller, als einen Namen zu kennen – denn was bedeuten Namen schon?

Eine ausführliche Eigencharakterisierung werde ich an dieser Stelle nicht liefern; erstens, weil Sie das langweilen würde und zweitens, weil meine Person viel zu unbedeutend im Kontext der Begebenheiten ist, die ich anschließend schildern werde. Daher möchte ich Ihnen nur einen kurzen Überblick liefern und dabei jene Aspekte betonen, die für dieses Buch und die Folgebände von Bedeutung sind. Die Namen von Orten und Personen habe ich natürlich ausgetauscht.

Mitte der sechziger Jahre wurde ich als Sohn des in der Automobilbranche arbeitenden Ingenieurs Hermann von Salomon in einer Kleinstadt, ziemlich genau fünfzig Kilometer von Bochum entfernt, geboren.

Meine Mutter widmete sich dem Haushalt und meiner Erziehung – ich genoss eine behütete Kindheit. Wenn ich an diese Zeit zurückdenke, so waren meine vorherrschenden Gefühle wohl die Liebe zu meiner Mutter und die Sicherheit, dass meine Eltern immer für mich da waren.

Mein Vater sorgte für uns, er unternahm in seiner Freizeit viel mit mir, er antwortete immer geduldig auf all meine Fragen, womit er meine Begabungen förderte. Frühzeitig erkannte er mein »Gespür« für Zahlen und brachte mir das Rechnen bei. So beherrschte ich die Prozentrechnung schon recht gut, bevor ich eingeschult wurde.

Trotzdem war da eine dunkle Seite, die mich nie ein so inniges Verhältnis zu meinem Vater wie zu meiner Mutter aufbauen ließ. Ich empfand ihn als autoritär in dem Sinne, dass er neben seiner eigenen Meinung keine anderen gelten ließ. Dieses Verhalten legte er nicht nur mir gegenüber an den Tag, sondern er »beglückte« auch meine Mutter und die Freunde und Bekannten der Familie mit seiner besserwisserischen Art, was den Freundes- und Bekanntenkreis in einem überschaubaren Rahmen hielt. Er pflegte seiner eigenen Meinung stets einen Anstrich des Absoluten zu verpassen. Daraus resultierte natürlich zwangsläufig, dass es sich bei jedem, der anderer Meinung war als er, mit ebenso absoluter Sicherheit um einen Idioten handeln musste.

Erst am Beginn meiner Jugend begriff ich die Ursache seines verhärmt wirkenden, autoritären Auftretens, das deutlich erkennbare pessimistische Züge aufwies: Er hatte seine eigene Kindheit weitaus weniger behütet verbracht als ich. In den dreißiger Jahren war sein eigener Vater nur einmal im Jahr, manchmal erst nach zwei Jahren zu seiner Mutter und ihm heimgekehrt. Meine Großmutter hatte meinem Vater damals erzählt, mein Großvater sei Seemann, er würde in fremde Länder reisen, was eben oftmals sehr lange dauern würde. Mit Beginn des 2. Weltkrieges blieben die jährlichen Besuche meines Großvaters dann vollständig aus. Meine Großmutter starb bei einem Bombenangriff auf die militärisch bedeutungslose Kleinstadt, in der auch ich später leben sollte. Mein Vater verbrachte die wenigen Jahre bis zu seinem Studium bei Onkel und Tante.

Erst Anfang der Siebziger tauchte Großvater wie aus heiterem Himmel wieder auf. Ich kann mich, obwohl zu jener Zeit gerade erst eingeschult, noch daran erinnern, dass mein Vater zunächst nichts mit ihm zu tun haben wollte. Er muss unter großen inneren Konflikten gelitten haben, die ich damals natürlich noch nicht verstehen konnte. Einmal erlebte ich, dass er bitterlich weinte; auf dem Tisch vor ihm stand ein Bild meiner Großmutter.

Es dauerte mehr als ein Jahr, bis mein Großvater und mein Vater wieder halbwegs normal miteinander umgehen konnten. Sehr gut kann ich mich noch daran erinnern, dass wir das erste gemeinsame Weihnachtsfest im Jahre 1972 feierten.

Meine Mutter erzählte mir, Opa wäre in »Kriegsgefangenschaft bei den Russen« gewesen. Eine glatte Lüge, wie sich später herausstellte. Doch was hätte sie einem sechsjährigen Kind auch sonst erzählen sollen? Die Wahrheit?

Ich verfüge zwar nicht über die Ausbildung eines Psychologen, doch ich vermute, das autoritäre Gebaren meines Vaters war eine Art Schutzmechanismus, weil ihm in der Kindheit genau die Sicherheit gefehlt hatte, die mir zuteil wurde.

Nach meinem begrenzten Verständnis der menschlichen Psyche gibt es im Wesentlichen zwei Möglichkeiten, wie ein Kind sich unter dem Einfluss eines autoritären Vaters entwickeln kann. Erstens, es knickt ein, beugt sich auch zukünftig vor Autoritäten, verhält sich passiv und schätzt sich selbst, bewusst oder unbewusst, als schwach und untalentiert ein. Dieser Entwicklungszweig neigt dazu, große Dinge nur in seinen Wunschvorstellungen zu bewegen, wird aber niemals selbst aktiv, um diese Träume in die Realität umzusetzen. Er oder sie wünscht sich den Schutz durch die Autoritäten von Kirche und Staat und neigt dazu, im Gegenzug auf persönliche Freiheit zu verzichten. Da er oder sie sich, wie gesagt, bewusst oder unbewusst, für schwach und untalentiert hält, vertritt er oder sie eine Ideologie/Religion der Verklärung und Verherrlichung des Schwachen und Niederen und empfindet das Starke und Edle als »irgendwie« unmoralisch (Was wäre die Welt nur ohne die wahrhaft erlösenden Erkenntnisse Friedrich Nietzsches?). Überflüssig zu erwähnen, dass diese Sorte hervorragend als Schäfchen in der Herde eines autoritären Regimes geeignet ist, die immer wieder neue Nachkommen dieser Kategorie Mensch erzeugt.

Es ist aber auch die exakt gegenteilige Entwicklung eines Kindes als Reaktion auf das autoritäre Verhalten des Vaters möglich. Statt einzuknicken, entwickelt sich eine heftige Abneigung gegen Bevormundung und eine gewisse Verachtung gegenüber jenen, die sich bevormunden lassen. Man wird sich der eigenen charakterlichen Stärke bewusst und durch den gescheiterten Unterdrückungsversuch des Vaters sogar weiter gefestigt. Als Folge eines derart ausgeprägten Selbstvertrauens ist man davon überzeugt, dass einem alle Wege offen stehen, kein Gipfel zu hoch sein kann, kein Problem unlösbar sein wird.

Natürlich ist die Welt nicht schwarz-weiß und es ist grundsätzlich falsch, Menschen in eine Schublade stecken zu wollen – weil die Menschen eben *nicht* gleich sind. Ich habe diese beiden Extreme nur aufgelistet, um zwei gegensätzliche Orientierungspunkte aufzuzeigen. Auf der Geraden dazwischen sind die ganzen Graustufen: Ich ordne mich persönlich ziemlich weit »oben« ein, also nahe beim zweiten geschilderten Extrem.

Die Bezeichnung »oben« ist natürlich eine Wertung. Nach meinem persönlichen Wertemodell befinden sich diejenigen »oben«, die ihr Leben selbst in die Hand nehmen, statt sich ihre Lebensweise vorschreiben zu lassen und selbst denken, statt die Phrasen der Obrigkeit kritiklos nachzuplappern. Diese Nachplapperer sind »unten«, das heißt, sie lassen sich beherrschen, passen sich dem Mainstream an und lassen sich ihre Meinung und vor allem ihre Sicht auf die Welt »bilden«. An dieser Stelle möchte ich anmerken, dass der Werbespruch einer großen deutschen Boulevardzeitung »Bild Dir Deine Meinung« eines gewissen Zynismus nicht entbehrt ...

Meine Familiengeschichte ist übrigens ein interessantes Beispiel dafür, wie gewisse Ereignisse das Verhalten von Menschen über Generationen hinweg prägen können. Mein Großvater war meist nicht bei seiner Familie, was bei meinem Vater autoritäres Verhalten als Schutzmechanismus hervorrief, was wiederum bei mir meine Abneigung gegen Bevormundung auslöste.

Anders als mein Vater wirkte Großvater auf mich immer ruhig, besonnen und jederzeit Herr der Lage. Er lebte in einer kleinen Wohnung auf der anderen Seite der Stadt. Als Jugendlicher besuchte ich ihn häufig mit dem Fahrrad. Wie schon mein Vater lehrte er mich Mathematik und Naturwissenschaften, was mich von klein auf faszinierte. Er führte mich an die großen Philosophen von den alten Griechen bis zu Kant, Nietzsche und Heidegger behutsam heran und erklärte mir Geschichte aus einem Blickwinkel, der sich ziemlich von jenem des Schulunterrichts unterschied.

Großvater bestärkte mich darin, stets alles zu hinterfragen und mir ein eigenes Bild der Dinge zu machen. Zusätzlich lehrte er mich, negative Gefühle wie Angst, Neid, Jähzorn oder Eifersucht zu kontrollieren. Er zeigte mir, wie man in sich ruht und seinen Verstand öffnet. Zusätzlich lehrte er mich, verblüffend genau andere Menschen einschätzen zu können. Diese Fähigkeit war nicht nur im sprichwörtlichen Sinne Gold wert, wie ich später im Geschäftsleben feststellte. Großvater benutzte zu diesen Zwecken ein Verfahren das er »ša-še« nannte. Er sagte, das Wort stamme aus dem Sumerischen und bedeute so viel wie »das Herz betreffend«, womit sowohl die Beherrschung der eigenen Gefühle wie auch die Beeinflussung der Emotionen der Mitmenschen gemeint sind. Die Details zu diesem Thema führen hier aber schon zu weit und wären genug Stoff für ein weiteres Buch ...

1.2 Erste Offenbarung

Bei meinen regelmäßigen Besuchen beschäftigten Großvater und ich uns jedoch nicht nur mit hochgeistigen, anspruchsvollen Themen. Mit dem Aufkommen von Videorekordern schauten wir uns auch manchmal einfach nur sogenannten »Schund« zur reinen Unterhaltung an. Großvater konnte es jedoch nicht lassen, mich immer wieder auf versteckte Botschaften und Einflussnahmen auf die Denkweisen der Zuschauer in den Hollywood-Produktionen aufmerksam zu machen, bis er schließlich merkte, dass ich mittlerweile weit genug in meiner Entwicklung vorangeschritten war, um diese Dinge selbst erkennen zu können. Manchmal waren die Botschaften sogar alles andere als versteckt sondern ganz offensichtlich. In den Kriegsfilmen, die uns durch ihre allzu platten Stereotypen oftmals erheiterten, wurden die Deutschen stets als schlimme Verbrecher, Feiglinge oder Idioten dargestellt.

An einem jener Abende – ich war mittlerweile siebzehn Jahre alt und stand kurz vor dem Abitur – meinte Großvater im Anschluss an einen solchen Film einmal lächelnd: »Wenn die Deutschen so gekämpft hätten, wäre die Wehrmacht von der holländischen Feuerwehr aufgehalten worden.«

Der Schreck fuhr mir in die Glieder. War mein Großvater etwa ein Nazi gewesen? War er heute ein Revisionist? Ich konnte mir diesen weisen Mann einfach nicht als Schaf in der Herde eines autoritären Regimes vorstellen. Oder hatte er sogar zur Führungselite des Dritten Reichs gehört? War er eher ein Schafhirte der Nazis gewesen? Doch wie passte das mit seiner russischen Kriegsgefangenschaft zusammen? Die Elite hatte sich doch bevorzugt von den Westalliierten gefangen nehmen lassen und zwar erst als alles vorbei war – wenn man einmal von einem gewissen General absieht, der eine ganze Armee in den Untergang geführt hatte und sich anschließend nicht dazu entschließen konnte, dem Großteil seiner Soldaten in den Tod zu folgen[XIII].

Also fragte ich ihn erneut nach seiner Rolle im Krieg und nach den Umständen seiner Kriegsgefangenschaft. Er hatte auf meine bisherigen diesbezüglichen Fragen stets ausweichend geantwortet und sehr geschickt das Thema gewechselt.

Da diese Unterhaltung der erste Schritt einer Entwicklung war, die mein Leben verändern sollte, kann ich unser damaliges Gespräch noch ziemlich wortgetreu wiedergeben.

Zu meiner Verblüffung sagte Großvater freimütig, als ob es sich um eine Belanglosigkeit handelte:»Ich war nie in Gefangenschaft. Ich war auch niemals Soldat der Wehrmacht.«

Ich brauchte erst einmal ein paar Sekunden, diese Nachricht zu verdauen. Dann hakte ich nach:»Und warum erzählt Vater, dass du vor dem Krieg fast nie zuhause warst und dich seit Ausbruch des Krieges überhaupt nicht mehr sehen ließest?«

»Weil es die Wahrheit ist.«

Ich schnaufte einigermaßen empört, weil Großvater sofort ausgenutzt hatte, dass ich meine Frage nicht exakt genug gestellt hatte. Also formulierte ich etwas präziser:»Warum warst du so viel fort und was hast du nach Kriegsausbruch gemacht?«

[XIII] General Paulus kommandierte die 6. Armee in Stalingrad. Er kapitulierte schließlich vor der Roten Armee und stellte sich später den Sowjets zur Verfügung.

Großvater lächelte humorlos. In seinen Augen erkannte ich echte Sorge. »Julian, glaube mir einfach: Es ist besser, gewisse Dinge nicht zu wissen.«

»Was?«, entgegnete ich aufgebracht. »Eins der wichtigsten Dinge, die ich von dir gelernt habe, ist, dass Wissen so ziemlich das Wertvollste ist, was ein Mensch besitzen kann.«

»Das ist schon wahr. Aber es gibt Ausnahmen. Stell dir vor, ich könnte dir exakt sagen, an welchem Tag, zu welcher Stunde und Minute du stirbst. Glaubst du, diese Art von Wissen würde dein Leben bereichern?«

»Großvater, du weichst schon wieder aus. Deine Abwesenheit von Zuhause hat nichts mit meinem Todestag zu tun. Folglich handelt es sich um eine andere Art von Wissen, das du mir vermittelst, wenn du mir verrätst, wo du gewesen bist.«

»Wenn ich dir das verrate wird sich dein Weltbild und damit dein Leben radikal verändern. Ich weiß nicht, ob du schon soweit bist ...«

»Probiere es aus!«

»Dann gibt es kein Zurück mehr.«

»Du sagst selbst, dass Neugierde eine Tugend ist, die Triebfeder allen Fortschritts.«

»Dann musst du mir aber zuerst dein Ehrenwort geben, darüber zu schweigen – bis ich dich von deinem Versprechen entbinde.«

Obwohl ich diese Forderung ziemlich seltsam fand, speziell den Hinweis, mich irgendwann von meiner Schweigepflicht zu entbinden, gab ich ihm mein Ehrenwort, was wir per Handschlag besiegelten.

»Ich bin Mitglied einer okkulten Gemeinschaft, die sich ›Vril-Gesellschaft‹ nennt.«

»Ein okkulter Verein? Schwarze Magie und so?«

Großvater lachte schallend. Dann sagte er: »Nein, das genaue Gegenteil ist der Fall.« Dann klärte er mich über die Bedeutung des Wortes »okkult« auf. Anschließend sagte er: »Die *Vril-Gesellschaft* agiert im Verborgenen, nur ihre Mitglieder und einige wenige Eingeweihte wissen von ihrer Existenz. Wir beschäftigen uns nicht mit Magie, sondern mit

Technologie. Die *Vril-Gesellschaft* ist der naturwissenschaftliche Arm der *Tempelritter*, die sich heute aus historischen Gründen ›Deutschtempler‹ nennen.«

Wenn ich Ihnen, liebe Leser, erzähle, wie sehr mich diese Antwort verblüffte, dann liegt es daran, dass mir kein besseres Wort für meinen damaligen emotionalen Zustand einfällt. Zunächst glaubte ich, Großvater wolle mich auf den Arm nehmen. Schließlich wusste ich, dass er gelegentlich seine Scherze mit seinen Mitmenschen trieb. »Lass' den Quatsch, Großvater«, sagte ich lächelnd. »Ich habe dir ganz ernsthaft mein Ehrenwort gegeben und du veräppelst mich. Das ist nicht fair.«

»Du wolltest die Wahrheit, also bekommst du sie nun. Wenn sich das Ganze für dich unglaubwürdig anhört, so verstehe ich das zwar, kann es aber nicht ändern.« Großvater lehnte sich mit ernster Miene in seinen Sessel zurück und strich sich mit der rechten Hand über seine schneeweißen, streng zurückgekämmten Haare. Diese Geste wirkte auf mich, als wolle er so seine Gedanken ordnen.

»Du meinst das wirklich ernst?«

»Ja.«

»Und weshalb hielt dich deine Mitgliedschaft in dieser Geheimgesellschaft davon ab, dich um deine Familie zu kümmern?« Ich bedauerte meine Formulierung bereits in der nächsten Sekunde, weil sie genau den Vorwurf implizierte, den mein Vater gegenüber meinem Großvater unzählige Male erhoben hatte.

»Wir haben versucht, das Deutsche Reich noch zu retten.«

»Wie? Indem ihr Wunderwaffen für die Nazis baut?«

»Nein. Wir haben zwar das entwickelt, was man selbst aus heutiger Perspektive als ›Wunderwaffen‹ bezeichnen könnte, doch leider war der Krieg bereits verloren, bevor unsere Entwicklungen serienreif waren. Und außerdem: Die Nazis hätten diese Waffen niemals in die Hände bekommen. Wären wir rechtzeitig fertig geworden, hätten wir nicht nur die Alliierten damit aus Deutschland herausgeworfen, sondern die Nazis gleich mit.«

»Verstehe ich nicht. Nehmen wir also einmal an, eure obskure Gesellschaft wäre mächtig genug gewesen, den 2. Weltkrieg für Deutschland zu entscheiden, dann hättet ihr doch zwangsläufig auf Seiten der Nazis gekämpft. Und wer hätte diese Wunderwaffen denn einsetzen sollen, außer der Wehrmacht, die ja wiederum den Nazis unterstand?«

»Wer wem unterstand, war in diesem Krieg ein wenig anders, als es in den offiziellen Geschichtsbüchern steht. Da waren also auf der einen Seite die Westalliierten. Ihre ›demokratisch gewählten‹ Regierungen waren und sind nichts anderes als Marionetten der *Illuminaten*. Auf der anderen Seite waren da die Achsenmächte unter der Führung Deutschlands. Die Nazis wurden jedoch ebenfalls von den *Illuminaten* finanziert und manipuliert – und zwar genau in die Richtung, die zu einem Zweiten Weltkrieg führen musste, wie auch schon der Erste ebenfalls durch die *Illuminaten* geplant und ausgelöst worden war. Im Unterschied zu den Nazis *wussten*, beziehungsweise *wissen*, die westlichen Regierungen, genaugenommen deren Geheimdienste, *wer* ihre Herren sind. Die Nazis hingegen sind den *Illuminaten* eher wie zwar naive, aber besonders gewalttätige Schuljungen in die Falle getappt. Die Niederlage Deutschlands war von vornherein geplant, ebenso wie die ewige Ächtung der Deutschen als Folge der Judenvernichtung. Der Zweite Weltkrieg beendete endgültig, was mit dem Ersten begonnen worden war: die gesicherte und unumstößliche Herrschaft der *Illuminaten* über die letzte bis dahin noch widerspenstige europäische Großmacht, nämlich Deutschland.«

Tausend Fragen kollidierten mit meinen zwiespältigen Gedanken. Einerseits konnte ich nicht glauben, was Großvater mir da auftischte, andererseits war ich von der Aufrichtigkeit dieses Mannes, der mich so viel gelehrt hatte, überzeugt. Ich wollte zunächst einmal wissen: »Wer sind die *Illuminaten*, die *Vril-Gesellschaft* und was sind ihre Ziele?«

»Das ist eine Frage, die man nicht mit wenigen Sätzen beantworten kann. Erst einmal möchte ich dir so viel dazu sagen: Zwischen den *Deutschtemplern*, hervorgegangen aus den *Tempelrittern*, des militärischen Zweigs des Ordens der ›*Artur*‹ und der ›*Bruderschaft der Schlange*‹, letztere nennen sich heute ›*Illuminaten*‹, herrscht nun seit fünftausend Jahren Krieg. Einmal hat die eine Seite die Oberhand, einmal die andere. Die Geschichte der Sumerer, Babylonier, Ägypter, Inkas, Azteken und Mayas, Griechen, Römer und schließlich des Abendlandes ist geprägt vom Kampf dieser Geheimgesellschaften.«

Ich verstand so gut wie nichts von dem, was mir Großvater da auftischte. Außerdem missfiel mir der Gedanke, dass sich Gruppen von Männern – oder auch Frauen – verschworen haben sollten, um irgendwelche Pläne in die Tat umzusetzen, die Welt zu beherrschen. Für mich war klar, dass die in den Geschichtsbüchern genannten Herrscher auch tatsächlich die ihnen zugeschriebene Macht gehabt hatten und nicht irgendwelche obskuren Geheimbünde, die im Verborgenen angeblich regieren sollten. Vor diesem Hintergrund sagte ich:»Das hört sich für mich wieder nach einer dieser Verschwörungstheorien an. Das sind doch einfach paranoide Phantastereien.«

Großvater lächelte ein paar Sekunden und blickte mir in die Augen. »Weißt du«, sagte er,»es ist natürlich absoluter Unsinn, sich derartige Geheimgesellschaften als eine Gruppe Kapuzenträger vorzustellen, die sich in einem gruseligen Gewölbe im Kerzenschein treffen, um ihre finsteren Machenschaften auszuhecken. Es handelt sich einfach nur um eine Gruppe von Leuten, die über ein Wissen verfügen, dass sie gegenüber der Allgemeinheit aus verschiedenen Gründen geheim halten wollen. Ein Grund für die Geheimhaltung kann beispielsweise sein, dass dieses Wissen jener Gruppe zu großer Macht verhilft – einer Macht, die sie nicht mit dem Rest der Menschheit teilen wollen. Ein anderer Grund für eine Verschwörung kann natürlich auch sein, dass die Machenschaften der Gruppe ganz einfach illegal sind. Denke einfach an Schwarzarbeit. Das ist eine Verschwörung zwischen Arbeitgeber und Arbeitnehmer mit dem Ziel, Steuern zu sparen. Oder nimm den Drogenhandel, in den vom Anbau der Drogen bis zum sogenannten Dealer eine ganze Menge Leute involviert sind. Ein dritter Grund ist der, dass die betreffende Gruppe ihre Herrschaft über eine Region, einen Staat oder eben die ganze Welt geheim hält, indem Marionettenregierungen vorgeschickt werden. Das bedeutet, sie herrschen, ohne jemals für ihre Taten zur Rechenschaft gezogen werden zu können – zumindest so lange, wie die Verschwörung geheim bleibt und die Namen der Verschwörer nicht bekannt werden.«

Großvater unterbrach sich kurz und verdrehte die Augen. »Natürlich gibt es auch jede Menge Spinner, die *glauben*, sie wüssten etwas, das wertvoll genug wäre, es nicht mit dem Rest der Menschheit zu teilen. Dabei handelt es sich meistens um mystischen Unsinn oder pseudowissenschaftlichen Quatsch. Die *Vril-Gesellschaft* und die *Illuminaten* sind jedoch keineswegs Spinnereien, sondern sie sind mächtiger, als du es dir in deinen kühnsten Träumen vorstellen kannst. Übrigens – da wir gerade von Verschwörungstheorien reden: Weißt du, was eine Theorie ist?«

Ich muss wohl etwas entrüstet dreingeschaut haben, denn das Lächeln Großvaters wurde breiter. »Natürlich weiß ich das. Eine Theorie ist eine Behauptung, die mehr oder weniger plausibel klingt, aber trotzdem nicht wahr sein muss. Eine Vermutung eben.«

Großvater nahm meine Worte zum Anlass, mich gründlich über den gewaltigen Unterschied der Bedeutung des Wortes »Theorie« in Wissenschaft und Umgangssprache aufzuklären.

Dann sagte er: »Ich spreche hier jedoch von echten Verschwörungstheorien im wissenschaftlichen Sinne, das heißt, ich kann meine Behauptungen beweisen.«

Ich konnte definitiv ausschließen, dass mein Großvater ein Mann war, der unhaltbare Behauptungen aufstellte. Deshalb wurde ich immer aufgeregter. Meine Handflächen wurden feucht. Grenzlose Neugier hatte mich in ihren Bann geschlagen. »Dann erzähle mir mehr über die ›Wunderwaffen‹ der *Vril-Gesellschaft*, über die Machenschaften der *Illuminaten*, ihre Ziele und ihre tatsächliche Macht.«

»Das werde ich«, entgegnete Großvater. »Aber nicht jetzt. Alleine um dich zu schützen, ist es besser, wenn du die Zusammenhänge noch nicht kennst. Du fragtest mich, warum ich nur selten bei deinem Vater und seiner Mutter war. Nun weißt du es. Alles Weitere werde ich dir erzählen, wenn die Zeit reif ist.«

»Und wann wird das sein?«

»Das kann durchaus noch ein paar Jahre dauern. Für dich gibt es in der Zwischenzeit noch so viel Interessantes zu entdecken. Nutze die Zeit und erkenne die Gesetze der Natur, vertiefe dich in die Lehren der großen Philosophen und vor allem: Erkenne dich selbst! Das wird dir später das Verständnis der Dinge, die ich dir zeigen werde, erheblich erleichtern.«

1.3 Die Enzyklopädie

Nach meinem Abitur im Jahre 1983 studierte ich Physik, Mathematik und Informatik. Es verging kaum eine Woche, ohne dass ich eine »Offenbarung« gehabt hätte. Die Schönheit der Natur und die Tiefgründigkeit ihrer Gesetzmäßigkeiten konnten mich immer wieder aufs Neue verblüffen.

Durch diese mehr als befriedigende Beschäftigung mit den Geheimnissen des Universums (ich empfinde diese Formulierung nicht als pathetische Übertreibung), dachte ich nur noch selten an die Dinge, die mein Großvater mir anvertraut hatte. Doch hin und wieder stellte ich mir die Frage, ob das, was ich lernte, nicht bereits veraltet war, da diese geheimnisvolle *Vril-Gesellschaft* laut den Andeutungen meines Großvaters über ein weit fortgeschrittenes physikalisches Wissen verfügte. Nur zu gerne hätte ich ihn danach befragt. Doch ich kannte ihn gut genug um zu wissen, dass er sich nicht drängen lassen würde. Sobald die Zeit seiner Ansicht nach reif war, würde er von sich aus auf mich zukommen und mir die Dinge mitteilen, die ich seiner Ansicht nach wissen sollte.

Die Stadt, in der ich studierte, war rund hundertfünfzig Kilometer von meinem Heimatort entfernt. Aus diesem Grunde kam ich nur an den Wochenenden nach Hause. Dann widmete ich meine Zeit meinen Freunden und natürlich auch meiner jeweils aktuellen Freundin; wie das nun mal in dem Alter so ist …

So kam es, dass mein Großvater und ich uns nur noch höchstens einmal im Monat sahen. Wenn ich ihn besuchte, unterhielten wir uns über die Beherrschung von Körper und Geist, Naturwissenschaften und Philosophie. Das Thema *Vril-Gesellschaft* kam jedoch nicht zur Sprache.

Ich begann 1989 mit meiner Promotion, gab meine Doktorarbeit im Winter 1992/93 ab und absolvierte meine Promotionsprüfung im Frühjahr 1993. Das war natürlich ein Grund zum Feiern, weshalb ich am darauf folgenden Freitag ein paar gute Freunde in meine Studentenbude einlud. Am nächsten Tag fuhr ich, noch leicht verkatert, nach Hause. Ich hielt mich nur kurz bei meinen Eltern auf. Ich verspürte ein tiefes Verlangen, meine frisch erworbenen akademischen Weihen mit meinem Großvater zu feiern. Schließlich war ich stolz auf meinen Doktortitel und ein lobendes Wort meines Opas war mir wichtiger als die Anerkennung von irgendjemanden sonst.

Als er mir die Wohnungstür öffnete, fielen mir sofort zwei Dinge auf: Zum einen fehlte sein sonst übliches herzliches Lächeln. Zum anderen standen vier Koffer im Flur.

»Komm rein!«, sagte Großvater und führte mich an den Koffern vorbei ins Wohnzimmer. Dort fiel mir auf, dass die Bilder von seiner verstorbenen Frau, meinem Vater, meiner Mutter und mir nicht mehr auf dem Wohnzimmerschrank standen. Die beiden Büsten von Albert Einstein und Friedrich Nietzsche fehlten ebenfalls.

»Was ist los?«, frage ich. »Willst du verreisen?«

»Ja. Ich gebe meine Wohnung auf. Sieh' dich mal um. Was du haben willst, kannst du mitnehmen.«

Ich setzte mich in den bequemen Sessel. Seltsamerweise erinnere ich mich noch heute daran, wie das Knirschen des Leders die bedeutungsschwangere Stille geradezu subversiv zersetzte.

»Du kommst nicht zurück?«

Großvater setzte sich mir gegenüber auf das Sofa und schlug die Beine übereinander.

»Nein.«

Ich hatte den eigentlichen Grund meines Besuches, die Promotion, vollkommen vergessen. Wie ein nebliger Schleier legte sich die in mir aufsteigende Ahnung auf mein Bewusstsein, dass ich Großvater an jenem Tag wohl zum letzten Mal in meinem Leben sehen würde. Mein Mund wurde trocken. Mit zitternder Stimme sagte ich nur zwei Worte:

»*Vril-Gesellschaft?*«

»Ja.«

»Was ist passiert?«

»Ich bin zu alt für diesen Agentenkram geworden – meint zumindest der Kommissar.«

»Welche Agententätigkeit? Welcher Kommissar?«

»Seit ich vor mehr als zwanzig Jahren heimgekehrt bin, beobachte ich die Aktivitäten der *Illuminaten* in Deutschland. Natürlich bin ich nicht der einzige *Templer* der das tut. Wie auch immer, der Kommissar ist der Leiter des RSD-A. Er koordiniert die Auslandseinsätze sämtlicher Agenten der *Artur*. Und dieser Herr ist der Ansicht, ich würde langsam zu alt für meine Arbeit.«

»Was bedeutet ›RSD-A‹?«

»Reichssicherheitsdienst, Abteilung Auslandsaufklärung.«

»Und? Hat ... hat er Recht? Bist du zu alt?«

»Ich habe Krebs.« Großvater sagte die Worte in ungefähr dem gleichen Tonfall, als wolle er mich darüber informieren, dass er erkältet sei. Trotzdem durchflutete mich ein Adrenalinschwall.

»Nun mach' dir mal keine Sorgen«, fuhr er fort, »das ist leicht zu beheben – nur eben nicht hier.«

Natürlich war mir klar, was dies bedeutete. Ich sprach meine Gedanken laut aus: »Im *Templerreich* kann man dich also heilen.« Nach einer kurzen Pause fügte ich hinzu: »Nur – warum kommst du danach nicht wieder zurück? Und wohin genau gehst du überhaupt?«

»Ich reise morgen früh ab – nach Neu-Berlin. Das ist unsere Hauptstadt in der Antarktis.«

»Antarktis? Hört sich nicht besonders einladend an.«

»Die Stadt liegt in einer unterirdischen Höhle, die mit speziellen Lampen ausgeleuchtet wird, die wie Sonnenlicht wirken. In den vergangenen Jahrzehnten ist dort ein wahres Paradies entstanden. Dort kann ich mich im Ruhestand mit den Dingen beschäftigen, die mich interessieren und muss mich nicht tagein, tagaus, über Idioten aufregen.«

»Und im *Templerreich* gibt es keine Idioten?« Meine Frage war natürlich rhetorischer Natur. Trotzdem antwortet Großvater ganz ernsthaft:

»Nein. Dieses Reich ist ein Reich der Vernunft. Es gibt dort keine Menschen mit irrationalen Überzeugungen. Bereits im Kindesalter lernt man dort, seinen Verstand zu gebrauchen. Außerdem gibt es dort keine Dummen, weil wir Einfluss auf die genetische Struktur unserer Kinder nehmen. Du kannst dir nicht vorstellen, wie sehr ich mich nach einem solchen Umfeld sehne.«

»Werde ich dich je wiedersehen?«

»Das weiß ich nicht; ganz ehrlich – ich weiß es wirklich nicht ...«

Großvater war wohl der wichtigste Mensch in meinem Leben. Außerdem war für mich die Verlockung riesig, eine der unseren weit überlegene Zivilisation kennen zu lernen. Welche Antworten, speziell auf physikalische Fragen, konnte ich dort wohl finden, die ansonsten wohl Zeit meines Lebens im Dunkeln bleiben würden? Also fragte ich spontan: »Kannst du mich nicht mitnehmen?«

»Nein. Auf dich warten hier noch einige Aufgaben. Eine davon hat mit einem Geschenk zu tun, das ich dir hinterlasse. Warte, ich hole es.« Er erhob sich und ging zum Wohnzimmerschrank. Aus einem Fach nahm er eine kleine Pappschachtel und überreichte sie mir.

»Darf ich sie schon öffnen?«

»Nur zu.«

Ich klappte die Schachtel auf und nahm ein kleines Gerät heraus.

»Du kannst es aufklappen.«

»Sieht aus wie ein futuristisches Mobiltelefon«, sagte ich mit Blick auf das Tastenfeld, das sich mir nach dem Aufklappen offenbarte.

»Das ist es auch.«

»So klein?« Meine Verwunderung war vor dem Hintergrund des Jahres 1993 verständlich, in dem es nur klobige, schwere Mobiltelefone gab, die mit Sicherheit das Zehnfache oder mehr wogen als das filigrane Gerät, das ich in Händen hielt.

»In zwanzig Jahren werden solche Geräte auch außerhalb des *Templerreichs* Standard sein«, entgegnete Großvater. »Mit dem Gerät hat es folgende Bewandtnis: In zehn, zwanzig oder sogar dreißig Jahren wirst du einen Anruf erhalten. Falls du ihn verpasst, findest du die Nummer des Anrufenden in der Anrufliste und kannst ihn zurückrufen.« Er zeigte mir, wie man diese Liste aufruft. »Es wird eine Schweizer Bank sein, die dich zu erreichen versucht, weil ich – oder ein Vertreter von mir – dann die Sperrfrist für ein Schließfach bei dieser Bank aufgehoben habe. Reise dann in die Schweiz und nehme die Dinge aus dem

Schließfach an dich. In genau diesem Moment bist du von deiner Schweigepflicht bezüglich der *Vril-Gesellschaft* entbunden. Mehr brauche ich dir nicht zu sagen. Du wirst schon wissen, was dann zu tun ist. Bis dahin darfst du auch das Mobiltelefon niemandem zeigen.« Es folgte eine ausführliche Erklärung der Hintergründe der *Templer*. Die nun folgenden Stunden waren wohl die aufregendsten meines bisherigen Lebens. Doch ich möchte an dieser Stelle nicht vorgreifen. Gegen Mitternacht verabschiedete ich mich von Großvater. Ich wusste zwar, wie sehr ich ihn vermissen würde, doch mir war nun auch klar, dass er dort, wo er hinging, glücklich werden würde. Das waren natürlich ganz andere Voraussetzungen, als wenn der Tod einen geliebten Menschen aus dem Leben reißt. Demzufolge empfand ich bei unserer Verabschiedung eine seltsame Mischung aus Bedauern und innerer Zufriedenheit.

Es dauerte mehr als 19 Jahre, bis der lange erwartete Anruf endlich kam. Am 20.12.2012 klingelte das Mobiltelefon, während ich an einem Computerprogramm zur Berechnung der Schwingungsmoden von Molekülstrukturen herumbastelte.

Nachdem ich mich mit meinem Nachnamen gemeldet hatte, sagte eine angenehm klingende Frauenstimme:»Uns wurde mitgeteilt, dass der Inhalt Ihres Schließfachs ab dem morgigen Tag zur Abholung bereit ist.«

Ich war wie elektrisiert und weiß nicht mehr, was genau ich entgegnete. Auf jeden Fall war eine Terminvereinbarung für den nächsten Tag Teil des kurzen Gesprächs.

Am nächsten Morgen nahm ich einen Flieger von Düsseldorf nach Zürich. Da ich meinen Banktermin erst um 14:00 Uhr hatte, schlenderte ich unkonzentriert und gedankenverloren durch die Stadt. Ich habe kaum noch eine Erinnerung an diese Stunden, in denen ich vor Aufregung, dass meine brennende Neugierde nun bald befriedigt werden würde, wie ein Betrunkener durch die Stadt wandelte.

Fünf Minuten vor der Zeit betrat ich die Bank. Ich meldete mich am Informationsschalter. Eine freundliche Dame telefonierte kurz, nachdem sie meine Personalien überprüft hatte, dann wurde ich von einer weiteren, höchstens dreißig Jahre alten Frau abgeholt. Sie begleitete mich ins Kellergeschoss, dessen Wände und der Boden aus hellem Marmor bestanden. Ich wurde in einen Raum mit Schließfächern geführt. Mitten in diesem Raum stand eine seltsame, schwarze Konsole.

»Legen Sie Ihren Zeigefinger auf den markierten Punkt«, bedeutete mir die gutaussehende Bankangestellte. »Dieser Raum ist der Gesellschaft vorbehalten und dieses Gerät stellt die Autorisierung von Transaktionen sicher.«

Ich spürte einen kleinen Stich in der Kuppe meines auf dem Gerät platzierten rechten Zeigefingers. Die schwarze Oberfläche des Geräts wurde plötzlich unvermutet zu einem Bildschirm. So etwas hatte ich bislang noch niemals gesehen. Ich vermutete, dass es sich um eine »OLeD«[XIV]-Technologie oder Ähnliches handeln musste.

Auf dem Bildschirm erschienen die Worte: »Gensequenzierung läuft« und kurz darauf: »Willkommen, Herr von Salomon!« Praktisch gleichzeitig öffnete sich nun eines der Schließfächer automatisch.

»Ich lasse Sie nun alleine«, sagte die Dame und zog sich mit einem Lächeln zurück.

Ich entnahm dem Fach einen quaderförmigen Metallbehälter und stellte ihn auf einen kleinen Tisch unmittelbar neben dem Gensequenzierer. Danach klappte ich ihn auf. Im ersten Moment sah es so aus, als sei der Behälter leer. Dann entdeckte ich im hintersten Winkel einen kleinen Gegenstand, an dem ein Papierstreifen klebte und nahm ihn heraus. Das winzige Ding war ebenfalls quaderförmig, schien aus Plastik zu bestehen und war rund zwei Zentimeter lang. Etwa in der Mitte wies er eine Naht auf. Ich zog an beiden Enden, eine Kappe löste sich und ich sah nun, was ich in der Hand hielt: einen USB-Stick. Dann entfernte ich den Papierstreifen, auf dem eine zwölfstellige Abfolge von Zeichen gedruckt war.

Einerseits war ich enttäuscht, noch immer nicht zu wissen, was genau mir Großvater da vermacht hatte, andererseits brannte in

---

[XIV] Organische Leuchtdioden

mir die Neugierde, den Inhalt des USB-Sticks möglichst schnell unter die Lupe zu nehmen.

Fast fluchtartig verließ ich die Bank, suchte die Filiale einer großen Elektronik- und Medienkette in der Nähe auf und kaufte einen leistungsfähigen Laptop.

Eilig begab ich mich zu einem Café am Zürichsee, setzte mich auf einen Platz in der Nähe einer Steckdose und startete den Rechner. Den USB-Stick schob ich in eine der dafür vorgesehen Buchsen. Sofort öffnete sich ein Fenster zur Installation eines Programms. Kurz darauf wurde ich nach einem Passwort gefragt. Ich gab die zwölfstellige Zeichenfolge ein, die auf dem Papierstreifen gedruckt war. Dann zeigte mir das soeben frisch installierte Programm die Verzeichnisstruktur des Speichermediums an.

Ich verbrachte drei Stunden in dem Café und hätte beinahe meinen Rückflug verpasst. Doch die Zeit reichte aus, um mir einen groben Überblick über die Inhalte zu verschaffen, die sich auf dem kleinen Massenspeicher befanden.

Zunächst einmal verblüffte mich die Größe des Speicherplatzes: 100 Petabyte. Das ist rund 100.000 mal so viel, was heutige handelsübliche Geräte bieten. Doch nun zu den Inhalten, die ich im Folgenden unter dem Begriff »Enzyklopädie« zusammenfasse.

Auf dem USB-Stick befanden sich in deutscher Übersetzung:

- Die Inhalte des ursprünglichen, mehr als fünfeinhalb Jahrtausende alten Lesegeräts der *Alderaaner*.

- Die Tagebuchaufzeichnungen oder Autobiographien bedeutender historischer Persönlichkeiten, darunter: Gilgameš, Alexander der Große, Julius Caesar, Jesus Christus, und vielen weiteren auch aus der Neuzeit.

- Eine detaillierte Beschreibung der Geschichte der *Bruderschaft der Schlange* und der *Artur* bis ins Jahr 2012.

- Etliche Abhandlungen über die Politik und Ziele der beiden Geheimgesellschaften, die sich im Laufe der Jahrhunderte veränderten.

- Eine ganze Reihe weltanschaulicher und philosophischer Werke berühmter, aber auch bislang unbekannter Autoren aus den vergangenen 50 Jahrhunderten.

- Umfangreiche Bibliotheken über das Wissen der *Artur* im Bereich Naturwissenschaften.

Mit anderen Worten ..., was ich da in Händen hielt war eine Kopie des Heiligen Grals!

Noch eine Bemerkung zu den Zeitangaben: Laut Enzyklopädie wurde Jesus Christus im Jahre 7 *vor* Christus geboren. Statt nun unsere Zeitrechnung auf das tatsächliche Datum Christi Geburt anzupassen, wird unsere gewohnte, auf einem falschen Geburtsjahr Christi basierende Zeitrechnung beibehalten. Ereignisse vor dem Jahre 0 werden einfach mit einem Minuszeichen versehen. Jesus wurde also im Jahre -7 unserer heute gültigen Zeitrechnung geboren.

Teil 2: Die *Vril-Gesellschaft* im 20. und 21. Jahrhundert

2.1 Vril: Mythos und Wirklichkeit

In den dreißig Jahren von der ersten Offenbarung meines Großvaters bis zu jenem fast mystisch zu nennenden Tag im vergangenen Jahr, als ich den USB-Stick erstmals in Händen hielt, hatte ich mich neben Naturwissenschaften natürlich intensiv mit Nachforschungen über die *Vril-Gesellschaft* beschäftigt.

Hier nun eine halbwegs chronologische Zusammenfassung des Vril-Mythos in Gegenüberstellung zu den tatsächlichen Zusammenhängen:

Ins öffentliche Bewusstsein rückte der Begriff »Vril« erstmalig durch den Roman »The coming race«[8], von Edward Bulwer-Lytton. Der Brite verfasste mehrere Romane und war auch in der Politik recht erfolgreich. Unter Lord Derby agierte er 1858 als Kolonialminister des britischen Empires.

Eine besondere Anekdote im Leben Bulwer-Lyttons ist die Verleihung des Titels »Grand Patron« der Societas Rosicruciana in Anglia (SRIA), die ohne sein Wissen geschah, was ihn ziemlich verärgerte. Der Grund für diese ablehnende Haltung gegenüber den Rosenkreuzern war der Umstand ihrer Rekrutierung aus den Freimaurerlogen, die wiederum von den *Illuminaten* beherrscht wurden, ohne dass sich die unteren Freimaurerränge dessen bewusst waren. Bulwer-Lytton hingegen war Mitglied des britischen Arms der *Deutschtempler*, den Todfeinden der *Illuminaten*.

Dabei ist anzumerken dass das »Deutsch« in »Deutschtempler« keine besondere Nähe zum deutschen Staat ausdrückt, ähnlich wie die »Sachsen« in »Angelsachsen« lediglich auf eine Abstammung hinweisen. Genau genommen waren die *Deutschtempler* die ersten wahren *Europäer*.

Die Leitung der SRIA wollte also den offensichtlich über Geheimwissen verfügenden Bulwer-Lytton in ihre Geheimgesellschaft aufnehmen, ohne freilich zu wissen, dass der gute Edward bereits Mitglied der verhassten (was eben auf Gegenseitigkeit beruhte) *Deutschtempler* war. Meiner Meinung nach entbehrt diese Begebenheit nicht einer gewissen Komik. Hinsichtlich der Schilderung der Hintergründe dieser Geheimgesellschaften muss ich Sie auf die Folgebände vertrösten.

Doch zunächst ein paar Worte zum Inhalt des Romans: Der Protagonist findet den Eingang zu einem weit verzweigten, gigantischen Höhlensystem, das die gesamte Erde durchzieht. Er steigt hinab und trifft dort auf Übermenschen, die sich »Vril-Ya« nennen und über eine geheimnisvolle »Kraft« namens Vril gebieten können. Ich spreche im Folgenden lieber von der Energieform Vril, statt von einer Kraft, was wohl eher den Kern der Sache trifft.

Diese Vril-Energie wird von den Vril-Ya benutzt, um jede Form belebter oder unbelebter Materie zu beherrschen. Sie kann zu medizinischen Zwecken, sogar zur Wiedererweckung Toter oder zur Kriegsführung eingesetzt werden.

Die Vril-Ya lebten ursprünglich an der Erdoberfläche. Eine Naturkatastrophe trennte sie vom Rest der Menschheit. Sie bewohnten fortan die unterirdischen Höhlensysteme, die ihnen eine neue Heimat boten. Ihre Geschichte wurde von Kriegen und gesellschaftlichen Umbrüchen geprägt, ähnlich wie es beim an der Oberfläche lebenden Teil der Menschheit der Fall war. Doch die Entdeckung der Vril-Energie führte zu einer Stabilisierung. Kriege wurden nicht mehr ausgefochten, da sie das Ende aller beteiligten Parteien bedeutet hätten. Bulwer-Lytton beschreibt eine egalitäre Gesellschaft, die aktiv die Höherzüchtung der eigenen Spezies betreibt (Eugenik) und allen anderen Menschenrassen weit überlegen ist.

Doch die Vril-Ya hatten seit Äonen keinen Kontakt zu den an der Oberfläche lebenden Menschen. Dementsprechend neugierig reagierten sie auf den Protagonisten der Geschichte. Sie befragten ihn ausführlich zu den Gesellschaftsformen der Menschheit. Als Folge ihrer Neugier waren sie nicht bereit, den Protagonisten einfach wieder ziehen zu lassen. Ihm gelang jedoch die Flucht aus dem unterirdischen Reich. Zum Schluss des Romans warnt er die Leser vor der ungeheuerlichen Gefahr, die von den Vril-Ya ausgeht, falls sie jemals an die Oberfläche zurückkehren sollten. Soviel zum Inhalt des Romans. Das Buch war ein großer Erfolg und machte den Begriff »Vril« zunächst in England populär. Das Werk wird in neuerer Zeit als eine Satire interpretiert, die sich mit dem Zeitgeist der zweiten Hälfte des 19. Jahrhunderts auseinandersetzt[9]. Wie wir noch sehen werden, handelt es sich um alles andere als eine Satire, auch wenn Bulwer-Lytton in einigen Korrespondenzen sein Werk selbst als solche darstellte. Dabei handelte es sich allerdings um nichts weiter als eine Verschleierungsstrategie, die es ihm ermöglichte, Andeutungen über sehr reale Hintergründe zu veröffentlichen, ohne dabei seinen guten Ruf, speziell im Kreise seiner politischen Freunde, zu schädigen.

Der Bezug zu den wahren Begebenheiten, die ich noch ausführlich diskutieren werde, wurde speziell von Helena Blavatsky, der Begründerin der Theosophie[10], deutlich erkannt. Sie interpretierte die Vril-Energie als Hinweis auf besondere Fähigkeiten der Bewohner des untergegangenen Kontinents Atlantis, wobei die im Roman beschriebene Naturkatastrophe, die zur Emigration der Vril-Ya in das unterirdische Höhlensystem führte, mit der Ursache des Untergangs von Atlantis gleichgesetzt wurde. Mit dieser Behauptung lag sie gar nicht so falsch, allerdings in anderem Zusammenhang als von ihr geschildert (siehe Kap. 3.1 und 3.5).

Die Theosophie und mit ihr der Vril-Mythos hielten Anfang des 20. Jahrhunderts auch in Deutschland Einzug. Überall bildeten sich Zirkel, die sich mit geheimnisvollen Kräften, Magie und ähnlichen Märchen beschäftigten.

Der Raketentechniker und Mitarbeiter Wernher von Brauns, Willi Ley, schrieb 1947 einen Artikel im Magazin »Astounding Science Fiction« über die irrationalen Hintergründe, die den Aufstieg des Nationalsozialismus in Deutschland ermöglichten[12].

77

Abb. 2.1.1: Willi Ley (rechts) im Gespräch mit Wernher von Braun (Mitte) und Heinz Haber (links).

In seinem Artikel beschreibt er mehrere obskure Gruppierungen, unter anderem auch einen Zirkel, der sich mit dem Vril-Thema beschäftigte. Ley schreibt wörtlich:

»Die nächste Gruppe beruhte buchstäblich auf einem Roman. Diese Gruppe, die sich, wie ich glaube, Wahrheitsgesellschaft nannte und mehr oder weniger in Berlin ansässig war, widmete ihre Freizeit der Suche nach Vril. Ja, ihre Überzeugungen fußten auf Bulwer-Lyttons ›The Coming Race‹. Sie wussten, dass das Buch eine Erfindung war, Bulwer-Lytton habe diesen Kunstgriff benutzt, um die Wahrheit über diese ›Kraft‹ erzählen zu können. Die unterirdische Menschheit war Unsinn, Vril nicht. Möglicherweise hatte es die Briten, die es als Staatsgeheimnis hüteten, in die Lage versetzt, ihr koloniales Reich aufzubauen. Sicherlich besaßen es die Römer, eingeschlossen in kleine Metallkugeln, die ihre Heime beschützten und als ›lares‹ bezeichnet wurden. Aus Gründen, die ich nicht durchschauen konnte, konnte das Geheimnis des Vril entdeckt werden, indem man sich in die Betrachtung der Struktur eines in zwei Hälften geschnittenen Apfels versenk-

*te. Nein, ich mache keine Scherze, das war es, was mir mit gro-
ßer Feierlichkeit und unter Geheimhaltung erzählt wurde. Eine
solche Gruppe existierte tatsächlich; sie brachte sogar die erste Ausgabe eines Magazins heraus, in dem sie ihr Credo prokla-
mierte. (Ich wünschte mir, ich hätte einige dieser Sachen behal-
ten, aber so, wie die Dinge lagen, hatte ich schon genug Bücher
hinauszuschmuggeln.)«*

Na gut, man kann also das Vril-Geheimnis enträtseln und zum
Beherrscher der »Urkraft« des Universums werden, indem man
den Querschnitt eines Apfels betrachtet. Daraus kann man genau zwei Dinge schließen: Erstens hatten die Mitglieder dieser
»Wahrheitsgesellschaft«, sofern die Angaben Leys überhaupt
stimmen, zweifellos ernsthafte Probleme, die einer psychiatri-
schen Behandlung bedurften. Zweitens wird das Thema »Vril«
durch diesen Bericht dermaßen ins Lächerliche gezogen, dass
kein Mensch mit halbwegs funktionierendem Verstand auch nur
eine Millisekunde darüber nachdenkt, dem Ganzen eine seriö-
se Bedeutung beizumessen. Also ich würde genau so etwas verbreiten, wenn ich erreichen wollte, dass ein bestimmtes Thema
von vornherein als grober Unfug abgetan wird ...
  Mein Großvater erwähnte an mehreren Stellen seines Tagebuchs
die Zusammenarbeit mit Willi Ley bei der Flugscheibenentwicklung.
Folglich liegt der Schluss nahe, dass Ley nach dem Krieg, ebenso wie mein Großvater selbst, als Agent der Dritten Macht wirkte. Offiziell arbeitete er für die Amerikaner an der bei ihrer
Entwicklung bereits hoffnungslos veralteten Raketentechnologie,
inoffiziell verbreitete er Desinformation im Interesse der *Vril-
Gesellschaft* und versorgte diese mit Informationen über die
aktuellen Tätigkeiten der von den *Illuminaten* gesteuerten
Amerikaner.
  Die von Ley zitierte und aus Gründen der Desinformation von
der *Vril-Gesellschaft* unterstützte »Wahrheitsgesellschaft« war
identisch mit der »Reichsarbeitsgemeinschaft ›Das kommende
Deutschland‹« (RAG)[13]. Diese Gruppierung gab mehrere Schriften
heraus, unter anderem eine über »Vril. Die kosmische Urkraft.
Die Wiedergeburt von Atlantis«[14]. Wie wir in Abschnitt 2.7 sehen

werden, handelt es sich bei dem Begriff tatsächlich um etwas, das man als »kosmische Urkraft« bezeichnen könnte, nämlich die totale Umwandlung von Materie in Energie. Auch die Anspielung auf den versunkenen Kontinent Atlantis hat einen wahren Kern (siehe Abschnitt 3.5), wie es auch offensichtlich fast hundert Jahre zuvor zu Madame Blavatsky durchgesickert war. Daraus kann man schließen, dass der Autor des Artikels[XV] zumindest über ein Halbwissen der tatsächlichen Zusammenhänge verfügte. Möglicherweise handelte es sich sogar um einen Eingeweihten, der wieder mal das fröhliche Spielchen der Desinformation zelebrierte und wahrscheinlich von heftigen Lachkrämpfen während des Abfassens des Artikels geplagt wurde ...

Konkreter wurde die Geschichte des Vril-Mythos in der zweiten Hälfte des 20. Jahrhunderts. Bei den nun folgenden Auflistungen ist zu bedenken, dass es der real existierenden[XVI] *Vril-Gesellschaft* (beziehungsweise den *Deutschtemplern*) trotz aller Vorsicht nicht gelingen konnte, ihre Existenz vollständig zu verschleiern. Dazu war diese Organisation einfach zu wirkmächtig. Daher drangen immer wieder Teilwahrheiten nach außen, die dann von verschiedenen Autoren in einen spekulativen Gesamtzusammenhang eingereiht wurden.

Im Jahre 1960 veröffentlichten die Autoren Louis Pauwels und Jacques Bergier ihr Werk: *»Le matin des magiciens«*[15]. Sie schilderten die *Vril-Gesellschaft* als eine von der NS-Führung genutzte Organisation, um mit übernatürlichen Mächten in Kontakt zu treten. Im Rahmen dieses Unterfangens habe die *Vril-Gesellschaft* in engem Kontakt zur Thule-Gesellschaft und den Rosenkreuzern gestanden. Enge Verbindungen zur Theosophischen Gesellschaft, den Vertretern der Geheimlehre der Madame Blavatsky, durften natürlich auch nicht fehlen.

Dabei ist festzuhalten, dass speziell der unterstellte Existenzzweck »Erforschung des Übernatürlichen« ziemlich das genaue Gegenteil

---

XV Ein gewisser »Johannes Täufer«, wobei es sich zweifellos um ein Pseudonym handelt.
XVI Der Leser mag mir verzeihen, dass ich an dieser Stelle den »real existierenden Sozialismus« Erich Honeckers mit einem Augenzwinkern auf den Arm nehme.

von dem war, was die Mitglieder der *Vril-Gesellschaft* tatsächlich trieben: nämlich die Erforschung der Natur – nicht zuletzt mit Hilfe der im »Heiligen Gral« enthaltenen Dokumente (siehe Abschnitt 2.7). Ebenso ist die Verbindung zur Thule-Gesellschaft ziemlich an den Haaren herbeigezogen. Auch wenn letztere keinen großen Einfluss auf die NS-Führung hatte[16], so war die Thule-Gesellschaft dem Nationalsozialismus zumindest eng verbunden, wohingegen die *Vril-Gesellschaft* keinerlei Sympathien für die braune Bewegung hegte. Auf diesen Punkt komme ich gleich noch zu sprechen. Auch beschäftigte sich die Thule-Gesellschaft mit magischen Dingen, was im krassen Widerspruch zum Weltbild der *Vril-Gesellschaft* stand. An dieser Stelle sei mir die Bemerkung gestattet, dass dieser Hang zum Hokuspokus, wie er zum Beispiel bei Himmler, aber auch anderen NS-Größen nachweisbar ist, seinen Teil zum Untergang des 3. Reiches beigetragen haben mag. Dummerweise ging Deutschland gleich mit unter, womit der 2. Weltkrieg im Sinne der *Illuminaten* seinen Zweck erfüllt hatte.

Die Idee, die *Vril-Gesellschaft* stünde dem NS nahe, wurde dann auch sogleich von anderen Autoren übernommen. Speziell Trevor Ravenscroft stellte in seinem Buch *»Die heilige Lanze«*[17] die im Aberglauben verwurzelte NS-Ideologie heraus und verortete besagte Verbindung der Nazis zur *Vril-Gesellschaft*.

An dieser Stelle möchte ich die Zwischenbemerkung anfügen, dass der Aberglaube eines der mächtigsten Werkzeuge der *Bruderschaft* ist, um die Menschheit zu beherrschen. So basieren die großen Weltreligionen – ein vortreffliches Herrschaftsinstrument – auf nichts anderem als Aberglauben. Und für diejenigen, die aus diesen, den Verstand vernebelnden Ideologien (= Religionen) ausbrechen wollen, hält man dann auch gleich den nächsten Aberglauben bereit: Okkultismus im Sinne von »Magie« ...

Doch diese Vorgehensweise der *Bruderschaft* ist leicht zu entlarven, wenn man seinen Verstand einigermaßen beieinander hält. Ich möchte noch einmal daran erinnern, wie man die Bauernfängerei schnell entlarvt: Wenn jemand etwas behauptet, zum Beispiel dass Feen in seinem Garten hausen, so ist nicht der Empfänger dieser Behauptung zum Gegenbeweis verpflichtet (dass die Feen nicht existieren), sondern derjenige, der die Behauptung aufgestellt hat, muss den Wahrheitsgehalt beweisen. In der Naturwissenschaft bedeutet dies, das Ergebnis eines Experiments muss *reproduzierbar* sein. Jedermann muss überall und jederzeit (zumindest prinzipiell) in der Lage sein, den Wahrheitsgehalt einer Aussage durch Wiederholung des Experiments zu überprüfen.

Doch zurück zum eigentlichen Thema. Parallel zum Vril-Mythos wurde die Legende der NS-Flugscheiben populär. Es erschienen einige Vorreiterschriften, die eindeutig nationalsozialistische Ideale vertraten. Aus zwei Gründen möchte ich diese Werke hier nicht zitieren: Erstens ist das NS-Wunschdenken jener Autoren hier für die Wahrheitsfindung irrelevant. Zweitens trete ich mit meinen Ausführungen einigen Leuten ganz gehörig auf den Schlips. Folglich werden jene Kreise nach einem Grund suchen, dieses, Ihnen nun vorliegende Buch zu verbieten oder zumindest zu indizieren – was so ziemlich auf's Gleiche hinausläuft. Ein solches Verbot könnte relativ einfach ausgesprochen werden, wenn man mir eine Nähe zum Nationalsozialismus vorwerfen könnte. Wer dieses Buch aufmerksam liest, erkennt, dass ein solcher Vorwurf geradezu absurd wäre. Würde ich hier jedoch NS-nahe Werke zitieren, könnte man mir dies als Werbung für diese Bücher auslegen und hätte damit den ersehnten Verbotsgrund. Abgesehen davon, dass es mir tatsächlich fern liegt, Werbung für eine *Proles*-Ideologie zu machen, werde ich gewissen *Prüfstellen* unserer freiheitlich-demokratischen Republik so billig keine Munition liefern.

In diesen den Nationalsozialismus verherrlichenden Werken wurde geschildert, dass es am Ende des 2. Weltkriegs eine Absetzbewegung deutscher Truppenverbände gegeben hätte, die mit Hilfe von Flugscheibentechnologie permanente Stützpunkte in der Antarktis und Südamerika errichteten. Aufgrund ihrer der restlichen Welt haushoch überlegenen Technologie handelte es sich bei diesem verborgenen (okkulten) Staat um eine militärische Großmacht, die in Anlehnung an die beiden Supermächte USA und Sowjetunion als »3. Macht« bezeichnet wurde. Mit anderen Worten: Der Flugscheibenmythos befeuerte die kühnsten Nazi-Träume dahingehend, dass das 3. Reich den 2. Weltkrieg nicht verloren habe und im Verborgenen, mächtiger denn je, weiter existierte. Hinzu kam auch noch der Erlösungsgedanke, der in unserer christlich geprägten Kultur natürlich nicht fehlen durfte: Die Flugscheiben-Nazis würden irgendwann mit ihrer Luftflotte auftauchen, die Supermächte verprügeln und Deutschland – im Sinne der Nazis – befreien. Ähnlich wie Jesus uns alle – von was weiß ich was – erlöste, so würden uns, aus der Sichtweise jener Sozialisten nationaler Couleur gesprochen, dereinst die Flugscheiben von der alliierten Besatzung erlösen. Beiden Mythen (Jesus und Flugscheiben) liegt die gleiche Denkart des »Alles-umsonst-haben-Wollens« zugrunde: Für die Erlösung braucht man recht wenig selbst zu tun, das wird von jemand anderem erledigt.

Unterziehen wir diesen NS-Flugscheiben-Mythos doch einmal einer Plausibilitätsprüfung:

Nehmen wir einmal an, die Nazis hätten gegen Ende des 2. Weltkrieges über eine Flugscheibentechnologie verfügt. Dann stellt sich als erstes die Frage: Warum haben sie dann den Krieg nicht gewonnen? Warum haben sie es zugelassen, dass die deutschen Städte von alliierten Bomberverbänden in Schutt und Asche gelegt wurden? Eine Antwort auf diese Fragen könnte lauten: Weil die Technologie bis zum Ende des Krieges noch nicht ausgereift war.

Nehmen wir das mal so hin. Dann stellt sich jedoch die nächste Frage: Wenn es möglich war, diese Technologie zusammen mit hinreichend großen Truppenverbänden in versteckte Stützpunkte zu schaffen, warum ist dann die NS-Führungsriege nicht gleich mitgeflohen?

An dieser Stelle haben wir den ersten konzeptionellen Schwachpunkt dieser NS-Flugscheiben-Hypothese. Selbst wenn der Verbleib Adolf Hitlers nicht hundertprozentig geklärt ist (er hat mit an Sicherheit grenzender Wahrscheinlichkeit am 30.4.1945 in seinem Führerbunker in Berlin Selbstmord begangen), so ist der Nachweis vom Selbstmord Joseph Goebbels und seiner Frau hundertprozentig erbracht worden. Ebenso stehen die Gefangennahmen von Heinrich Himmler und Hermann Göring und ihr späterer Selbstmord außer Frage. Hinzu kommt die

Hinrichtung oder jahrzehntelange Gefangenschaft zahlreicher NS-Größen im Anschluss an die Nürnberger Prozesse. Auch Rudolf Heß, Stellvertreter Hitlers, ist ebenfalls nicht von Flugscheiben befreit worden, sondern starb 1987 in Berlin-Spandau. Nach meinen Informationen (die konsistent mit den Behauptungen seines Sohnes Wolf Rüdiger Heß sind[18]) wurde er von britischen Agenten im Kriegsverbrechergefängnis Spandau nach 40 Jahren Haft in einer Gartenlaube erhängt, um Selbstmord vorzutäuschen. Diese Dinge passen einfach nicht zu einem den Supermächten überlegenen Staatsgebilde (im Folgenden »Ultramacht« genannt) *unter Führung des NS-Regimes.*

Die nächste Frage, die sich stellt, ist folgende: Wenn die Flugscheibentechnologie, wie in den genannten Schriften behauptet, in den folgenden Jahren serienreif wurde, warum hat diese NS-Großmacht dann nicht schon längst eingegriffen und die Alliierten aus Deutschland vertrieben? Hier spreche ich einen weiteren wunden Punkt der NS-Flugscheiben-Szene an, denn es wird immer wieder von neuen »Anzeichen« berichtet, dass es nun bald soweit sein müsste[XVII]. Es ist schon erstaunlich, mit welcher Hartnäckigkeit die »Gläubigen« darüber hinwegsehen, dass die NS-Flugscheibeninvasion mal wieder nicht, wie bereits zigmal vorhergesagt, stattgefunden hat. Unermüdlich wird jene »Befreiung« immer wieder heraufbeschworen.

Man vergegenwärtige sich einmal die hypothetische Situation: Wenn die Nazis nach 1945 über eine überlegene Technologie verfügt hätten, dann hätten sie ohne Frage Rache für die Niederlage von 1945 geübt und die Alliierten aus Europa vertrieben. Alleine schon aufgrund der Tatsache, dass dies nicht geschehen ist, darf man, gelinde gesagt, erhebliche Zweifel am NS-Flugscheibenmythos anbringen.

Gelegentlich wird das Argument vorgebracht, die Alliierten, speziell die USA, hielten Deutschland sozusagen in Geiselhaft[19].

[XVII] Es existieren diverse Webseiten, die ihrer Klientel mit unglaublicher Hartnäckigkeit die unmittelbar bevorstehende »Erlösung« durch die braune Flugscheibenflotte immer wieder verkaufen wollen. Dieses Bestreben weist durchaus pathologische Züge auf.

Falls die Flugscheibenmacht einen »Befreiungsversuch« unternehmen würde, wäre die Reaktion Amerikas die nukleare Vernichtung Deutschlands. Doch auch dieses Argument erscheint mir wenig plausibel. Wäre es nicht umgekehrt die NS-Ultramacht, die den Großmächten mit nuklearer Vernichtung drohen würde, sollten sie Deutschland und Europa nicht umgehend verlassen? Was hätten die Braunen schon zu verlieren? Falls die Menschheit durch einen Atomkrieg erheblich dezimiert würde, so wäre dies aus NS-Sicht nicht tragisch, sondern wahrscheinlich sogar wünschenswert. Schließlich säßen sie selbst in ihren Bunkern in der Antarktis und den südamerikanischen Anden (nach einigen Autoren sogar auf dem Mond und dem Mars). Folglich könnten sie unmittelbar nach dem nuklearen Massensterben die Erde mit ihrer »Herrenrasse« neu besiedeln und müssten sich nicht länger verkriechen.

Diese meine Einschätzung wird vom tatsächlichen Verhalten der NS-Führung gegen Ende des 2. Weltkrieges gestützt. Obwohl der Krieg zweifellos verloren war, wurde er ohne Rücksicht auf Verluste bis zum bitteren Ende weitergeführt. Millionen Deutsche hätten durch eine frühzeitigere Kapitulation gerettet werden können. Geschah dies nicht, nur um das Leben der NS-Bonzen um ein paar Monate zu verlängern? Oder glaubten sie tatsächlich noch an die rechtzeitige Fertigstellung irgendwelcher Wunderwaffen, die das Kriegsgeschehen noch einmal wenden konnten? So oder so, wichtig ist an dieser Stelle festzuhalten, dass es der Naziführung auf ein paar Millionen toter Deutscher mehr oder weniger nicht ankam. Entsprechend unrealistisch ist es anzunehmen, diese Denkmuster könnten sich bei der hypothetischen NS-Führung der Dritten Macht um einhundertachtzig Grad ändern. Aus diesem Grunde wüssten die Alliierten ganz genau, dass auf einen Nuklearschlag gegen Deutschland sofort der umfassende Gegenschlag der NS-Ultramacht erfolgen würde. Folglich wäre ihre Drohung, Deutschland in Geiselhaft zu nehmen, nichts weiter als heiße Luft.

Ein weiterer wichtiger Aspekt ist meiner Meinung nach die grenzenlose Glorifizierung der technologischen Überlegenheit Deutschlands, was bei dem NS nahestehenden Autoren auch nicht verwundert, weil der Wunsch, wie so oft, Vater des Gedankens ist. Versuchen wir einmal möglichst objektiv, ohne ideologischen Ballast in der einen oder anderen Richtung, diese technologische Überlegenheit zumindest halbwegs zu quantifizieren. Dazu ein paar Beispiele: Beginnen wir mit einer grundsätzlichen Überlegung. Die meisten Innovationen der ersten Hälfte des 20. Jahrhunderts stammen tatsächlich aus Deutschland, beziehungsweise aus dem deutschsprachigen Raum. Auch die bis heute grundlegenden physikalischen Theorien, die Quantenmechanik und die Relativitätstheorie, wurden von Deutschen bzw. Österreichern erdacht. Deutsch war die Wissenschaftssprache – wer der Welt in dieser Hinsicht etwas mitteilen wollte, musste dies in der Sprache der Dichter und Denker tun. Doch diese Tatsachen sollten nicht darüber hinwegtäuschen, dass die Alliierten, speziell England und die USA, technologisch nur wenige Jahre hinterher hinkten (von der Raketentechnologie einmal abgesehen, da mochten es ein oder zwei Jahrzehnte sein), was man einfach anhand zweier aussagekräftiger bzw. kriegswichtiger Beispiele belegen kann:

Nehmen wir zunächst den Flugzeugbau. Ob in der Luftschlacht um England die Me 109 oder die Spitfire das bessere Jagdflugzeug war, ist eine müßige Diskussion, die ich hier nicht führen möchte. Fest steht jedoch, dass sich diese Maschinen in etwa ebenbürtig waren. Erst gegen Ende des Krieges wurde die deutsche technologische Überlegenheit durch die Indienststellung der Me 262, dem ersten in Serie produzierten Düsenjäger der Welt, deutlich. Dazu möchte ich am Rande bemerken, dass dieses hervorragende Jagdflugzeug aufgrund technischer Inkompetenz der NS-Führung, speziell Hitlers, unbedingt als Jagdbomber eingesetzt werden musste, was dem ganzen Projekt einen Großteil seiner Schlagkraft nahm.

Die Engländer setzten noch während des Krieges die ebenfalls zweistrahlige Gloster Meteor ein, speziell um die deutschen Marschflugkörper V1 abzuschießen. Nach meinen Recherchen war die Meteor der Me 262 zwar deutlich unterlegen, doch der Unterschied rechtfertigt nicht, von einem gravierenden, also in Jahrzehnten zu bemessenden Vorsprung Deutschlands zu sprechen.

Bei der Panzerentwicklung waren die Sowjets sogar überlegen. Der T-34 war besser als alle deutschen Modelle, bis der Tigerpanzer an die Front kam. Letzterer war wiederum sämtlichen sowjetischen Konstruktionen überlegen, hatte jedoch gegenüber diesen den Nachteil, nicht in rationeller Massenfertigung produziert werden zu können. Ganzheitlich betrachtet, waren die sowjetischen Konzepte also effizienter als die deutschen – im Sinne von militärischer Schlagkraft. Daraus ergab sich eine quantitative Überlegenheit der Roten Armee mit zwar nicht so hochwertigen, aber doch keineswegs minderwertigen Panzern.

Worauf ich hinaus will: Die Entwicklung von Flugscheiben, die laut der weiter oben zitierten Literatur mehrfache Schallgeschwindigkeit erreichen konnten und zum Teil sogar weltraumtauglich sein sollten, also eine Entwicklung, die den Alliierten bis heute (!) zumindest offiziell nicht gelungen ist, hätte einen wohl mehr als hundertjährigen technologischen Vorsprung des Deutschen Reiches erfordert. Trotz aller hervorragenden Leistungen deutscher Wissenschaft und Ingenieurskunst, die ich keineswegs schmälern will, ist die Entwicklung einer solchen Technologie vor nunmehr siebzig Jahren aus eigener Kraft schlichtweg unrealistisch (zu den Mythen um die Unterstützung des Dritten Reichs durch Außerirdische komme ich noch).

Die tatsächliche Antriebstechnologie der Vril-Flugscheiben ist mir wohl bekannt und ich werde die physikalischen Grundlagen im vorliegenden Buch ausführlich schildern. Diese Technologie erfordert die sogenannte Quantenkohärenz einer sehr großen Zahl von Baryonen (siehe Anhang 1), was selbst heute, rund siebzig Jahre nach Kriegsende, technisch nicht möglich ist – zumindest nicht ohne das im Heiligen Gral enthaltene Wissen.

Aus diesen Gründen war für mich während der Zeit meiner Nachforschungen, also bevor ich eingeweiht wurde, die Hypothese einer nationalsozialistischen »Dritten Macht« von vornherein unglaubwürdig.

Aber von dieser unhaltbaren Hypothese einmal abgesehen, entsprechen die Behauptungen der oben genannten Autoren in auffallend vielen Punkten der Wahrheit. Die der Wahrheit am nächsten kommenden Schilderungen findet man bei Sternhoff[20].

Es gab tatsächlich eine Absetzbewegung während des 2. Weltkrieges. Es handelte sich jedoch nicht um Truppenteile, sondern um die Wissenschaftler der *Vril-Gesellschaft* samt eines Teils ihrer Laboratorien und Fertigungsstätten sowie um die meisten Mitglieder der *Deutschtempler* (einige wenige blieben zurück, um Agententätigkeiten nachzugehen, wie z.B. mein Großvater und höchstwahrscheinlich auch Willi Ley). Die Nähe der Dritten Macht zum Nationalsozialismus ist jedoch frei erfunden, motiviert einerseits durch die Wunschträume von (Neo)Nazis und andererseits durch das Bestreben der *Illuminaten*, die Dritte Macht durch ihre angebliche Nähe zum NS zu diskreditieren.

Abschließend wäre noch die ursprünglich von Ralf Ettl und Norbert Jürgen-Ratthofer entwickelte Legende von den Außerirdischen aus dem Sonnensystem Aldebaran zu erwähnen, die angeblich die Nationalsozialisten unterstützten[21] (wenig erfolgreich, wie mir scheint). Die *Vril-Gesellschaft* sei laut diesen Autoren aus der »Thule-Gesellschaft« hervorgegangen und hätte esoterische Studien betrieben.

Um es an dieser Stelle unmissverständlich zu sagen: Für die Mitglieder der wissenschaftlich orientierten *Vril-Gesellschaft* waren die »magisch« denkenden Thule-Leute nichts weiter als sektiererische Proleten. Interessanterweise braucht man die Aussagen von Jürgen-Ratthofer und Ettl nur ins genaue Gegenteil zu verkehren, um der Wahrheit näher zu kommen.

Des Weiteren habe die *Vril-Gesellschaft* die Baupläne für die Flugscheiben auf telepathischem Wege von den Aldebaranern empfangen. Diese Kommunikation habe etwas mit der Haarlänge medial begabter Frauen zu tun (siehe weiter unten). Man möge mir nachsehen, dass ich hier nicht jeden Blödsinn kommentiere.

Immerhin würde diese esoterisch/magische Kommunikation die Frage beantworten, wodurch der unglaubliche Technologiesprung von Propellermaschinen zu weltraumtauglichen Flugscheiben zustande kam. Allerdings wirft diese Behauptung der Existenz der Aldebaraner weitere Fragen auf. Genau genommen wird nichts erklärt, sondern die Dinge werden nur verkompliziert, was das Kennzeichen einer schlechten »Theorie« ist.

Welche Motivation sollten diese Außerirdischen haben, sich auf der Erde einzumischen, indem sie dem Dritten Reich einen Vorteil verschafften? Warum ließen sie dann den Untergang des Dritten Reiches zu? Wieso greifen sie nicht in die aktuelle Politik ein? Die Kirche würde derartige Fragen mit dem Mantra »Gottes Wege sind unergründlich« beantworten. Vielleicht sind es die Wege der Aldebaraner ja auch ... Interessant ist an dieser Stelle jedoch die Namensähnlichkeit von »Aldebaran« zu »Alderaan« (siehe Teil 3). Dies veranlasst mich zu der Vermutung, dass die Autoren irgendwo Informationen über die tatsächlichen Hintergründe aufgeschnappt haben und diese entweder missinterpretierten – oder sich schlicht verhört haben. Letzteres würde darauf hindeuten, dass ihr Wissen nicht auf schriftlichen Informationen basiert. Daher ist davon auszugehen, dass die Dinge, die sie wahrscheinlich irgendwo gehört haben, für die naturwissenschaftlich ungebildeten Autoren völlig unverständlich geblieben sein müssen, weshalb sie ihr esoterisches Brimborium um die Geschichte bastelten. Die damit verbundene Diskreditierung und somit Verschleierung des Themas ist natürlich wieder genau im Interesse sowohl der *Illuminaten* als auch der *Vril-Gesellschaft*. Hier liegt der Verdacht nahe, dass man tatsächlich in gewisser Weise »benachteiligte Mitmenschen« – wir bemühen uns, einen althergebrachten Begriff politisch korrekt zu umschreiben – dazu nutzte, Desinformation zu streuen.

Noch lustiger wird die Geschichte, wie sie in einer erweiterten Version des Werkes von Jürgen-Ratthofer und Ettl beschrieben ist, wobei keinerlei Hinweis auf die Urheberschaft dieser Erweiterung bekannt ist. Doch die Vermutung, dass einer (oder beide?) der ursprünglichen Autoren dahinterstecken könnte, ist mehr als naheliegend.

Die »schwingungsmagischen« Vorgänge in dieser Version werden von den Kopfhaaren (als Empfänger dieser »Energien«) jener Frauen ausgelöst, die angeblich zur *Vril-Gesellschaft* gehörten.

Ich erwähne das nur, damit Sie, verehrter Leser, einen Eindruck davon bekommen, was da so alles zum Thema *Vril-Gesellschaft* im Internet kursiert. Wie bereits gesagt: Mehr kann man eigentlich nicht tun, um das Thema »Vril« einer ernsthaften Diskussion zu entziehen.

2.2 Eine Kurzgeschichte des Heiligen Grals und der *Vril-Gesellschaft* bis 1945

Im Prinzip stehe ich an dieser Stelle vor einem Dilemma. Einerseits sind die Zusammenhänge dermaßen komplex, dass ich mehrere Bücher vom Umfange des Ihnen nun vorliegenden schreiben müsste, um dem Thema auch nur halbwegs gerecht zu werden. Andererseits kann ich Ihnen, verehrter Leser, nicht zumuten, dass Sie sich durch hunderte Seiten über die bereits mehr als 5.000 Jahre zurückliegende Menschheitsgeschichte kämpfen, und dabei den Bezugsrahmen unserer Gegenwart und aktuellen Situation ganz einfach ausblenden. So interessant die Geschichte der alten Sumerer, Ägypter, der Induskultur, der Mayas, Chinas und vieler anderer Hochkulturen auch sein mag, wirklich fesselnd wird das Ganze erst durch die Tatsache, dass die damaligen Ereignisse massiv die heutigen Machtverhältnisse auf unserem Heimatplaneten bestimmen. Erst durch das Erkennen dieses Zusammenhangs wird aus Neugierde ein nahezu unstillbarer Wissensdurst – sofern ich ausnahmsweise einmal von mir auf meine Leser schließen darf.

Die nun folgende Zusammenfassung wird im weiteren Verlauf dieses Buches und in Folgebänden noch ausführlich dargelegt. An dieser Stelle sei zunächst einmal nur so viel verraten:

Der von den *Tempelrittern* in den Gewölben des Palastes Salomons gefundene »Heilige Gral« besteht aus einem elektronischen Buch (vergleichbar mit einem heutigen »eBook-Reader« wie z.B. dem Kindle von Amazon), der auf einigen Petabytes[XVIII] ausführliche Dokumente zu den wissenschaftlichen und kulturellen Errungenschaften des menschenähnlichen Volkes der *Alderaaner* enthält, die die Erde vor rund 5.500 Jahren aufsuchten und mit

---

dem echsenartigen Volk der *Dragonen* im Krieg standen (siehe Teil 3). Dieses elektronische Lesegerät gelangte zunächst in die Hände des sumerischen Königs Gilgameš, der daraufhin die Geheimgesellschaft der *»Artur«* gründete. Dem heiligen Gral hinzugefügt wurden Dokumente der Geschichte der Menschheit, die von den persönlichen Aufzeichnungen Gilgameš über das von Jesus Christus persönlich verfasste Evangelium bis hin zu den Intrigen rund um den Ausbruch des 1. und 2. Weltkriegs, dem Roswell-Vorfall, dem Kennedy-Attentat und den Hintergründen des Terroranschlags am 11. September 2001 reichen.

Parallel zur Gründung der *Artur* bildete sich aus den Hinterlassenschaften der wenigen *Dragonen*, die den interstellaren Krieg auf der Erde überlebt hatten, die *»Bruderschaft der Schlange«*, die heute als *»Illuminaten«* durch die *»*Verschwörungsliteratur*«* geistert. Diese beiden Geheimgesellschaften, die sich als Erben der ihnen jeweils zugrunde liegenden außerirdischen Kultur verstehen, befinden sich nunmehr seit 5.000 Jahren miteinander im Krieg. »Einmal gewinnt die eine Seite die Oberhand, einmal die andere«, erklärte mir mein Großvater. Man sollte sich jedoch davor hüten, die eine Seite als »gut« und die andere als »böse« zu bezeichnen. Die Welt ist nicht schwarzweiß, sondern sie besteht aus sehr vielen Farben und Graustufen. Aus Sicht des heutigen Durchschnittsmenschen dürften beide Organisationen als »schlecht« empfunden werden, da die eine einen legitimen Anspruch auf die Beherrschung und Versklavung der Menschheit zu haben glaubt, während die andere (speziell in den letzten Jahrzehnten) das Interesse am Schicksal der Menschheit außerhalb ihrer eigenen Gemeinschaft weitgehend verloren hat. Das sind natürlich, oberflächlich betrachtet, ziemlich düstere Aussichten für uns alle. Genauer analysiert ergibt sich jedoch aus genau dieser Situation der notwendige Handlungsdruck, dass die Mehrheit endlich ihre Selbstverantwortung wahrnimmt und die Fremdsteuerung abschüttelt. Dies ist jedoch ebenfalls ein ziemlich tiefgreifendes Thema, auf das ich an anderer Stelle ausführlich zurückkommen werde.

Der Einfluss der unterschiedlichen Völkerschaften auf die *Artur*, d.h. die ethnische Zusammensetzung, wechselte mit dem Lauf der

Geschichte. Die Sumerer wurden von den Akkadiern abgelöst, diese von Juden, Ägyptern, Griechen, Römern und schließlich den Mittel- und Westeuropäern in Gestalt der *Tempelritter.*

Die Dokumente des Lesegerätes waren für die *Artur* weitgehend verständlich, weil viele Worte aus der alderaanischen »Besatzungszeit« ins Sumerische übernommen worden waren und weil einige Dokumente der *Alderaaner* sich mit der Übertragung sumerischer Keilschriften in das alderaanische Alphabet beschäftigten. Unverständlich blieben jedoch die Dokumente über die Technologie der *Alderaaner*, weil den *Artur* schlicht das dazu notwendige physikalische Basiswissen fehlte.

Als im 19. Jahrhundert mit der Entdeckung der Thermodynamik und des Elektromagnetismus der wissenschaftliche Fortschritt Fahrt aufnahm, gründeten die *Deutschtempler* (ein Zusammenschluss der ursprünglichen *Templer* und Teilen des ehemaligen *Deutschritterordens*) eine Abteilung mit dem Namen *Vril-Gesellschaft*, deren Aufgabe es war, die Geheimnisse der Schriften des Grals mit Hilfe der neu gewonnenen physikalischen Erkenntnisse zu entschlüsseln. Zusätzlich kümmerte sich diese Gesellschaft um die Rekrutierung besonders begabter Studenten. Unterstützt wurden sie von einer ganzen Reihe Universitätsprofessoren, die bereits Mitglieder der *Vril-Gesellschaft* waren.

Der Name »Vril« bezieht sich dabei auf jene Technologie, die den *Alderaanern* zur Energiegewinnung diente. Es handelt sich um eine Abkürzung in alderaanischer Sprache, die den Prozess der Sphaleron-Baryonenvernichtung beschreibt (siehe dazu Abschnitt 2.7 und Anhang 1).

Doch ein Erfolg der Bemühungen der *Vril-Gesellschaft* blieb zunächst aus. Zu unverständlich, der Anschauung widersprechend und zu komplex waren die mathematischen Beschreibungen des Vril-Prozesses und seiner technischen Durchführung.

Dieser Umstand änderte sich mit dem Beginn des 20. Jahrhunderts. Max Planck, Albert Einstein und Niels Bohr, um nur die bedeutsamsten Wissenschaftler zu nennen, entdeckten das »seltsame« Verhalten der Materie im Bereich atomarer Größenordnungen. Es folgte mit der Entwicklung der Quantentheorie die mathematische

Beschreibung dieser Phänomene durch Werner Heisenberg und Erwin Schrödinger. Zuvor hatte Einstein zunächst die Spezielle, dann die Allgemeine Relativitätstheorie entwickelt.

Diese Theorien lichteten den Nebel schlagartig, der bislang auf den wissenschaftlich/technologischen Dokumenten der Alderaaner gelastet und den Begriff »Vril« verhüllt hatte. In der zweiten Hälfte der 1920er Jahre begannen die zuvor unverständlichen Formeln Sinn zu ergeben. In diesen wenigen Jahren explodierte das technologische Wissen der *Vril-Gesellschaft* förmlich und verschaffte ihren Mitgliedern einen Wissensvorsprung vor der übrigen Welt von, konservativ geschätzt, einhundertfünfzig Jahren.

Vor dem Hintergrund des nur zehn Jahre zurück liegenden Ersten Weltkriegs und der »Demokratisierung« Deutschlands, die mit dem Aufkommen des Nationalsozialismus ihr für die *Deutschtempler* wenig attraktives Gesicht zeigte, ist es nur verständlich, dass eine Veröffentlichung der durch den Heiligen Gral gewonnenen Erkenntnisse innerhalb der Ordensführung noch nicht einmal diskutiert wurde. Man betrachtete die Menschheit als nicht reif für diese äußerst mächtige Technologie – eine Einschätzung, die sich in den kommenden Jahrzehnten immer wieder bestätigen sollte.

Mit Hilfe der über die Jahrhunderte angehäuften Reichtümer der *Artur* begann die *Vril-Gesellschaft* Ende der 1920er mit der technischen Umsetzung des Vril-Prozesses. Zu diesem Zwecke wurden mehrere Ländereien in Sachsen aufgekauft, um unterirdische Laboratorien anzulegen. Diese Verlagerung der Forschungsaktivitäten unter die Erde hatte nicht nur den naheliegenden Vorteil, die Versuchsreihen vor der Öffentlichkeit zu verbergen, sie bot auch einen Schutz vor der speziell bei hochenergetischen Vril-Prozessen auftretenden radioaktiven Strahlung. Der größte Teil der Anlagen, das »Da-Vinci-Institut« (DVI) befand sich auf einem ausgedehnten Versuchsgelände in Sachsen, dessen genaue Position ich aus nachvollziehbaren Gründen nicht nennen möchte.

Nach einer anfänglichen Koexistenz mit den Nationalsozialisten, während der die Ordensleitung noch glaubte, mit Hitler sei eine »vernünftige« Politik möglich und die Rassenirrlehre sei lediglich eine Übertreibung der noch jungen »Bewegung«, die man wieder in angemessene Bahnen lenken könnte, folgte die schrittweise Ernüchterung (siehe Abschnitt 2.4). Die Differenzen nahmen ein unüberbrückbares Ausmaß an. Aus diesem Grunde wurde bereits mit Kriegsbeginn, der nach Ansicht der Ordensleitung von Deutschland nicht gewonnen werden konnte, mit der Evakuierung und der Verlagerung der Produktionsstätten mit Hilfe einer speziell zu diesem Zweck ausgerüsteten U-Boot-Flotte begonnen (siehe Abschnitt 2.3).

2.3 Die technischen Entwicklungen der *Vril-Gesellschaft* bis 1945

Die physikalische Beschreibung der Funktionsweise der Vril-Technologie erfolgt in Abschnitt 2.7 und im Anhang 1. An dieser Stelle möchte ich lediglich einen Überblick über die Chronologie der technischen Entwicklungen geben.

Bereits im Jahre 1931 wurde der erste experimentelle Vril-Reaktor fertig gestellt. Seine Leistung betrug ein Megawatt. Im gleichen Jahr wurden die ersten Vril-Bomben auf einem Testgelände 50 km südwestlich von Narvik in Norwegen auf den Ländereien eines norwegischen Mitglieds der *Deutschtempler* gezündet. Die Sprengkraft der Bomben reichte von 0,5 bis 0,8 Kilotonnen TNT. Bei diesen Versuchen handelte es sich lediglich um Bestätigungen der Machbarkeit. Der Bau wesentlich stärkerer Bomben war nicht mit prinzipiellen Schwierigkeiten behaftet. In beiden Fällen, bei der Reaktor- und bei der Bombenentwicklung handelte es sich um den sogenannten »ungerichteten Vril-Prozess«, bei dem die Energie in alle Raumrichtungen gleichmäßig in Form von Photonen (Lichtteilchen) freigesetzt wird. Die Erzeugung von Photonen durch die Baryonenvernichtung wird auch kurz als »P-Vril« bezeichnet.

Im März des Jahres 1933 konnten die ersten weitgehend störungsfrei arbeitenden Generatoren zur Energieerzeugung hergestellt werden. Diese Geräte erforderten noch eine Abschirmung aus Blei, da die Energie der Baryonenvernichtung in Form hochenergetischer Photonen (Gamma-Strahlung) freigesetzt wurde, was ohne Abschirmung zu einer tödlichen Dosis an Radioaktivität geführt hätte.

Im gleichen Jahr erfolgte der Probelauf des ersten Prototyps eines Vril-Triebwerks (»gerichteter Vril-Prozess«). Dabei werden Neutrinos erzeugt (kurz: N-Vril-Prozess), die sich alle in die gleiche Richtung annähernd mit Lichtgeschwindigkeit bewegen und so den Rückstoß nach dem Raketenprinzip, nur eben Größenordnungen stärker, erzeugen – siehe Anhang 2. Das experimentelle Triebwerk funktionierte mehr oder weniger störungsfrei. Doch diese erste Variante des N-Vril-Prozesses erzeugte hochenergetische Neutrinos, was ähnlich wie bei den Generatoren zu einer beachtlichen Radioaktivität führte. Das Triebwerk war durchaus geeignet, einen Flugkörper anzutreiben, doch die austretenden Neutrinos wären für alles Leben am Boden, wo der Triebwerksstrahl auftraf, tödlich gewesen. Dieser Punkt ist für spätere Betrachtungen von äußerster Wichtigkeit, weil die *Illuminaten* lediglich über diese Triebwerksvariante verfügen, was den Einsatz über bewohntem Gebiet unmöglich macht. Sie gelangten in den Besitz dieser frühen Entwicklungsstufe durch den Absturz einer experimentellen Aufklärungsdrohne in Flugscheibenform der *Vril-Gesellschaft* bei Roswell in New Mexico im Jahre 1947 (siehe Abschnitt 2.8.2).

Die im Gral enthaltenen Unterlagen ermöglichten es den *Artur* später Triebwerke auf Basis niederenergetischer Neutrinos zu bauen, was den *Illuminaten* bis heute versagt blieb.

Obwohl das Problem der niederenergetischen Neutrinos noch nicht gelöst war, stellte die Gesellschaft im Jahre 1934 das Rundflugzeug (RFZ 1) fertig. Es wurde im DVI erprobt. Das RFZ 1 erreichte eine Flughöhe von einhundert Metern. Die dreieinhalb Meter durchmessende Flugscheibe ließ sich jedoch aufgrund von Leistungsschwankungen der Navigationstriebwerke kaum kontrollieren. Der Pilot Lothar Waiz konnte das RFZ 1 gerade noch notlanden und verlassen, bevor es aufgrund der schweren Beschädigungen durch den Aufprall nach wenigen Sekunden explodierte. Der Boden des Testgeländes war durch die hochenergetischen Neutrinos stark radioaktiv belastet.

Im Dezember des gleichen Jahres wurde das etwas mehr als fünf Meter durchmessende RFZ 2 fertig gestellt. Es erzeugte immer noch eine für den massenhaften Gebrauch derartiger Fluggeräte inakzeptable Menge an Radioaktivität, doch die Flugeigenschaften waren stabil. Es beschleunigte mit einem g und erreichte so eine Flughöhe von zehn Kilometern in etwas mehr als dreißig Sekunden. Anschließend beschleunigte es auf viertausend Kilometer in der Stunde im Horizontalflug. Der verantwortliche Projektleiter Prof. Schumann hatte jedoch aus Gründen der Strukturstabilität nur Geschwindigkeiten bis zu dreitausend Stundenkilometern freigegeben. Der Pilot Wolfgang Schremper handelte also eigenmächtig, indem er die Geschwindigkeit auf fünftausend Kilometer pro Stunde erhöhte, mit dem Ergebnis, dass das RFZ in der Luft auseinanderbrach.

Trotz dieser Katastrophe war der Flug des RFZ 2 ein Erfolg, da die prinzipielle Machbarkeit des Flugscheibenbaus mit Vril-Antriebstechnologie nun bewiesen war. In den Folgejahren konzentrierte man sich auf die Verfeinerung des Vril-Prozesses im Hinblick auf die Erzeugung niederenergetischer Neutrinos, um das Radioaktivitätsproblem zu eliminieren.

Der erste gerichtete, auf *Photonen* basierende Vril-Prozess gelang im Jahre 1938. Damit war der Weg frei zum Bau einer ultimativen Strahlenwaffe: Die totale Umwandlung von Materie in Photonen, die in einem gebündelten Strahl abgefeuert werden. Diese Strahlenwaffe wurde »Photonenkanone«, manchmal auch etwas unpräzise »Kraftstrahlkanone«, genannt. Doch auch hier musste die Umstellung auf niederenergetische Photonen erst gelingen, bevor ihre sinnvolle Verwendung möglich war, weil der Einsatz der Waffe sonst ganze Landstriche radioaktiv verseucht hätte und die Gamma-Strahlung ohne große zerstörerische Wirkung das Ziel durchdrungen hätte.

Als schließlich im Jahre 1940 die ersten Testläufe von Labortriebwerken mit niederenergetischen Neutrinos erfolgreich verliefen, wurde im Juni 1941 die Flugscheibe Vril-1 fertig gestellt. Es handelte sich um eine einsitzige Maschine, die man aufgrund des wütenden Krieges relativ überhastet mit einer Photonenkanone ausstattete.

Die Vril-1 startete im Dezember 1941 vom Testgelände des DVI. Die Struktur ihrer Hülle ließ Geschwindigkeiten von zehntausend Kilometern in der Stunde in einer Höhe von zwölftausend Metern zu. Nach einem knapp fünfminütigen Testflug setzten die Triebwerke der Flugscheibe aus bislang ungeklärten Gründen aus. Die Hülle zerbarst beim Gleitflug durch die Luftreibung in tieferen Atmosphärenschichten. Die Trümmer stürzten zwischen Norwegen und Schottland in die Nordsee. Bis zum Jahr 1945 wurden fünfzehn weitere Vril-1 gebaut. Es kam immer wieder zu Triebwerksaussetzern und destabilisierenden Leistungsschwankungen, die jedoch allesamt nicht in Katastrophen endeten. Doch für den Fronteinsatz waren diese Flugscheiben noch nicht geeignet, da speziell plötzliche Richtungsänderungen, wie sie bei Kampfhandlungen unabdingbar gewesen wären, regelmäßig zu Triebwerksaussetzern führten. Trotzdem wurden schon Pläne für die Jägervariante Vril-7 und die bewaffneten, wesentlich größeren Transportschiffe der »Haunebu«-Reihe entwickelt.

In der Literatur und im Internet wird über die Bedeutung der Bezeichnung »Haunebu« gerätselt. Namensgeber soll beispielsweise eine Stadt Hauneburg sein, in der die Flugscheiben angeblich hergestellt wurden. Dummerweise existiert kein Ort mit diesem Namen – weder in Deutschland, Österreich noch sonst wo auf der Welt.

Doch verlassen wir die aberwitzigen Spekulationen im Internet und wenden wir uns der tatsächlichen Bedeutung des Wortes zu. Es stammt aus dem Sumerischen und war die Bezeichnung der Bewohner Mesopotamiens für die Landungsboote der *Alderaaner* und wurde »Ha-un-e-bu« ausgesprochen. Die Bestandteile des Begriffs bedeuten im Einzelnen:

ha = lasse!, in der Tat, prekative (erbittende), bejahende Vorsilbe, keine Entsprechung im Deutschen, jedoch beispielsweise in Turksprachen heute noch vorhanden.

un = ùña = das Volk

e = hoch und herunter tragen (horizontal)

bu = bul = umhereilen (vertikal)

Es handelt sich aus der Sicht der alten Sumerer um ein Ding, das das Volk, also viele Menschen gleichzeitig, in alle Richtungen, speziell auch nach oben und wieder herunter, forttragen kann. Übersetzt in unsere heutige Sprache, gelangt man demnach zu folgender Bedeutung:

Haunebu = Truppentransporter (militärisch) oder Passagierflugzeug (zivil)

Wie wir in Abschnitt 2.4 sehen werden, stand es um das Verhältnis der *Vril-Gesellschaft* zu den Nationalsozialisten nicht zum Besten, um es vorsichtig auszudrücken. Es herrschte berechtigtes gegenseitiges Misstrauen. Dementsprechend kam es immer wieder zu Erkundigungen von SS-Leuten in den Betriebsstätten der *Vril-Gesellschaft* bezüglich des Fortschritts der Entwicklungen. Die Vril-Wissenschaftler zeigten den SS-Männern regelmäßig Prototypen der Vril-1 bis Vril-7 sowie 1:1-Modelle von Haunebus und übergaben ihnen Zeichnungen mit den entsprechenden technischen Daten. Dabei ließen sie die Nazis über die tatsächliche Funktionsweise der Flugscheiben im Unklaren und präsentierten ihnen stattdessen abenteuerlichsten Unsinn. So nannten sie die Antriebsquelle Thule-Tachyonator; wobei »Thule« wohl eine Verbundenheit mit den Nazis ausdrücken sollte, damit man halbwegs in Ruhe gelassen wurde. Heute kursieren Zeichnungen und technische Angaben über die Vril-7 und die geplanten Haunebu I-III in der Literatur und im Internet, die ihren Ursprung möglicherweise in den Märchen hatten, die den SS-Leuten von den Vril-Wissenschaftlern aufgetischt wurden (Abb. 2.3.1 – 2.3.4). Da immerhin die Angaben zum Durchmesser der Flugscheiben der Wahrheit entsprechen, könnte es sich sogar um originale SS-Dokumente, eher aber um spätere Abschriften handeln, da Details, wie der Stempel »SS Geheime Kommandosache«, nicht unbedingt authentisch wirken.

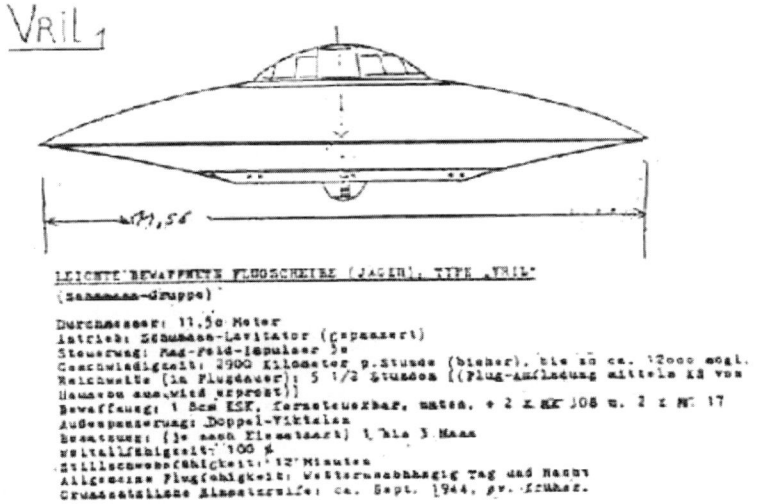

VRIL₁

LEICHTE BEWAFFNETE FLUGSCHEIBE (JAGER), TYPE „VRIL"
(Sammen-Gruppe)

Durchmesser: 11,50 Meter
Antrieb: Schumann-Lavitator (gepanzert)
Steuerweg: Mag-Feld-Impulser 5a
Geschwindigkeit: 2900 Kilometer p.Stunde (bisher), bis zu ca. 12000 mögl.
Reichweite (in Flugdauer): 5 1/2 Stunden ((Flug-Aufladung mittels KB von
Hausen aus,wird erprobt))
Bewaffnung: 1 8cm KSK, fernsteuerbar, unten, + 2 x KK J08 u. 2 x M 17
Außenpanzerung: Doppel-Viktalen
Besatzung: (je nach Einsatzart) 1 bis 3 Mann
Schwebfähigkeit: 100 %
Stillschwebefähigkeit: 12 Minuten
Allgemeine Flugfähigkeit: Wetterunabhängig Tag und Nacht
Grundsätzliche Einsatzreife: ca. Sept. 1944, ev. früher.

(Abb. 2.3.1: Vril-1-Jäger nach Vorstellung der SS)

Flugkreisel-Erprobung, Stand / Anzahl Erprobungsflüge:

HAUNEBU I	(vorhanden 2 Stück)	52	E-IV
HAUNEBU II	(vorhanden 7 Stück)	106	E-IV
HAUNEBU III	(vorhanden 1 Stück)	19	E-IV T
(VRIL I)	(vorhanden 17 Stück)	84	(Schumann)

Empfehlung:
Beschleunigen von Abschlußerprobung
und Produktion „Haunebu II"
+ „VRIL I"

HAUNEBU I

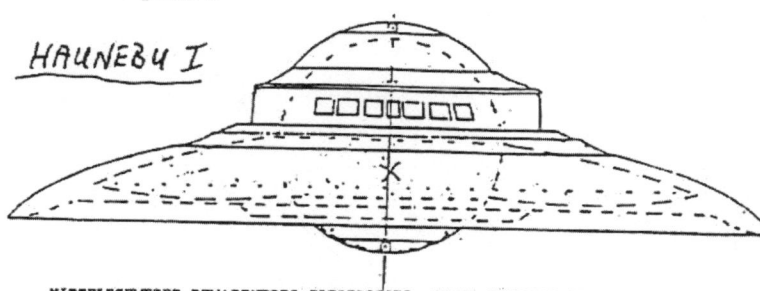

MITTELSCHWERER BEWAFFNETER FLUGKREISEL, TYPE „HAUNEBU I"

Durchmesser: 25 Meter
Antrieb:.Thule-Tachyonator 7b
Steuerung: Mag-Feld-Impulser 4
Geschwindigkeit: 4800 Kilom.p.Std.(rechn.. bis 17000)
Reichweite in Flugzeit: 18 Stunden
Bewaffnung: 2 x 8cm KSK in Drehtürmen und 4 x MK 108, "starr nach vorn
Außenpanzerung: Doppel-Victalen
Besatzung: 8 Mann
Weltallfähigkeit: 60 %
Stillschwebefähigkeit: 8 Minuten
Allgemeine.Flugfähigkeit: Tag wie Nacht
Grundsätzliche Einsatztauglichkeit: 60 %
Frontverfügbarkeit: Nicht vor Jahresende.44

Bemerkung: Die SS-E-IV hält Konzentration auf bereits im Versuch
stehende „Haunebu II" für sinnvoller als an beiden Typen parallel
weiterzuarbeiten. „Haunebu II" verspricht entscheidende Verbesserungen
in nahezu allen Punkten. Höhere Herstellungskosten scheinen gerechtfertigt - besonders mit Blick auf Führer-Sonderbefehl, Flugkreisel
betreffend.

(Abb. 2.3.2: Haunebu I nach SS-Vorstellungen)

 = SS-Runen abgedeckt.

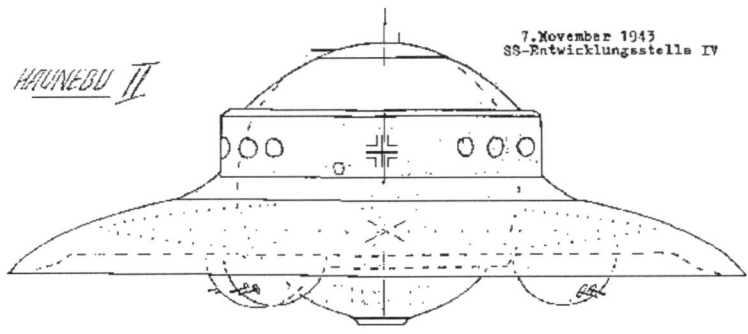

MITTELSCHWERER BEWAFFNETER FLUGKREISEL, TYPE „HAUNEBU II"

Durchmesser: 26,3 Meter
Antrieb: „Thule"-Tachyonator 70 (gepanzert: Ø TY.-Scheibe: 23,1 Meter)
Steuerung: Mag-Feld-Impulser 4a
Geschwindigkeit: 6000 Kilometer p.Stunde (rechnerisch bis ca. 21000 möglich)
Reichweite (in Flugdauer): ca. 55 Stunden
Bewaffnung: 6 8 cm KSK in drei Drehtürmen, unten, eine 11 cm KSK in einem Drehtur
Außenpanzerung: Dreischott-„Victalen"
Besatzung:9 Mann (erg. Transportverm.(bis zu 20 Mann)
Weltallfähigkeit: 100 %
Stillschwebefähigkeit: 15 Minuten
Allgemeines Flugvermögen: Tag und Nacht, Wetterunabhängig
Grundsätzliche Einsatztauglichkeit (Y7): 85 %

(Abb. 2.3.3: Haunebu II in der Phantasie der SS)

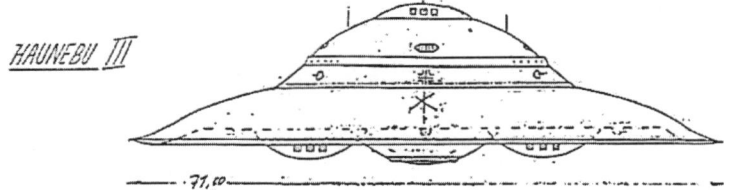

SCHWERER BEWAFFNETER FLUGKREISEL „HAUNEBU III"

Durchmesser: 71 Meter
Antrieb: Thule-Tachionator 70 plus Schumann-Levitatoren (gepanzert)
Steuerung: Mag-Feld-Impulser 4a.
Geschwindigkeit: ca. 7000 Kilom.p.Stunde (rechnerisch bis zu 40000)
Reichweite (in Flugdauer): ca. 8 Wochen (bei S-L-Flug 406 mehr)
Bewaffnung: 4 x 11cm KSK in Drehtürmen (3 unten, 1 oben), 10 x 8cm KSK
in Drehlagen plus 6 x 8x 108, 8 x 3cm KSK ferngesteuert.
Außenpanzerung: Dreischott-Victalen
Besatzung: 32 Mann (erg. Transportverm. max. 70 Personen)
Weltallfähigkeit: 100 %.
Stillschwebefähigkeit: 25 Minuten.
Allgemeines Flugvermögen: Wetterunabhängig Tag-und Nacht
Grundsätzliche Einsatztauglichkeit: Etwa 1945.

Bemerkung: SS-E-IY hält den Hinweis für notwendig, daß in
„Haunebu III" ein großartiges Werk deutscher Technik in eat-
stionen ist, wegen der allgemeinen Materiallage aber alle
Kräfte auf das schnellstverfügbare Haunebu II gesetzt
werden sollten.
Gemeinsam mit dem leichten Flugkreisel „Vril" der Schumann-
Gruppe könnte „Haunebu II" die von Führer aufgestellten
Forderungen sicherlich erfüllen.

(Abb. 2.3.4: SS-Datenblatt der Haunebu III anhand der von der
Vril-Gesellschaft erzählten Märchen)

An dieser Stelle möchte ich noch anmerken, dass die Nationalsozialisten ab 1943, als sich das Kriegsglück gegen sie wendete,
ihr eigenes Programm zum Bau von Flugscheiben starteten. Da
sie jedoch keinen blassen Schimmer davon hatten, wie die Vril-
Technologie funktioniert, versuchten sie den Bau dieser Fluggeräte
mit konventioneller Technik zu realisieren. Das Ergebnis war der
»Schriever-Flugkreisel«.

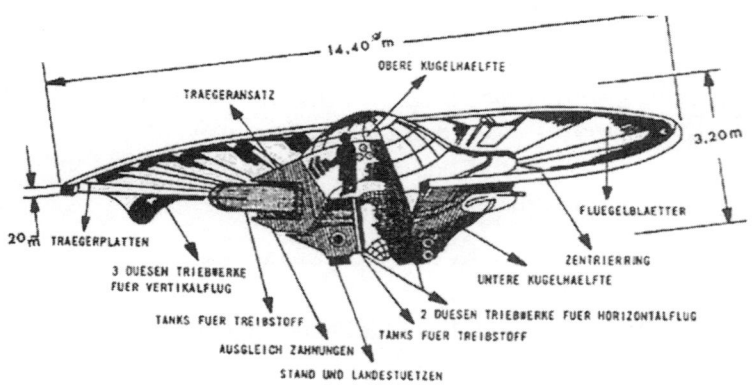

(Abb. 2.3.5: Risszeichnung des Schriever-Flugkreisels)

Die Pläne zu diesem erfolglosen Projekt fielen nach dem Krieg
den Kanadiern in die Hände (siehe Abschnitt 2.8), die jene konventionellen Flugscheiben als Ursache für das immer häufiger auftretende UFO-Phänomen ausmachten. Anhand der Pläne Schrievers
begannen sie dann im Jahre 1953 unter dem Codenamen »Silver
Bug« das Avro Canada VZ-9AV »Avrocar« zu entwickeln (Abb.
2.3.6). Man glaubte also tatsächlich an ein Funktionieren dieser
konventionellen Flugscheiben. Die kanadische Regierung stopp-
te das erfolglose Projekt 1954 aus Kostengründen. Die USA
schlossen daraufhin mit Avro Canada einen Vertrag und führten
die Entwicklungen fort. Das »Avrocar« flog tatsächlich Ende der
50er/Anfang der 60er. Die Flugeigenschaften waren jedoch katastrophal, weshalb das Projekt eingestellt wurde.

(Abb. 2.3.6: Das Avrocar)

Zurück zur *Vril-Gesellschaft* während des Krieges. Es gab eine Waffengattung, die nicht unter den Kinderkrankheiten der Vril-Technologie, speziell den unregelmäßig laufenden Triebwerken, zu leiden hatte: die U-Boot-Waffe. Leistungsschwankungen von +/- 20%, die ein Fluggerät unbeherrschbar machten, spielten bei der Unterwasserfahrt keine Rolle. Außerdem konnte man hier statt des GN-Vril-Prozesses die auf ungerichtete Photonen basierende Variante zur Generatorenherstellung für herkömmliche Elektromotoren nutzen (siehe Abschnitt 2.7 und Anhang 1). Dieser UP-Prozess (UP bedeutet »ungerichtete Photonen«) war erheblich einfacher zu beherrschen.

Auf Basis dieser Technologie wurde ab Januar 1941 eine Flotte von 127 U-Booten mit UP-Vril-Generatoren ausgestattet. Vor diesem Hintergrund sei bereits an dieser Stelle erwähnt, dass es sich beim Großmeister des *Artur*-Ordens um den Admiral Wilhelm Canaris handelte, der gleichzeitig Chef der Abwehr, des Geheimdienstes der Wehrmacht, war. Dessen hervorragende

Kontakte zur Kriegsmarine und die Tatsache, dass eine Vielzahl hochrangiger Marineoffiziere Ordensbrüder waren, ermöglichte die Durchführung des U-Boot-Projekts, ohne Wissen der NS-Machthaber. Die mit konventionellen Antrieben versehenen U-Boote wurden zunächst mit *Artur*-treuen Besatzungen versehen. Diese steuerten dann den Geheimstützpunkt bei Narvik an, in dem die Boote auf Vril-Technologie umgerüstet wurden. Die praktisch unbegrenzte Energie liefernden Vril-Generatoren wurden zur Stromversorgung von Elektromotoren und zur Aufspaltung des durch die Atmung der Besatzungen entstandenen Kohlendioxyds in Kohlenstoff und Sauerstoff verwendet. Auf diese Weise konnten die U-Boote praktisch unbegrenzt lange unter Wasser bleiben und unterlagen in ihrer Reichweite keinerlei Beschränkungen.

Als Folge der unüberbrückbaren Zerwürfnisse zwischen der Ordensleitung und der Führung der Nationalsozialisten wurde diese U-Boot-Flotte zum permanenten Pendelverkehr zwischen Deutschland, Norwegen und den Kanaren auf der einen Seite und dem im Bau befindlichen Stützpunkt in Neuschwabenland (Antarktis) auf der anderen Seite verwendet (siehe Abschnitt 2.5). Auf diese Weise wurde sichergestellt, dass die Vril-Technologie nach dem unausweichlichen Zusammenbruch Deutschlands nicht in die Hände der *Illuminaten* fiel.

2.4. Das Verhältnis der *Vril-Gesellschaft* zum Nationalsozialismus

Parallel zur oben beschriebenen technologischen Entwicklung betrachteten die *Deutschtempler* den Aufstieg und die Machtergreifung der Nationalsozialisten mit großer Sorge. Diese Bedenken waren auf vier Fakten begründet:

1. Arbeiter-Partei: Arbeiter waren auch aus Sicht der *Vril-Gesellschaft* wichtig und hatten eine unverzichtbare Funktion innerhalb einer Gesellschaft, deren Bedeutung jedoch mit fortschreitender Automation bis heute abnimmt. Zum Regieren sind sie jedoch nach Auffassung der *Vril-Gesellschaft* nicht qualifi-

ziert. Teil meiner Informationen ist eine Rede des Großmeisters der *Deutschtempler*, Wilhelm Canaris, die mir als Audiodatei vorliegt und die er im Dezember 1945 vor den rund fünfzigtausend Flüchtlingen hielt, die mit ihm zusammen Europa verlassen hatten. Darin wird die Einstellung der Ordensführung zur breiten Masse der Menschheit deutlich. Der Inhalt dieser Rede spiegelt sich auch in Abschnitt 2.10 wieder, in dem ich die Standpunkte der *Vril-Gesellschaft* zu weiteren wichtigen Sachverhalten darlegen werde. Diese Dinge dürften bei einigen Lesern zu einer gewissen Ernüchterung führen. Meine Absicht bei der Veröffentlichung dieses Buches ist es jedoch, die Wahrheit, so wie sie sich mir ungeschminkt darstellt, zu schildern und nicht etwa ein geschöntes Konstrukt einer Scheinwirklichkeit aufzubauen, das für den einen oder anderen Leser vielleicht wünschenswert wäre. Meine Verachtung dafür, das Wünschenswerte per Dekret zur Realität zu erklären, habe ich bereits hinreichend dargelegt.

2. Der zweite Grund für die Unvereinbarkeit der *Vril-Gesellschaft* mit dem Nationalsozialismus waren die okkulten Wurzeln der NS-Bewegung. Hier ist das Wort »okkult« nicht nur in der Bedeutung »verborgen, verdeckt« zu verstehen, sondern auch im Sinne von esoterisch/magischen Praktiken basierend auf irrationalem Glauben. Wer sich näher für dieses Thema interessiert, den möchte ich auf das ausgezeichnet recherchierte Buch von Nicholas Goodrick-Clarke verweisen. Wichtig ist an dieser Stelle, festzuhalten, dass die Förderung und Verbreitung von Aberglauben, sei es in der Form »offizieller« Religionen oder eben okkult/esoterisch/magischer Weltanschauungen, ein Grundpfeiler der Herrschaftsstrategie der *Illuminaten* ist. Aus diesem Grunde standen die Nationalsozialisten mit ihrem irrationalen Weltbild ihrem eigenen Todfeind näher als den *Artur*. Oder mit anderen Worten: Aus Sicht der *Vril-Gesellschaft* war die NS-Bewegung aufgrund ihrer irrationalen Denkmuster nichts weiter als eine neue Gruppe williger Sklaven der *Illuminaten*, wobei sich die Nazis dieser Tatsache natürlich keineswegs bewusst waren. Ich kann den Leitspruch der *Illuminaten* nicht oft genug erwähnen: »Der perfekte Sklave weiß nicht, dass er ein Sklave ist.«

Die Geschichte sollte dieser Einschätzung der Ordensleitung recht geben: Die Nationalsozialisten handelten hundertprozentig im Sinne der *Illuminaten*, indem sie einen Weltkrieg nicht verhinderten, den Deutschland zu jenem Zeitpunkt nicht gewinnen konnte. Der letzte große Widersacher der *Bruderschaft*, Deutschland, war nach der allumfassenden Niederlage endgültig eliminiert. Zusätzlich wuchs die Macht der *Illuminaten* durch die gigantischen Gewinne aus den weltweiten Kriegskosten und den daraus resultierenden Staatsverschuldungen ins Unermessliche. Die Nazis hatten also genau das Gegenteil von dem erreicht, was sie erreichen wollten, weil sie sich genauso dumm verhalten hatten, wie es die Pläne der *Illuminaten* vorsahen (das erinnert mich an angebliche Kamikaze-Islamisten). Menschen mit irrationalen Überzeugungen sind eben extrem leicht zu manipulieren. Auf Basis welcher Grundlage, wenn nicht der Vernunft, soll man denn auch entscheiden, was richtig und was falsch ist?

Einen speziellen Punkt der unwissenschaftlichen Weltanschauung der Nazis möchte ich noch herausarbeiten, da er mir persönlich am Herzen liegt – den Herrenrassengedanken. Dies tue ich aus zwei Gründen: Erstens weil diese Ideologie ein hohes Maß an Ungerechtigkeit beinhaltet und zweitens, weil diese definitiv falsche Weltsicht in höchstem Maße schädlich für Deutschland war und in der Folge heute noch ist.

Die Grundidee einer »Herrenrasse« basiert (mal wieder) auf dem absurden Konzept, alle Menschen seien gleich. Die Nationalsozialisten übertragen diese von den *Illuminaten* gestreute geistige Verwirrung jedoch nicht auf alle Menschen, wie es die heutigen (international-) sozialistischen Demokratien tun, sondern auf die Individuen einer Rasse, beziehungsweise Volksgemeinschaft. Zwischen den Rassen wird jedoch unterschieden und eine unterschiedliche Wertigkeit postuliert, wobei selbstverständlich die eigene Rasse als besonders hochwertig eingeschätzt wird (vgl. dazu meine Ausführungen über das Bauchpinseln der breiten Masse in der Einleitung).

Nur durch diese implizierte Gleichheit der Individuen innerhalb einer Rasse kann man die Behauptung aufstellen, ein Individuum sei »höherwertiger« als ein anderes, nur mit der Begründung, dass das eine der einen und das andere der anderen Rasse angehört.

Doch diese Grundvoraussetzung für den Rassismus, die Gleichheit innerhalb der Rasse, ist natürlich Unsinn. Betrachten wir eine beliebige Eigenschaft innerhalb einer Population, wobei wir der Einfachheit halber nur von Menschen einer bestimmten Rasse oder Volkszugehörigkeit ausgehen: die Länge der Nase, die Körpergröße, das Gewicht, den Intelligenzquotienten, die Anzahl illegaler Handlungen pro Kopf und Jahr – oder was uns eben sonst noch so alles einfällt. In keinem der gewählten Kriterien sind auch nur zwei Individuen exakt gleich – nicht einmal Zwillinge. Tatsächlich ist jede beliebige kontinuierliche Eigenschaft nach einer Gauß'schen Glockenkurve innerhalb einer Population verteilt. Mit »kontinuierlich« meine ich Eigenschaften von der Art, in der sich Individuen in beliebig kleinem Maße unterscheiden können. Die Geschlechtszugehörigkeit gehört beispielsweise nicht in diese Kategorie, weil sie nur zwei Werte annehmen kann (obwohl ich mir da bei einigen »ZeitgenossInnen« nicht ganz sicher bin). Nehmen wir die kontinuierliche Eigenschaft »Intelligenzquotient«:

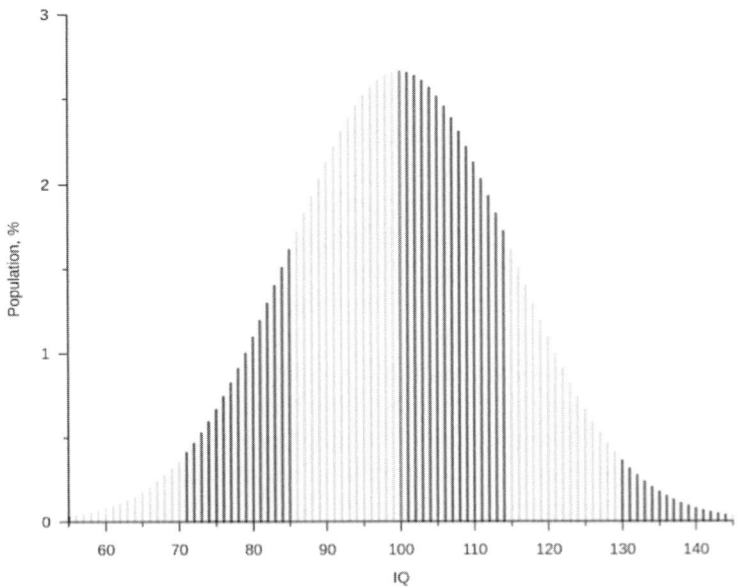

(Abb. 2.2.1: Verteilung des Intelligenzquotienten in der mitteleuropäischen Bevölkerung)

107

An der Stelle, an der die Glockenkurve ihr Maximum hat, können wir auf der X-Achse den Durchschnittswert der Bevölkerung ablesen. Er liegt bei einem IQ von 100, weil die Intelligenztests gerade in der Art normiert sind, dass sich für die mitteleuropäische Bevölkerung dieser Durchschnittswert ergibt. Würden wir stattdessen zum Beispiel die Körpergröße der erwachsenen Männer in einem solchen Graphen darstellen, so erhielten wir eine ähnliche Glockenkurve und das Maximum würde beim Durchschnittswert von 1,78 m liegen.

Doch bleiben wir beim Intelligenzquotienten, weil sich dieser eher als rein physische Eigenschaft als Kriterium für die »Überlegenheit« eines Individuums eignet. Es kommt an dieser Stelle nicht darauf an, ob Sie, verehrter Leser, diesem Kriterium zustimmen, weil es nur exemplarisch gemeint ist, um die nun folgende prinzipielle Argumentation zu verdeutlichen. Statt des IQ können Sie auch »Bereitschaft zu Altruismus«, oder »Kriminalitätsneigung«, oder was Ihnen sonst wichtig erscheint, heranziehen.

Derartige Verteilungskurven für den IQ sind in vielen Ländern der Erde gemessen worden, wobei bei den Tests auf Fragen, die ein spezielles Wissen voraussetzten, gänzlich verzichtet wurde. Es ging also nur um logisches Folgern, Abstraktionsvermögen, räumliches Vorstellungsvermögen und ähnliche Dinge. Eine Zusammenfassung und Diskussion dieser Ergebnisse findet man bei Rushton.[23] Dabei ergab sich beispielsweise, dass der durchschnittliche IQ der Japaner höher und der der Zentralafrikaner niedriger war als bei uns Mitteleuropäern. Doch darauf will ich nicht hinaus. Der wesentliche Punkt ist der, dass, wenn man die IQ-Kurven von zwei menschlichen Populationen vergleicht, der Durchschnittswert durchaus unterschiedlich sein kann, was jedoch nicht den geringsten Rückschluss auf den IQ eines Individuums erlaubt. Ein spezielles Mitglied einer Population, die den Durchschnittswert von, sagen wir, 80 hat, kann durchaus einen IQ von 140 haben und so 99% der Individuen der IQ-100-Population »überlegen« sein. Genau aus diesem Grunde ist es vollkommener Unsinn, einem Individuum der einen Rasse eine – wie auch immer geartete – Überlegenheit gegenüber einem Individuum der anderen Rasse, allein auf Basis der Rassenzugehörigkeit, zuzusprechen. Dieser Unsinn hat seinen Ursprung in der bei Sozialisten, gleich ob nationaler oder internationaler Couleur, bereits falschen Grundannahme der Gleichheit der Menschen[XIX]. Denn nur dann, wenn die betrachtete Eigenschaft, nach der das Werturteil gefällt werden soll, bei allen Individuen der einen Gruppe (z.B. »Arier«) und bei der Vergleichsgruppe (z.B. »Juden«) jeweils gleich wäre, könnte man aus der Gruppenzugehörigkeit auf die Eigenschaft des Individuums schließen. Die tatsächliche Ungleichverteilung von Eigenschaften nach Gaußkurven lässt einen solchen logischen Schluss jedoch nicht zu.

Nachdem wir nun gesehen haben, dass das Konzept einer Herrenrasse logisch falsch ist, möchte ich noch kurz auf die Nachteile eingehen, die speziell Deutschland aus diesem falschen Konzept entstanden sind; wie es eben in jedem Fall Nachteile mit sich bringt, wenn man sich nicht von der Vernunft, sondern von Aberglauben, Wunschdenken und Ähnlichem leiten lässt.

Diese Nachteile lassen sich knapp auf den Punkt bringen:

a) Die Judenpogrome im Allgemeinen und die Reichskristallnacht im Speziellen führten zu einer außenpolitischen Isolation Deutschlands. Eine neutrale, geschweige denn positive, Haltung Englands gegenüber Deutschland war damit nicht mehr im Bereich des Möglichen. Ein solches Bündnis hatte Hitler jedoch, ausführlich erläutert in seinem Buch »Mein Kampf«, angestrebt[24,25]. Da jedoch Mitbürger (Individuen), lediglich aufgrund ihrer Religions-, Volks- oder Rassenzugehörigkeit (Kriterien die übrigens auf »die Juden« überhaupt nicht zutreffen) als minderwertig eingestuft und entsprechend diskriminiert wurden, verscherzte sich Hitler die Sympathien in den Bevölkerungen möglicher Bündnispartner, was es den Regierungen der westlichen Demokratien, speziell in England, erheblich erleichterte, später gegen Deutschland Krieg zu führen. Ein Krieg gegen den Westen war jedoch nicht im Interesse der Nationalsozialisten. Sie brockten ihn sich durch

[XIX] Ein schönes Beispiel dafür, dass die ideologischen Grundlagen der »Linken« und »Rechten« verwandt sind.

den Aberglauben an eine logisch falsch von einer Gruppe auf das Individuum schließenden Rassenlehre ein.

b) Zu Beginn des nun folgenden Arguments möchte ich unzweifelhaft klarstellen, dass meines Erachtens nur eine kleine Minderheit der Soldaten der Wehrmacht und der Waffen-SS Verbrecher waren. Doch diese Minderheit wurde durch die Rassenirrlehre während des Krieges zu einem äußerst brutalen Vorgehen gegen vermeintliche »Untermenschen« ermutigt. Diese Taten einer Minderheit reichen im Allgemeinen dazu aus, bei auf ähnliche Weise vom Gleichheitsvirus befallenen Menschen einen Verallgemeinerungsreflex auszulösen. Aus diesem Grunde konnten die Deutschen von der alliierten Propaganda generell als grausame, gnadenlose Menschen hingestellt werden, von denen kein Mitleid, geschweige denn eine einigermaßen angemessene Behandlung zu erwarten war. Dieses Deutschlandbild, geprägt durch die Untaten besagter Minderheit, führte zu einem entsprechenden Sinneswandel speziell bei den sowjetischen Soldaten. Anfangs, beim Einmarsch der deutschen Truppen in die Sowjetunion, wurden die Deutschen von großen Teilen der russischen Bevölkerung und somit auch von den Soldaten als Befreier von der grausamen Stalin-Diktatur gesehen. Später jedoch, als sich die Gräueltaten jener Minderheit deutscher Soldaten herumsprachen, kämpften die Rotarmisten nicht etwa für den Erhalt des ungeliebten Sowjetregimes, sondern für ihr eigenes Überleben und das ihrer Familien. Aus diesem Grund begannen sie sich auf jedem Zentimeter russischen Bodens festzukrallen und gaben trotz furchtbarer Verluste nicht auf. Der Krieg, den sie daraufhin führten, war weniger der in der sowjetischen Propaganda aufgebauschte »Vaterländische Krieg«, sondern er war in den Augen des einfachen Soldaten ein Krieg um die bloße Existenz. Ein besseres Mittel, Soldaten zu motivieren, gibt es wohl kaum. Und diese Motivation hatte ihre Ursache in der Irrlehre vom verallgemeinerten »Herrenmenschen« und »Untermenschen«.

Ich wage an dieser Stelle zu behaupten, dass die Wehrmacht den Ostfeldzug mit Leichtigkeit gewonnen hätte, wenn sie die sowjetischen Zivilisten und kriegsgefangenen Rotarmisten ehrenhaft, wie es sich für Soldaten gehört, behandelt hätten. Die Unlogik des verallgemeinernden Rassenhasses hatte aus deutscher Sicht also nicht nur zu einer Vielzahl von Kriegsgegnern ohne starke Bündnispartner geführt, sondern auch zu einem fatalen Verlauf des Ostfeldzugs, der letztlich kriegsentscheidend war. Die unsinnige Weltanschauung der Nazis förderte also nicht nur jene Verbrechen, die von einer Minderheit der Deutschen an Kriegsgegnern und Juden begangen wurden, sondern sie resultierte letztlich auch zu einem aus Dummheit begangenen Verbrechen der Nationalsozialisten an Deutschland, das so in einen Krieg manövriert wurde, der aufgrund der Anzahl der Gegner und deren verallgemeinertem Hass auf Deutschland nicht zu gewinnen war. Somit verlief für die *Illuminaten* alles genau nach Plan. Daher können Sie sich, liebe Leser, nun vorstellen, wie »begeistert« die *Artur* vom irrationalen, Deutschland in den Untergang treibenden, Vorgehen der Nazis waren.

c) Das radikale Vorgehen der Nazis gegen vermeintlich »minderrassige«, speziell gegen Juden, bewirkte einen regelrechten Exodus hervorragender Wissenschaftler, Techniker und Ingenieure. Diese Auswanderungswelle konnte nur zum Teil durch die *Vril-Gesellschaft* aufgehalten werden, indem ein Teil der jüdischen Naturwissenschaftler rekrutiert wurde und in den geheimen Stützpunkten der *Artur* an der Weiterentwicklung der Vril-Technologie arbeitete. Diese Rekrutierungsmaßnahmen blieben den Nationalsozialisten natürlich nicht verborgen, was die Spannungen zwischen dem Regime und dem Orden weiter verschärfte.

Hermann Göring beispielsweise drängte bereits Anfang 1939 Adolf Hitler dazu, »dieses arrogante Aristokratenpack mitsamt ihren Judenfreunden auszuräuchern«. Gemeint war ein Angriff auf die Stützpunkte der *Vril-Gesellschaft* in Sachsen und auf Usedom, ganz in der Nähe von Peenemünde. Hitler lehnte den Vorschlag Görings ab, weil es bei der Entwicklung der »Wunderwaffen« durch die *Gesellschaft* nach deren Zerschlagung und Übernahme deren Wissens durch Nazi-Wissenschaftler sicherlich zu schwerwiegenden Verzögerungen kommen würde.

Doch zurück zum Exodus hervorragender Wissenschaftler. Koryphäen von Einstein bis Schrödinger verließen das Land und arbeiteten fortan für die zukünftigen Kriegsgegner Deutschlands. Zusätzlich bewirkte der Rassenhass der Nazis, dass sich auch einheimische Wissenschaftler der Kriegsgegner, die zuvor eher pazifistisch eingestellt waren, nun der Rüstungstechnologie zuwandten. Man kann also festhalten, dass die Weltanschauung der Nationalsozialisten den Fortschritt bei der klassischen, also nicht Vril-basierenden Waffenentwicklung stark hemmte, wohingegen die technische Entwicklung bei den Alliierten beschleunigt wurde.

3. Der dritte Grund für die Ablehnung des nationalsozialistischen Regimes durch die *Artur* war der Judenhass. Die Juden waren in der Zeit vor den *Templern* die dominierende Kraft innerhalb der *Artur* gewesen. Sie bekämpften die *Bruderschaft der Schlange* und die daraus hervorgegangenen *Illuminaten* seit tausenden von Jahren. Wie ich noch ausführlich in den Folgebänden darlegen werde, unterstützten jedoch die *Illuminaten* die Nazis massiv durch Geldmittel – selbstverständlich ohne dass den Nationalsozialisten die dahinter liegenden Pläne bewusst waren, die da lauteten: die Welt in den nächsten Krieg zu stürzen, um Deutschland endgültig unter ihre Kontrolle zu bringen und um Billionen an jenem Völkergemetzel zu verdienen. Besonders perfide war dabei, dass die *Bruderschaft* den ohnehin vorhandenen Judenhass der Nazis stark schürte, um auf diese Weise Rache an ihrem alten Feind, den Juden, zu nehmen. Die Krone setzten die *Illuminaten* der Verleumdungskampagne gegen die Juden auf, indem sie das Gerücht streuten, die Juden kontrollierten die Industrie, Banken und Medien der westlichen Demokratien und trieben so die Welt in den Krieg.

Dahinter steckte ein jahrhundertealter Plan: Einige *Illuminaten* nahmen nach außen hin den jüdischen Glauben an, um den Erzfeind zu unterwandern und um den Hass der Bevölkerung auf die Juden zu schüren. Sie projizierten ihre real existierende, zerstörerische und versklavende Macht mit diabolischer Genialität auf ihren Erzfeind und schoben ihm so den schwarzen Peter zu. Die Nazis, denen zwar durchaus bewusst war, dass die westlichen

Demokratien von okkulten Mächten gelenkt wurden, erblickten speziell nach der Veröffentlichung der von den *Illuminaten* gefälschten »Protokolle der Weisen von Zion« in den Juden ihre Hauptwidersacher – und bekämpften somit in Wahrheit den ärgsten Feind ihres schlimmsten Feindes. Wäre dieses Vorgehen der *Illuminaten* nicht so abgrundtief böse, müsste man ihre Schachzüge bewundern.

Es ist nicht so, dass die *Artur* den obersten Naziführern, speziell Adolf Hitler, diese Hintergründe nicht geschildert hätten. Doch in ihrem aus der Euphorie absoluter Herrschaft geborenen Größenwahn schenkten sie der Ordensleitung keinen Glauben. Sie wollten einfach nicht wahrhaben, dass sie manipuliert wurden, nichts weiter als Marionetten der *Bruderschaft* waren. Wenn bei einfach gestrickten Gemütern Realität und Wunschdenken zu weit auseinanderklaffen, sind sie eben rationalen Argumenten nicht weiter zugänglich. Das Ergebnis ist uns heute bekannt und wurde von der Ordensleitung glasklar vorausgesehen.

Fazit: Abgesehen davon, dass es nach den Wertmaßstäben einer jeden geistig gesunden Zivilisation auszuschließen ist, dass Menschen nur aufgrund ihrer Abstammung enteignet, misshandelt und sogar getötet werden; abgesehen davon, dass es Anstand und Ehre eines jeden geistig gesunden Mannes widerspricht, gegen Frauen und Kinder vorzugehen; also abgesehen von dieser von der *Bruderschaft* geförderten finstersten« Barbarei niederster menschlicher Instinkte, gelang es den *Illuminaten zusätzlich*, die Dummheit der *Proles* auszunutzen, zu denen auch die Naziführung gehörte. Diese auf mangelnder Rationalität basierenden Untugenden kanalisierten sie auf ihren alten Feind, wobei sie gleichzeitig auch die letzte nicht unter dem Einfluss der *Illuminaten* stehende Großmacht vernichteten.

Wenn sich zwei Seiten bekämpfen und die eine rational, die andere irrational agiert (sie folgt dem eigenen Wunschdenken und lässt sich durch Triebe leiten), dann steht bei diesem Kampf der Sieger von vornherein fest. Die Niederlage der irrational agierenden Partei wird zwangsläufig total sein …

4. Ein weiterer Grund für die Ablehnung des Nazi-Regimes durch die *Artur* war nicht ethischer, sondern globalstrategischer Natur.

Es fanden vier persönliche Gespräche zwischen Adolf Hitler und dem Großmeister des Ordens statt, die von Letzterem mit Hilfe eines digitalen Aufnahmegerätes in Miniaturform aufgezeichnet wurden. Die drei ersten Treffen kamen durch Initiative des Großmeisters, das letzte auf Wunsch des Reichskanzlers zustande. Die Abschriften der Gespräche sowie die originalen Audiodateien liegen mir vor. An dieser Stelle ist nur das dritte Treffen der beiden Männer von Bedeutung. Trotzdem skizziere ich hier kurz die Gesprächsinhalte der anderen Unterredungen und komme dann ausführlich zum kriegsentscheidenden Gespräch vom 15. August 1939.

Die erste persönliche Unterredung zwischen dem Großmeister des Ordens, Admiral Canaris, und Adolf Hitler fand am 11. November 1938 in Berlin statt. Der Anlass war die Reichskristallnacht. Der Großmeister protestierte heftig gegen das Vorgehen der Nazi-Schlägertrupps und des aufgewiegelten Pöbels. Er forderte Hitler auf, unverzüglich die Ordnung im Land wieder herzustellen, die Judenpogrome einzustellen und die Geschädigten, zumeist einfache Geschäftsleute, zu entschädigen. »Der Führer« lehnte ab und drohte in einem Wutanfall, die *Vril-Gesellschaft* zu zerschlagen. Diese Drohung machte er jedoch nicht wahr, nachdem er sich am nächsten Tag wieder beruhigt hatte, schließlich befürchtete er die bereits erwähnte Verzögerung bei der Herstellung von »Wunderwaffen«. An dieser Stelle möchte ich anmerken, dass diese befürchtete Verzögerung eine sehr optimistische Einschätzung Hitlers war. Falls er sich tatsächlich zur Zerschlagung der *Artur* entschieden hätte, wäre es erstens fraglich gewesen, ob ihre Vernichtung überhaupt geglückt wäre und wenn doch, wäre die Entwicklung der Vril-Technologie für die Nazis in unerreichbare Ferne gerückt.

Die zweite Unterredung erfolgte am 16. März 1939 als Reaktion der Ordensführung auf die Besetzung der Resttschechei. Der Großmeister wies Hitler darauf hin, dass er ein Vabanquespiel betrieb, das zum Krieg führen musste, sobald sich die Westalliierten dazu bereit sahen. Der Reichskanzler tat diese wohlbegründeten Befürchtungen als Unsinn ab und verwies auf die »Dekadenz« der westlichen Demokratien. Trotz aller Fakten war Hitler nicht davon zu überzeugen, dass die *Illuminaten*, die er fälschlicherweise für Juden hielt, den 2. Weltkrieg längst geplant hatten und er ein willfähriger Erfüllungsgehilfe ihrer Pläne war. Er warf dem Großmeister sogar vor, durch die »absurde Verschwörungstheorie einer die Weltgeschichte lenkenden ›Schlangenorganisation‹« lediglich Zwietracht innerhalb der nationalsozialistischen Führung säen zu wollen. Er unterstellte dem Großmeister, auf diese Art den Zusammenhalt »der Bewegung« untergraben zu wollen, um nach einer Schwächung der Regierung selbst die Herrschaft über Deutschland zu übernehmen. Nichts lag dem Großmeister ferner, wie wir in Abschnitt 2.10 bei der Betrachtung der Absichten der *Vril-Gesellschaft* noch sehen werden.

Kurz nach der Landung der Westalliierten in der Normandie fand das vierte Treffen zwischen dem Großmeister und dem nervlich ziemlich angeschlagenen »Führer« am 2. Juli 1944 statt. Hitler war zu diesem Zeitpunkt die unausweichliche Niederlage Deutschlands klar. Bislang hatte er immerhin von einem Patt im Osten geträumt, doch der sich nun anbahnende Zweifrontenkrieg ließ jede Hoffnung wie die oft zitierten Seifenblasen zerplatzen. Hitler forderte vom Ordensmeister die Herausgabe sämtlicher Technologien an die SS. Er tobte und warf dem Großmeister vor, die kriegsentscheidende Vril-Technologie absichtlich zurückzuhalten, um nach dem Zusammenbruch der Nazi-Regierung als »Retter« das deutsche Volk doch noch zum Sieg zu führen.

Hitler im Wortlaut: »Da haben Sie sich aber geschnitten, Sie Sektierer, wenn Sie glauben, Sie könnten das Reich so mir nichts dir nichts übernehmen. Ich führe den Krieg weiter bis zum bitteren Ende. Dann wird es für Sie nichts mehr zu übernehmen geben! Also schicke ich Ihnen nun den Kammler. Sie haben ihm und seinen Männern alles zu übergeben! Wenn Sie etwas zurückhalten, landen Sie postwendend in Auschwitz!«

Der Großmeister wies darauf hin, dass die Technologie erstens noch nicht frontreif war und dass zweitens die Einarbeitung der Physiker Kammlers mindestens ein Jahr brauchen würde. Allerdings behauptete er, in spätestens einem halben Jahr seien die mit Kraftstrahlkanonen bewaffneten Flugscheiben einsatzreif und würden dann innerhalb weniger Wochen die von

Osten und Westen vorrückenden Armeen zurückwerfen – eine bewusste Lüge, die lediglich dem Zweck diente, einer sofortigen Verhaftung zu entgehen.

Hitler fraß den von Canaris hingeworfenen Brocken, was hervorragend in das Psychogramm eines von Wunschdenken gesteuerten Menschen passt.

Im Anschluss an das gescheiterte Attentat auf Hitler am 20. Juli 1944 wurde Canaris von SS-Brigadeführer Walter Schellenberg[XX] am 23. Juli persönlich verhaftet und später ins Gefängnis des Reichssicherheitshauptamtes verbracht. Am Freitag, dem 13. Oktober 1944, zynischerweise zum Jahrestag der Aktion Philipps IV. von Frankreich gegen die *Templer* im Jahre 1307, gedachte der »Größte Feldherr aller Zeiten« die Geschichte zu wiederholen. Zur gleichen Zeit, um 06:00 Uhr in der Früh, griffen SS-Kommandos mit mehreren hundert Mann die Anlagen in Sachsen, Peenemünde und in Norwegen, südlich von Narvik, an. Die *Artur* hatten jedoch seit dem wenig fruchtbaren Gespräch zwischen Hitler und Canaris und speziell nach dessen Verhaftung mit einer solchen Aktion gerechnet. Sie verteidigten sich mit schon halbwegs zuverlässig funktionierenden Photonenkanonen, auch »Kraftstrahlkanonen« genannt. Keiner der Angreifer überlebte. Hitler erlitt einen Nervenzusammenbruch, als er von dem Desaster erfuhr. Das Gelände rund um die *Artur*-Stützpunkte wurde durch die zu jener Zeit mit dem GP-Vril-Prozess immer noch verbundenen hochenergetischen Photonen stark radioaktiv belastet. Die Radioaktivität klang jedoch innerhalb weniger Monate ab. Zu weiteren Auseinandersetzungen zwischen den Nazis und den *Artur* kam es nicht, weil Erstere durch den Vormarsch der Alliierten und der Roten Armee ganz andere Probleme hatten und weil sich Letztere mit Hochdruck auf die weitere Evakuierung Deutschlands konzentrierten, die kurz vor ihrem Abschluss stand. Ab Februar 1945 gab es praktisch nichts mehr, was die SS hätte angreifen können.

[XX] Leiter des Auslandsnachrichtendienstes im Amt VI des RSHA (Reichssicherheitshauptamt)

116

Die Geschichte von Wilhelm Canaris ist viel zu interessant, um sie nur kurz in diesem Abschnitt zu behandeln. Ich werde in einer künftigen Veröffentlichung noch ausführlich darauf zurückkommen. Hier würde die ausführliche Schilderung des Lebens des Großmeisters der *Artur* jedoch bei Weitem den Rahmen sprengen. Erwähnt sei lediglich, dass er am 5. Februar 1945 ins Konzentrationslager Flossenbürg verlegt wurde. Dort wurde ihm unter Vorsitz des SS-Richters Otto Thorbeck der Prozess gemacht, nachdem das Tagebuch Canaris' gefunden und Hitler vorgelegt worden war. Der Führer erlitt einmal mehr einen seiner Wutausbrüche und befahl »die sofortige Vernichtung der Verschwörer«. Zum Gerichtsverfahren ist anzumerken, dass sowohl Thorbeck als auch der Hauptankläger Walter Huppenkothen Ordensbrüder waren. Es wurde der speziell von Hitler erwartete Schauprozess abgehalten, der in mehreren Aspekten gegen geltendes Recht verstieß, in dem Canaris zum Tode verurteilt wurde. Damit war der Weg für den Orden frei, Canaris unauffällig befreien zu können. Die an der scheinbaren Exekution durch den Strang beteiligten Ordensbrüder sagten natürlich einhellig aus, dass Canaris auch tatsächlich erhängt worden sei. Einer der Anwesenden merkte später sogar der Glaubwürdigkeit halber an: »Bei dem kleinen Admiral hat es sehr lange gedauert. Er ist ein paar Mal rauf und runter gezogen worden.« In Wirklichkeit war Canaris zur Zeit der Exekution bereits auf dem Weg nach Hamburg, um von dort aus per U-Boot nach Neuschwabenland zu gelangen. Um das Verschwinden Canaris' perfekt und spätere Untersuchungen unmöglich zu machen, wurden die Leichen der angeblich Erhängten im Krematorium des KZs verbrannt.

Doch nun zum wohl wichtigsten Gespräch zwischen dem Großmeister und Adolf Hitler. Es fand am 15. August 1939 in der Reichskanzlei statt. Der Großmeister bat um die Unterredung vor dem Hintergrund des unmittelbar bevorstehenden Einmarsches deutscher Truppen in Polen. Dieses Treffen verdeutlicht die unüberbrückbaren Differenzen der Ordensleitung und der Naziführung bezüglich geopolitischer Fragen.

Hitler:»Herr Canaris, da Sie mit höchster Priorität um dieses Gespräch baten, darf ich annehmen, dass Sie mir erhebliche Fortschritte mitteilen werden?«

Großmeister:»Nein, Herr Hitler. Ich bin hier, weil mich die außenpolitischen Entwicklungen mit großer Sorge erfüllen.«

Hitler:»Störrisch wie immer, mein lieber Canaris. Doch wenn Sie meinen, auf eine korrekte Anrede meiner Person verzichten zu können, so soll es mir recht sein. Die Außenpolitik ist jedoch meine Sache. Damit haben Sie überhaupt nichts zu schaffen. Kümmern Sie sich um Ihre Wunderwaffen und überlassen Sie die große Politik mir. Es läuft alles wie am Schnürchen.«

Großmeister:»Wenn Sie damit den bevorstehenden Abschluss des Paktes mit der Sowjetunion meinen, so können Sie sicher sein, dass ich über die Details Bescheid weiß. Doch dieser Vertrag wird die Westalliierten nicht davon abhalten, Deutschland den Krieg zu erklären, wenn Sie Polen angreifen lassen.«

Hitler:»Und ob er das wird. Frankreich und England haben nichts unternommen, als wir Österreich anschlossen, das Sudetenland besetzten und die Resttschechei zerschlugen. Sobald klar ist, dass sich die Bolschewisten nicht nur neutral verhalten, sondern uns mit Rohstoffen versorgen, dass eine Seeblockade wie im letzten Krieg uns also nicht schwächen wird, werden die Westmächte erst recht nichts machen. Sie werden laut krakeelen, wie es ihre Art ist, aber tun werden sie nichts.«

Großmeister:»Sie begreifen nicht, dass die Westmächte den Krieg gegen Deutschland längst geplant haben. Sie haben bislang die möglichen Anlässe nicht genutzt, weil sie sich noch nicht bereit zum Kriege sahen. Ein deutscher Angriff auf Polen ist genau das, was sie jetzt brauchen. In der Öffentlichkeit stehen sie da als diejenigen, die den Frieden bewahren wollten und deshalb zu all den Zugeständnissen an Deutschland bereit waren. Doch den Angriff auf Polen werden sie darstellen als den berühmten Tropfen, der das Fass zum Überlaufen bringt. Die Ordensagenten berichten einhellig aus Paris und London, dass die dortigen Regierungen auf unseren Einmarsch in Polen mit Kriegserklärungen reagieren werden.«

Hitler:»Papperlapapp! Ihre Agenten sind Angsthasen, die sich durch ein wenig Säbelrasseln dekadenter Diplomaten einschüchtern lassen. Außerdem müssten die Engländer und Franzosen auch den Russen den Krieg erklären. Wenn Sie so gut informiert sind, wie Sie vorgeben, verehrter Großmeister, dann dürfte Ihnen bekannt sein, dass die Russen unmittelbar nach unserer Rückgewinnung der deutschen Gebiete in Polen ihrerseits den Osten des Landes besetzen werden.«

Großmeister:»Sie haben den Plan der *Illuminaten* zur endgültigen Zerschlagung Deutschlands nicht erkannt. Es geht nur um Deutschland. Die Sowjets sind längst in der Hand der *Bruderschaft*. Deshalb geht Stalin auch auf den Pakt mit Ihnen ein, obwohl der Nationalsozialismus sein ideologischer Todfeind ist. Er hat Anweisung, mit Deutschland zu paktieren, weil die *Bruderschaft* weiß, dass Sie, Herr Hitler, ohne diese Rückversicherung, im Osten den Rücken frei zu haben, niemals den von den *Illuminaten* gewünschten Krieg beginnen würden. Vor diesem Hintergrund dürfte es mehr als klar sein, dass der Beistandspakt Großbritanniens und Frankreichs mit Polen in jedem Fall einen Krieg zwischen den beiden von der *Bruderschaft* kontrollierten Parteien, den Westalliierten und der Sowjetunion, verhindern wird.«

Hitler:»Ihre obskure Schlangenbande, bei denen es sich in Wirklichkeit um die jüdische Hochfinanz handelt, was Sie nur nicht einsehen wollen, kann planen was sie will. Nur mit Hilfe dieser dekadenten Demokratien werden die niemals mit uns fertig, solange wir den Rücken im Osten frei haben. Alleine Stalins Bereitschaft auf einen Pakt mit uns einzugehen, beweist schon, dass die Bolschewisten wohl doch nicht so arg unter der Knute der amerikanischen und britischen Hochfinanz stehen können.«

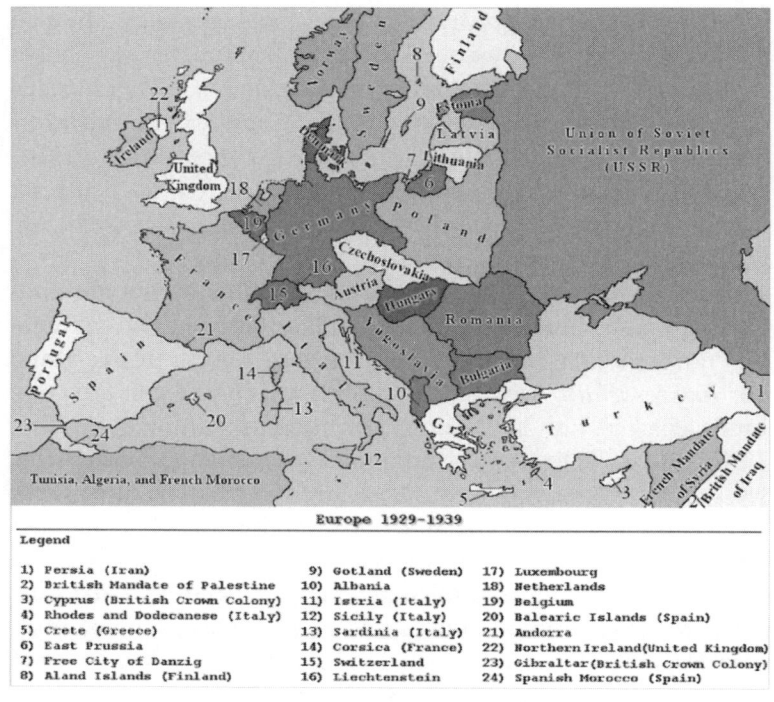

Europe 1929-1939

Legend

1) Persia (Iran)	9) Gotland (Sweden)	17) Luxembourg
2) British Mandate of Palestine	10) Albania	18) Netherlands
3) Cyprus (British Crown Colony)	11) Istria (Italy)	19) Belgium
4) Rhodes and Dodecanese (Italy)	12) Sicily (Italy)	20) Balearic Islands (Spain)
5) Crete (Greece)	13) Sardinia (Italy)	21) Andorra
6) East Prussia	14) Corsica (France)	22) Northern Ireland(United Kingdom)
7) Free City of Danzig	15) Switzerland	23) Gibraltar(British Crown Colony)
8) Aland Islands (Finland)	16) Liechtenstein	24) Spanish Morocco (Spain)

(Abb. 2.4.2: Politische Landkarte Mitteleuropas im August 1939.)

Großmeister: »Das Gegenteil ist der Fall! Aber na gut, gehen wir von der falschen Annahme aus, Sie hätten Recht mit Ihrer Einschätzung, die Westalliierten würden trotz ihres Beistandspaktes mit Polen keine ernsten Konsequenzen ziehen. Betrachten wir die Lage einfach auf einer Landkarte. Polen, das mit den Westalliierten einen Beistandspakt hat, liegt zwischen dem Reich und der Sowjetunion. Trotz des schönen Paktes, den Sie, Herr Hitler, mit den Kommunisten, also eigentlich Ihren ideologischen Erzfeinden, abzuschließen gedenken, wird die Sowjetunion über kurz oder lang Deutschland angreifen. Stalin kann uns aufgrund der geographischen Gegebenheiten jedoch nicht attackieren, ohne polnisches Territorium zu durchqueren. Umgekehrt ist es das klare Ziel Deutschlands, ›Lebensraum im Osten‹ zu gewinnen. Ein Krieg mit der Sowjetunion ist also mittelfristig für beide Seiten unvermeidlich. Eine sowjetische Invasion Polens würde die Westalliierten zu seinen Feinden machen. Genau aus diesem Grund sollte Deutschland, statt, wie von Ihnen geplant, Polen anzugreifen, ebenfalls einen Beistandspakt mit Polen schließen. Daraus ergäben sich dann zwei Möglichkeiten:

a) Die Sowjets fallen in Polen ein, wahrscheinlich mit dem Ziel, Deutschland anzugreifen. In diesem Fall könnten wir als die Retter Polens auftreten. Selbst wenn sich Frankreich und England trotz ihrer Beistandsverpflichtungen nicht an unserem Feldzug gegen die Russen beteiligen würden, so hätten sie aber ganz bestimmt keinen Grund, auf Seiten Stalins in die Auseinandersetzung einzugreifen. Im Gegenteil – wir könnten ihre militärische Unterstützung oder zumindest Rohstofflieferungen einfordern. Mit freiem Rücken im Westen sollten wir durchaus in der Lage sein, die Rote Armee bis hinter den Ural zu treiben. Die dann geschaffenen geostrategischen Fakten können anschließend, nach der Zerschlagung der Sowjetunion, nicht mehr von den Westalliierten geändert werden.

b) Stalin durchschaut das gewaltige Risiko, dass er mit einem Einmarsch in Polen eingehen würde, also sieht er von einem Angriff ab. Dann hat Deutschland alle Zeit der Welt, seine technologische Überlegenheit zu nutzen. Selbst ohne die Hilfe meiner Gesellschaft, Herr Hitler, wären Sie in der Lage, schwere Panzer und Flugzeuge mit Strahltriebwerken in Serie und sogar Kernwaffen zu bauen. Derart gerüstet wäre ein Angriff auf Polen mit anschließendem Einmarsch in die Sowjetunion ohne großes Risiko für Deutschland möglich. Wenn Sie dann auch noch die Waffen auf Vril-Basis berücksichtigen, die wir Ihnen in wenigen Jahren liefern können, steht der Ausgang eines erneuten Krieges ohne jeden Zweifel fest.

Fazit: Die Existenz Polens ist ein geostrategisches Geschenk des Himmels. Beide von mir skizzierten Alternativen führen zu einem praktisch sicheren Sieg Deutschlands, was man von Ihren Vabanquespielchen, die Sie zurzeit betreiben, leider nicht sagen kann.«

Hitler (aufbrausend): »In Polen werden, während wir hier lamentieren, Deutsche abgeschlachtet! Die polnische Regierung unterstützt die Verbrechen des Pöbels an unseren Volksgenossen in jeder Hinsicht! Das kann und will ich nicht zulassen! Wie stehe ich denn da, wenn ich nur zusehe beim Mord an unseren eigenen Landsleuten?«

Großmeister (beschwichtigend): »So verstehen Sie doch! Die Übergriffe auf die deutsche Bevölkerung in Polen werden von den *Illuminaten* forciert, damit sie genau den Krieg bekommen, in den Sie sich soeben hineintreiben lassen, Herr Hitler. Außerdem dürfte noch nicht einmal die Hälfte der Schauermärchen, die man so von den polnischen Übergriffen hört, der Wahrheit entsprechen. Auch Ihre Propagandamaschine, Reichskanzler, dürfte ihren Teil zu diesen Geschichten beitragen. Damit nehmen Sie der *Bruderschaft* sogar auch noch die Arbeit ab! Sie und Ihre ›Bewegung‹ werden von den *Illuminaten* als Figuren auf dem globalen Schachbrett eingesetzt!«

Es folgte noch ein kurzes Wortgeplänkel, dann einigten sich beide Seiten darauf, das Gespräch zu beenden. Wenige Tage später marschierten deutsche Truppen in Polen ein, mit dem Ergebnis, dass Frankreich und England dem Reich den Krieg erklärten. Der Großmeister ließ es sich daraufhin nicht nehmen, Hitler ein äußerst zynisches Glückwunschtelegramm zu schicken.

Eine Anmerkung zur oben geschilderten Diskussion zwischen dem Großmeister und dem deutschen Reichskanzler: Der Großmeister hatte niemals vor, den Nazis auf Vril-Technologie basierende Erzeugnisse wie Flugscheiben, Generatoren, Vril-Bomben und Kraftstrahlkanonen zu übergeben. Er wollte lediglich für die *Artur* fünf bis zehn Jahre Zeit gewinnen, um das Naziregime zu stürzen. Unter einer »Regierung der Vernunft« hätte Deutschland dann immer noch gegen die Alliierten und damit gegen die *Illuminaten* vorgehen können.

Wie wir in diesem Abschnitt gesehen haben, waren sowohl die ideologisch/weltanschaulichen als auch die ethisch/moralischen Gegensätze zwischen der *Vril-Gesellschaft* und den Nazis unüberbrückbar. Selbst in geopolitischen Fragen war man weit davon entfernt, eine gemeinsame Basis zu finden.

2.5 Neuschwabenland

Nach dem zuvor zitierten Gespräch zwischen Hitler und Canaris war dem Orden erstens klar, dass der Krieg unmittelbar bevorstand und zweitens, dass Deutschland ihn verlieren würde. Man vermutete sogar den Einmarsch britischer und französischer Truppen in Deutschland noch im Jahr 1939 – eine der wenigen Fehleinschätzungen der Ordensführung.

Aus diesem Grunde begannen die *Artur* bereits im Herbst des Jahres mit den Vorbereitungen zur Evakuierung Europas. Schließlich bestand kein Zweifel daran, dass die *Illuminaten* nach dem Fall Deutschlands der *Artur* und ihrer technischen Errungenschaften habhaft werden wollten. Die Ordensführung vermutete in dieser Absicht sogar den Hauptgrund für das Auslösen des 1. und nun des 2. Weltkriegs durch die *Bruderschaft*.

Das Evakuierungsziel war im Prinzip bereits 5.000 Jahre zuvor durch die *Alderaaner* festgelegt worden (siehe Teil 3). Fernab von ihren Rekrutierungszentren in unmittelbarer Nähe der damalig größten menschlichen Siedlungen errichteten sie ihr Hauptquartier in der für Menschen unerreichbaren Antarktis. Von dort aus koordinierten sie ihr globales Projekt zur genetischen Manipulation des primitiven Menschen hin zum höchst effizienten Soldaten für den Krieg gegen die *Dragonen*.

Die genaue Lage des alderaanischen Hauptquartiers war in den Aufzeichnungen des Grals enthalten. In den vergangenen Jahrtausenden fehlten den *Artur* jedoch die technischen Möglichkeiten, den Stützpunkt aufzusuchen. Erst mit den Innovationen in der Mitte des 19. Jahrhunderts begann die Antarktis nach und nach in Reichweite zu rücken.

Die Ordensleitung veranlasste eine Reihe von Expeditionen, deren Zweck zunächst einmal nicht darin bestand, den Stützpunkt direkt aufzusuchen, ein solches Vorhaben wäre anfänglich vollkommen illusorisch gewesen, sondern sie dienten lediglich zur Sondierung der örtlichen Begebenheiten und dem Sammeln von Erfahrungen.

Im Jahre 1872 beauftragte der Orden den aus einer Seefahrerfamilie stammenden Eduard Dallmann, eine erste Erkundungsmission zu unternehmen. Offiziell wurde der Auftrag von der Deutschen Polar-Schifffahrtsgesellschaft mit der Begründung vergeben, nach dem Rückgang der Walbestände in den nördlichen Meeren nach geeigneten Jagdgebieten im Süden zu suchen. Dazu wurde ihm der Auxiliarsegler GROENLAND zur Verfügung gestellt, eines der ersten Schiffe mit dampfbetriebenem Hilfsmotor überhaupt.

Wie erwartet, hatte die Unternehmung keine besondere Bedeutung für den deutschen Walfang. Die Entdeckungen Dallmanns, die Bismarck-Straße, der Neumayer-Kanal und die Kaiser-Wilhelm-Insel[27], waren jedoch für die Artur äußerst wertvoll.

In den darauf folgenden Jahren folgten Expeditionen der Ordensbrüder von Rebnitz und dem späteren Vizeadmiral der deutschen Marine von Schleinitz. Letzterer landete im Jahre 1874 auf den Kerguelen unter dem Vorwand, die klaren Sichtverhältnisse zu nutzen, um den Venusdurchgang[XXI] zu beobachten. Acht Jahre später, also 1882, begann Carl Schrader mit dem Aufbau einer Beobachtungsstation auf der Insel Südgeorgien. Auf der Suche nach einem Grund für seine Landung musste wieder einmal der Venusdurchgang herhalten.

In den Jahren 1892-94 näherten sich deutsch-norwegische Expeditionen, natürlich beauftragt von den *Deutschtemplern*, weiter dem antarktischen Kontinent bis hin zum Grahamland. Es folgten die Vorstöße von Karl Chun 1898-99 und Erich von Drygalski, die bis zum Enderby- bzw. Kaiser-Wilhelm-II.-Land reichten.

XXI Vorbeiziehen des Planeten Venus vor der Sonne.

Kurz vor dem 1. Weltkrieg entdeckte Wilhelm Filchner, ebenfalls Ordensmitglied, das Prinzregent-Luitpold-Land.

Die darauf folgenden Unternehmungen des Ordens dienten
zur genaueren Erfassung der ozeanographischen und geolo-
gischen Gegebenheiten. Diese Forschungsreisen erfolgten in
den Jahren 1925-27 durch Admiral Fritz Spieß und 1928-29
durch Ludwig Kohl-Larsen, der wichtige Erkenntnisse zur
Struktur von Gletschern und Schelfeis zurück nach Deutschland
brachte.

Schließlich folgte die Expedition der SCHWABENLAND 1938/39.
Es handelte sich um ein Flugzeugschiff der Deutschen Lufthansa
unter dem Kommando von Kapitän Alfred Ritscher. Das
Katapultschiff führte zwei Flugboote vom Typ Dornier Wal mit
sich, die für die Luftaufklärung bestimmt waren, da eine Landung
an der Schelfeisküste erhebliche Schwierigkeiten mit sich gebracht hätte.

Zielgebiet des Unternehmens war die antarktische Küste zwischen 20° Ost und 20° West. Die Forschungsfahrt wurde vom
Orden über Mittelsmänner angeregt und von Hermann Göring in
seiner Funktion als »Beauftragter des Vierjahresplans« befohlen.
Besonders interessiert waren die *Artur* an der Umgebung des alten alderaanischen Stützpunkts, der bei 11°40' Ost lag. Richard
H. Schirmacher, Führer des Flugbootes Boreas, entdeckte dort
eine eisfreie »Oase« mit zahlreichen Seen. Die von ihm gemachten Luftaufnahmen waren für die Planung der im darauf folgenden Jahr durchgeführten Inbesitznahme des Stützpunktes durch
den Orden von großem Wert.

Am 20. August 1936 war U-22 (Typ IIB) von der Germaniawerft
fertig gestellt worden. Ab dem 4. Oktober 1939 fungierte
Kapitänleutnant Karl-Heinrich Jenisch als Kommandant des
U-Bootes. Jenisch war maßgeblich an der technischen Realisierung
des Vril-Elektro-Motors und der Lufterneuerungsanlagen beteiligt gewesen. Auf Betreiben von Canaris löste er den bisherigen
Kommandanten, Kapitänleutnant Werner Winter, ab.

Am 15. November lief das Boot von Kiel mit dem Ziel
Narvik aus. Auf dem Weg versenkte es am 18. November den
britischen Dampfer PARKHILL, am 20. November traf es im

geheimen Stützpunkt der *Artur* bei Narvik ein. Dort wechselte man den Dieselmotor innerhalb eines Tages durch einen Vril-Generator und 6.000 PS starken Elektromotor aus. Diese Aktion konnte in nur einem Tag durchgeführt werden, indem man das Dieselaggregat mit Kraftstrahlschneidern (siehe GP-Vril-Prozess) zerlegte und in Bruchstücken aus dem Schiff schaffte. Der Einbau des wenig Platz beanspruchenden Generators und des Elektromotors waren vergleichsweise leicht zu bewerkstelligen. An dieser Stelle sei angemerkt, dass die *Artur* detaillierte Ablaufpläne für den Umbau von U-Booten festgelegt hatten, bei denen die unterschiedlichen Arbeitsvorgänge wie Zahnräder ineinander griffen. Diese minutiös geplanten Prozesse waren von großer Wichtigkeit, um die Umbaumaßnahmen, die im Folgenden an einer ganzen U-Boot-Flotte vorgenommen wurden, vor den Nationalsozialisten geheim zu halten. Im Laufe der kommenden vier Jahre wurden insgesamt 127 U-Boote mit Vril-Technologie ausgestattet und für den Pendelverkehr zwischen dem Reich und Neuschwabenland eingerichtet. Diese Boote gehörten zu jenen, die sich nach Kriegsende angeblich selbst versenkten oder vermisst werden.

Am 24. November kehrte U-22 zurück nach Kiel. Nachdem das Boot mehrere Feindfahrten unternommen hatte, wobei es acht weitere Schiffe versenkte, lief es am 20. März 1940 zum siebten und vorgeblich letzten Einsatz aus. Seine letzte offizielle Meldung ging am 23. März 1940 aus einem Minenwarngebiet im westlichen Skagerrak ein. Seitdem gilt U-22 als verschollen.

Tatsächlich erreichte es am 24. März den Geheimstützpunkt bei Narvik und ersetzte dort zwölf Besatzungsmitglieder durch Naturwissenschaftler der *Vril-Gesellschaft* aller für das Unternehmen relevanter Fachbereiche. Am 25. März brach es Richtung Neuschwabenland auf.

Es legte die rund 16.000 Kilometer dank der Lufterneuerungsanlagen getaucht bei einer durchschnittlichen Geschwindigkeit von rund 50 Knoten (~ 90 km/h) zurück und erreichte so am 4. April 1940 die Küste von Neuschwabenland bei 11°40' Ost.

Für eine Anlandung war das Boot nicht ausgerüstet, was auch keinen Sinn gemacht hätte, da davon auszugehen war, dass die Eingänge zum alderaanischen Stützpunkt in den letzten 5.500 Jahren unter dickem Eis und/oder Geröllschichten begraben worden waren. Man setzte auf eine andere Zugangsmöglichkeit: Eine laut Gral existierende unterseeische, von den *Alderaanern* als Fluchtweg angelegte Höhle, die direkt in den Stützpunkt führte.

U-22 tauchte unter dem Schelfeis hindurch und fand diesen Unterseetunnel auf Anhieb. Mit über hundert Metern Durchmesser war er für den Durchgang der größeren Transportschiffe der Haunebu III Reihe der *Alderaaner* (71 Meter Durchmesser) konzipiert worden. Das Schiff durchfuhr den knapp drei Kilometer langen, in den Fels getriebenen Tunnel, tauchte in einem unterirdischen See auf und legte an einem Kai des alderaanischen Stützpunktes an.

Als ein Vorauskommando das Deck des U-Bootes betrat, war es, wie erwartet, stockdunkel in der Höhle. Jenisch ließ einen starken Scheinwerfer installieren, der aber natürlich nicht ausreichte, die mehrere Kubikkilometer große Höhle auch nur annähernd auszuleuchten. Eine mit Restlichtverstärkern ausgerüstete zehnköpfige Gruppe begann mit der Erkundung.

Unmittelbar an die Hafenanlagen des unterirdischen Sees, der über besagten Tunnel die Höhle mit dem offenen Meer unterhalb des Schelfeises verband, waren mehrere Dutzend quaderförmige, zwei- bis zehnstöckige Bauten errichtet worden. Dort fand man unterschiedliche technische Einrichtungen, die die spätere Anpassung der Vril-Technologie auf niederenergetische Neutrinos bzw. Photonen erheblich beschleunigten. Zusätzlich stieß man auf Kälteschlafkammern, in denen 52 *Alderaaner* ruhten. Laut der Aufzeichnungen hatten sich einige hundert an mehreren Orten der Erde beim Angriff der *Dragonen* in den Kälteschlaf versetzt. Doch die Ankunft von U-22 war nicht unbemerkt geblieben. Als das Vorauskommando die Halle mit den Kälteschlafkammern betrat, erschienen vor, unter und hinter ihnen je zehn bedrohlich aussehende Kampfroboter. Sie hatten eine humanoide Form mit jeweils zwei zusätzlichen Waffenarmen, die sie auf die Eindringlinge richteten. Jenisch befahl geistesgegenwärtig, die Waffen auf den Boden zu legen. Zwischen den Robotern trat ein etwas mehr als zwei Meter großer *Alderaaner* hervor, der die Ankömmlinge zu deren Überraschung in akzentfreiem Deutsch begrüßte. Es folgte eine kurze Unterredung an Ort und Stelle, bei der Jenisch und seinen Kameraden klar wurde, dass die *Alderaaner* bereits eine ganze Menge über die *Vril-Gesellschaft* wussten und durchaus an einer Zusammenarbeit interessiert waren (schließlich sahen die *Alderaaner* nun endlich die Möglichkeit, bereits in wenigen Jahrzehnten zu einem bewohnbaren Planeten in der Nähe des Sonnensystems aufbrechen zu können). Später wurde das Bündnis zwischen *Alderaanern* und den *Artur* offiziell von Canaris und En-Lan, dem Obersten der auf der Erde verbliebenen *Alderaaner*, besiegelt.

Es folgte die Inbetriebnahme der technischen Einrichtungen, die den anhand der Gral-Dokumente geschulten Wissenschaftlern natürlich nicht fremd waren. Außerdem erhielten sie Hilfe von den aus dem Kälteschlaf erweckten *Alderaanern*.

An den Höhlendecken konnten Vril-Lampen wieder in Betrieb genommen werden. Diese heizten ein Gas auf 5.000 Grad Celsius auf, was ein mit der Sonne vergleichbares Lichtspektrum und gleichzeitig mit 20° Celsius am Boden der Höhle ein angenehmes Klima erzeugte.

Somit waren die Voraussetzungen dafür geschaffen, sowohl den Nationalsozialisten als auch den *Illuminaten* nach dem unausweichlichen Zusammenbruch Deutschlands den Zugriff auf die Vril-Technologie zu entziehen. U-22 funkte die Entdeckungen über Relaisschiffe zum Ordenszentrum nach Deutschland. Dort beschloss man die Verlagerung sämtlicher Produktionsstätten und des Großteils der Ordensmitglieder (knapp zwanzigtausend Familien) nach Neu-Berlin, wie der antarktische Stützpunkt fortan genannt wurde. Diese unter strengster Geheimhaltung vor den Nazis entsprechend langsam verlaufenden Evakuierungen wurden im Frühjahr 1945 abgeschlossen. Zusätzlich zu den 127 in Deutschland und sozusagen von der Kriegsmarine »entliehenen« U-Booten kamen ab 1944 zwei Einheiten der Poseidon-Klasse zum Einsatz. Es handelte sich um 212 m lange, in Neu-Berlin hergestellte Transport-U-Boote (Wasserverdrängung 39.768 t [getaucht], Reisegeschwindigkeit 50 kn [ca. 90 km/h]).

2.6 Das Wesen der »Vril-Kraft« in der einschlägigen Literatur

Zurück ins Reich der Legenden. Vor dem 21.12.2012 waren für mich Hinweise auf die Funktionsweise der Vril-Technologie erheblich interessanter, als der teils ins Lächerliche verzerrte Mythos um die *Vril-Gesellschaft*. In den zahlreichen Veröffentlichungen zum Thema fand ich jedoch nichts als pseudowissenschaftlichen Unfug voller »Teekannen«.

Naturwissenschaftlich ungebildete Autoren sponnen sich aus Begriffen, die sie irgendwo aufgeschnappt hatten, die abenteuerlichsten Konstrukte zurecht.

Zunächst war ich geradezu erzürnt über eine laienhaft dargestellte Pseudophysik und die geschilderten absurden Zusammenhänge. Doch später wurde mir klar, dass es sich nicht nur um Spinner und Bauernfänger, sondern auch um gezielte Verschleierungsversuche der *Vril-Gesellschaft* handelte. Sowohl die *Illuminaten* als auch die *Vril-Gesellschaft* hatten schließlich kein Interesse daran, dass die Wahrheit an die Öffentlichkeit drang. So sorgten die *Illuminaten* für die Verbreitung der Legende, die *Vril-Gesellschaft* sei eine Nazi-Organisation und die *Templer* taten ihr Bestes, die Vril-Technologie mit der Verbreitung sehr einfach als falsch zu entlarvender Konstrukte lächerlich zu machen und so zu tarnen. Welcher der einschlägigen Autoren, die zum Teil auch im Literaturverzeichnis angeführt sind, nun zu den Wichtigtuern oder zu den im Auftrag handelnden gehört, lässt sich nur schwer sagen.

Oberflächlich betrachtet diskreditiert man eine Sache am effektivsten, indem man sie mit leicht nachprüfbaren Unwahrheiten oder eben mit Analogien zur Teekanne spickt. Schaut man jedoch genauer hin, so erkennt man, dass es sich bei den Beschreibungen um Allegorien auf die tatsächlichen Ereignisse handelt. Dieser Sachverhalt erinnert an das Alte Testament (AT). Viele der dort geschilderten Begebenheiten werden religionswissenschaftlich als Allegorien verstanden. Zwischen dem Vril-Mythos und dem AT bestehen tatsächlich höchst interessante Zusammenhänge, wie wir noch in Folgebänden sehen werden.

Selbstverständlich lösen diese Allegorien sowohl beim AT als auch beim Vril-Mythos den Effekt aus, dass Menschen, die das Wesen der Naturwissenschaften nicht verstanden haben, abseits der »Schulwissenschaften« durch eine »ganzheitliche Sicht« oder auf Basis ähnlicher Schlagworte neue Formen der Energie erschließen wollen und somit jegliche pseudowissenschaftlichen Hirngespinste bereitwillig aufnehmen.

Da ist von »Freier Energie«, »Tachyonen-Konvertern«, »Raumkräften«, »Raum-Quanten-Motoren«, »Ätherstrahlung« und vielen weiteren »Konzepten« die Rede. Einen ausgezeichneten Überblick über den Vril-Mythos in all seinen Ausprägungen liefern Peter Bahn und Heiner Gehring in ihrem Buch »Der Vril-Mythos«[28]. Doch Vorsicht: Auch dort werden reichlich Teekannen als realistische Möglichkeiten verkauft.

Es ist nicht Ziel des vorliegenden Buches, sämtliche Mythen rund um die »Vril-Kraft« ausführlich zu behandeln – im Gegenteil: Ich werde die »Vril-Kraft« im vorliegenden Buch physikalisch exakt beschreiben, was für den kritischen Leser ein starkes Indiz für den Wahrheitsgehalt meiner Aussagen sein dürfte.

Ich möchte an dieser Stelle lediglich ein paar Beispiele anführen, um den Leser zu sensibilisieren, Konzepte zu erkennen, die entweder auf undefinierten Schlagworten beruhen oder auf den verschiedenen Versionen der Russel'schen Teekanne.

Meine nun folgende Bloßstellung der Verschleierungstaktik und die darauf basierenden Ergüsse von Trittbrettfahrern mögen dazu geeignet sein, den einen oder anderen Leser zu desillusionieren. Doch falls dies der Fall sein sollte, seien Sie beruhigt: die Wirklichkeit ist noch viel faszinierender als die unqualifizierten Phantastereien, von denen Sie vielleicht schon gehört haben. Hier ein paar Beispiele:

Die »Freie Energie« wird in Literatur und Internet als eine mysteriöse Energieform dargestellt, die überall und unbegrenzt zur Verfügung steht und keine Umweltschäden nach sich zieht. Es handelt sich also um so etwas wie die energetische Version des Steins der Weisen.

Deutlich wird hier wieder die quasi religiöse Wunschvorstellung »alles umsonst« haben zu können, nach der sich die Wirklichkeit gefälligst zu richten hat. Zusätzlich zum uns alle umsorgenden Gott, sehnen sich nicht wenige Zeitgenossen nach dem alimentierenden Staat; nun haben wir es auch noch mit der Version der uns beschenkenden Mutter Natur zu tun ...

Das Wort »Stubenfliege« bezeichnet ein kleines, wenige Millimeter großes Insekt. Wer also ernsthaft erklärt, er würde darin ein Schlafzimmer usw. einrichten, wird wohl in der Psychiatrie landen, weil die allgemeingültige Definition des Wortes »Stubenfliege« ein solches Handeln ausschließt. Dieser Jemand würde entrüstet entgegnen, eine Stubenfliege sei doch ein großes, aus Stein gemauertes Gebäude – er benutzt also einfach nur eine andere Definition des Wortes »Stubenfliege«. Wie wir sehen, ist es von elementarer Bedeutung, dass zwei Gesprächsparteien sich einig über die Definition von Worten sind, ansonsten ist eine vernünftige Kommunikation unmöglich …

Wenn man von »Freier Energie« spricht, so muss man sich bewusst machen, dass dieser Begriff eine mehr als hundert Jahre alte, exakt definierte Bedeutung hat.

Josiah Willard Gibbs, einer der bedeutendsten Physiker des 19. Jahrhunderts, formulierte die klassische Thermodynamik in den Jahren 1876 – 1878 in der universellen Sprache der Mathematik. Seine Arbeiten bilden die theoretische (im streng wissenschaftlichen Sinn!) Grundlage der physikalischen Chemie. Vor mehr als 130 Jahren wurden die Worte »Freie Energie« F bereits eindeutig definiert:

$$F := U - TS$$

Wobei U die Innere Energie, T die Temperatur und S die Entropie (Maß für die Unordnung) des Systems sind. Der Doppelpunkt in der Gleichung bedeutet, dass der rechte Teil neben dem Gleichheitszeichen den linken Teil definiert.

Anschaulich gesprochen ist die Freie Energie die Energiemenge, die aufgewendet werden muss, um ein System ins thermodynamische Gleichgewicht zu bringen. Mathematisch gewinnt man sie aus der Inneren Energie U durch Legendre-Transformation. Man erhält sogenannte thermodynamische Potentiale, die von intensiven Zustandsgrößen wie Temperatur, Druck und chemischem Potential abhängen. All dies kann Ihnen jeder Physik- oder Chemiestudent im 2. Semester bestätigen, sofern er in den Thermodynamik-Vorlesungen aufgepasst hat.

Fazit: »Freie Energie« hat eine klare, wohl definierte physikalische Bedeutung. Und die hat nichts mit einer mysteriösen unerschöpflichen Energiequelle zu tun. Eine »Freie-Energie-Maschine« ist überhaupt nichts Besonderes. Die meisten von uns haben eine in ihrer Garage stehen, in Gestalt eines Automobils.

Hier hat offensichtlich jemand einen »tollen« Begriff aufgeschnappt, zumal »Freie Energie« den Eindruck von »frei, für jedermann verfügbar« erweckt. Falls es eine solche universell verfügbare, unerschöpfliche Energiequelle gäbe, so sollte man dieser Form bitteschön einen noch nicht vergebenen Namen verleihen und klar sagen, worum es sich dabei handelt. Was man findet, ist jedoch nichts als schwammiges, unkonkretes Geschwätz, bezeichnet mit einem längst definierten Begriff, der nichts mit dem zu tun hat, was in den Ausführungen, sagen wir, »angedeutet« wird – oder anders gesagt: was sich die Autoren wünschen.

Die »Raumkräfte« des überführten Betrügers[29] Karl Schappeller[30] sind ein weiteres schönes Beispiel. Dazu muss ich anmerken, dass Schappeller laut meinen Unterlagen kein Betrüger war, sondern ein von der *Vril-Gesellschaft* engagierter Agent, der die Suche nach einer »Urkraft« oder besser: »Urenergie« als Scharlatanerie ins öffentliche Bewusstsein rücken sollte – was ihm auch weitgehend gelang.

Wir brauchen lediglich einen Blick auf die Grundlage zu werfen: das Wort »Raumkraft«. Sir Isaac Newton, der Begründer

der klassischen Mechanik, definierte das Wort »Kraft« als das, was wirkt, wenn eine Masse beschleunigt wird. Einfacher, in der Sprache der Mathematik ausgedrückt, lautet der obige Satz:

$$F := m \cdot a$$

Wobei F die durch die Gleichung definierte Kraft und m die Masse des Körpers ist, auf den die Kraft einwirkt, wobei sie die Beschleunigung a bewirkt. Dass man für die »Kraft« und die »Freie Energie« das gleiche Symbol »F« verwendet, soll Sie nicht verwirren. Es handelt sich um einen bloßen Zufall.

Die Beschleunigung a ist wiederum definiert als die zeitliche Ableitung der Geschwindigkeit, die wiederum die zeitliche Ableitung der Strecke ist. Beschleunigung ist also die zweite Ableitung der Strecke nach der Zeit. An dieser Stelle möchte ich Sie bitten, diese Erläuterungen einfach hinzunehmen, falls Ihnen die Differentialrechnung nicht geläufig sein sollte. Es geht mir hier nur darum, Ihnen verständlich zu machen, wie wichtig es ist, über klar definierte Begrifflichkeiten zu reden. Im Falle des Begriffes »Kraft« habe ich dies nun getan, um im Weiteren klarzustellen, wie sinn- und geistlos eine begriffliche Missgeburt wie »Raumkraft« ist.

Kraft ist definiert als Ursache für die Bewegung einer Masse. Ein Beispiel dafür ist die Kraft, die den berühmten Apfel auf Newtons Kopf fallen ließ: die Gravitationskraft. Er definierte sie exakt und formulierte die Gesetzmäßigkeit, nach der sich die Stärke der Gravitationskraft berechnen lässt (Newton'sches Gravitationsgesetz). Danach ist diese Kraft proportional zu den beiden einander anziehenden Massen (z.B. Apfel und Erde) und umgekehrt proportional zum Quadrat des Abstandes der beiden Massen. Und siehe da: dieses Gravitationsgesetz beschreibt perfekt die Planetenbahnen (nur beim Merkur muss eine kleine relativistische Korrektur eingefügt werden) und es diente für sämtliche Berechnungen der Raketenflugbahnen des Apollo-Projekts. Die Mondlandungen erfolgten also auf den fast vierhundert Jahre alten, von Newton formulierten physikalischen Gesetzen!

Zurück zur Raumkraft. Was soll das sein? Eine Kraft, die auf Körper ausgeübt wird und ihre Ursache im Raum hat? Einstein konnte zeigen, dass die Gravitation nichts anderes als eine Verzerrung der Raumzeit ist. Danach bewegen sich Planeten auf Kreisbahnen, weil sie sich nicht auf einer ebenen, flachen Raumzeit bewegen, sondern in einem gekrümmten Raum. Sollte das mit »Raumkraft« gemeint sein? Eher nicht, denn die Allgemeine Relativitätstheorie beschreibt lediglich die Gravitationskraft durch die oben erwähnte Verzerrung der Raumzeit. Was also soll sonst mit »Raumkraft« gemeint sein? Darüber gibt es nirgendwo eine klare Aussage, genau genommen nicht einmal einen Hinweis. Da diese Definition bei Schappeller fehlt, sieht man sofort, dass es sich um nichts weiter als eine Worthülse handelt, bestenfalls geeignet, den Laien zu verwirren. Wenn die grundlegenden Definitionen fehlen, braucht man nicht mehr weiter zu lesen, da alles Weitere auf nichts als heißer Luft basiert.

Als letztes Beispiel möchte ich ein paar Worte zur häufig im Zusammenhang mit der »Vril-Energie« zitierten »Ätherstrahlung« oder »Ätherenergie« verlieren. Ohne mich in Details, wie »mitgeführtem Äther« (welcher der Aberration des Lichts[31] widerspricht) und dem »ruhenden Äther« (welcher durch das Michelson-Morley-Experiment[32,33] widerlegt wurde) zu verlieren, kann zweifelsfrei festgestellt werden, dass es keinerlei experimentellen Beleg für die Existenz eines Äthers gibt. Das Konzept ist somit logisch äquivalent zu Russels Teekanne. Es mag einen Äther geben, doch niemand kann eine exakte Definition geben, was darunter zu verstehen ist, geschweige denn ein reproduzierbares Experiment nennen, das seine Existenz nachweisen kann. Folglich fehlt jeder vernünftige Grund, diese Existenz zu postulieren. Statt »Ätherenergie« könnte man also ebenso gut von »Teekannenenenergie« sprechen. Ich halte mich hier ein wenig mit diesen Dingen auf, um Sie, lieber Leser, ein wenig dafür zu sensibilisieren, Worthülsen von Wissenschaft zu unterscheiden.

Fazit: Es existiert in der Literatur zum Thema »Vril« kein einziger brauchbarer Hinweis darauf, wie diese »Urkraft« beschaffen sein könnte, beziehungsweise welche physikalischen Gesetzmäßigkeiten ihr zugrunde liegen.

2.7 Die physikalische Natur Vrils

Nach meinem Empfinden ist das Verstehen der Gesetze der Natur das größte Abenteuer. Abgesehen von dem Staunen vor der Schönheit und Erhabenheit der Natur schult die Beschäftigung mit den Naturwissenschaften den Verstand und hilft somit auch im beruflichen und privaten Alltag, mit höherer Wahrscheinlichkeit die richtigen Entscheidungen zu treffen.

Ich bin sogar der Meinung, das Vermögen des Menschen, die Welt um ihn herum zu verstehen, sowie sein kulturschöpferisches Potential, stellen den wesentlichen Unterschied zwischen Mensch und Tier dar – und nicht nur das bloße Vorhandensein von »Bewusstsein«. Wenn wir uns also als Spezies auf irgendwas etwas einbilden können, so ist es das.

Leider empfinden viele Menschen die Naturwissenschaft als eine »Entzauberung« der Mysterien der Natur. Ein schönes Beispiel ist der Regenbogen, der durch Newtons Optik, speziell das Prisma, »entzaubert« wurde. Wir wissen heute ziemlich genau, wie der Regenbogen durch Lichtbrechung an Regentröpfchen entsteht und haben dafür die schöne Vorstellung verloren, er würde in einem vergrabenen Topf voll Gold enden. Ist das nicht ein Verlust?

Nein. Richard Dawkins widmete dem Thema ein ganzes Buch[34], das ich wärmstens empfehlen kann. Für den Verlust der Poesie des Regenbogens, der in dem Goldtopf endet, wurden wir durch den Griff nach den Sternen wahrlich fürstlich entschädigt.

Noch im Jahre 1835 schrieb der französische Philosoph Auguste Comte über die Sterne:

Wir werden nie in der Lage sein, mit irgendeiner Methode ihre chemische Zusammensetzung oder mineralogische Struktur zu studieren. Unsere positiven Erkenntnisse über die Sterne sind notwendiger Weise auf ihre geometrischen und mechanischen Erscheinungen beschränkt.

Dieser Gedanke Comtes ist auf den ersten Blick naheliegend. Selbst heute ist es noch undenkbar, zu einem Stern wie der Sonne zu fliegen, in ihn einzudringen, eine Probe zu entnehmen und diese dann zu untersuchen. Doch das einst Undenkbare ist doch Wirklichkeit geworden. Wir kennen heute die chemische Zusammensetzung der Sterne sehr genau – und zwar, weil wir den Regenbogen entzaubert haben.

Durch die Experimente Newtons haben wir gelernt, das Licht in seine Spektralfarben (Wellenlängen) zu zerlegen. Und chemische Elemente haben die Eigenschaft, Licht ganz bestimmter Wellenlängen zu absorbieren. Wenn wir also Licht zerlegen, das eine bestimmte uns bekannte chemische Substanz durchquert hat, so sehen wir für das jeweilige chemische Element charakteristische dunkle Linien, weil das Element das Licht genau dieser bestimmten Wellenlänge »verschluckt« hat. Diese Linien nennt man nach ihrem Entdecker »Fraunhoferlinien«.

Wenn wir also zunächst Referenzmessungen an den chemischen Elementen, beginnend mit Wasserstoff, Helium und so weiter anstellen und die genaue Wellenlänge für die Fraunhoferlinie[XXII] des jeweiligen Elements bestimmen, so können wir die chemische Zusammensetzung einer unbekannten Substanz bestimmen, indem wir die Fraunhoferlinien dieser Substanz mit unseren Referenzmessungen vergleichen. Wenn wir nun das Licht eines Sterns analysieren, so verraten uns die Fraunhoferlinien exakt, aus welchen chemischen Elementen der Stern besteht.

Newtons Frevel, ein Stück kindlicher Poesie zerstört zu haben, brachte uns letztlich das für unmöglich gehaltene Wissen über die Zusammensetzung der Sterne – ein mehr als fairer Tausch.

[XXII] Genau genommen gibt es für jedes Element mehrere solcher Linien, weil es mehrere angeregte Zustände gibt, aber das soll uns hier nicht weiter kümmern.

Ich bin der festen Überzeugung, dass man den überwältigenden Teil der Menschheit für die Naturwissenschaften begeistern könnte – wären da nicht schlechte Mathematik- und Physiklehrer, die Naturwissenschaft und Logik als »trockenen« Stoff ohne Emotionen verkaufen. Wer schon einmal die überwältigende Euphorie gespürt hat, die vom plötzlichen Verstehen eines tiefgründigen Zusammenhangs hervorgerufen wird, erkennt, wie absurd die Vorstellung von den »trockenen« Wissenschaften ist. Diese subjektive »Erleuchtung«, die man durch Einblicke in naturwissenschaftliche Erkenntnisse erfährt, ist mit dem tiefgehenden inneren Erleben bei großartiger Musik oder erhabener Literatur zumindest vergleichbar.

Aber trotz all meiner Begeisterung für die Naturwissenschaften, die ich mit geradezu missionarischem Eifer in die Welt hinaustrage: Ich fürchte – ja, ich muss davon ausgehen, dass ein Teil meiner Leserschaft Opfer schlechter Lehrer geworden ist und daher wenig Begeisterung für das Thema aufbringen kann. Diese Tatsache stellt mich vor ein Dilemma. Einerseits darf ich jenen Teil meiner Leser nicht mit seitenlangen Herleitungen von Zusammenhängen abschrecken, andererseits ist das Verständnis der physikalischen Grundlagen des Vril-Prozesses unabdingbar für das Verständnis der gesellschaftlichen und politischen Zusammenhänge. Ebenso wenig wie man einem Menschen des Mittelalters unsere heutige westliche Gesellschaft erklären könnte, ohne dass er wüsste, was ein Auto oder ein Flugzeug leisten kann oder wie ein Computer, ein Mobiltelefon und das Internet funktionieren, kann man die Ultramächte nicht verstehen, ohne eine Vorstellung von der Vril-Technologie zu haben. Hinzu kommt, dass ich eben *nicht* eines der üblichen Bücher voller unbewiesener Behauptungen, angefüllt mit Russels Teekannen, schreiben möchte.

Vor diesem Hintergrund habe ich mich zu einem Kompromiss entschlossen. Ich schildere hier nur die groben Fakten und verbanne die Herleitungen und physikalischen Hintergründe in den naturwissenschaftlichen Anhang. Dort bemühe ich mich, auch dem Nicht-Physiker – aber doch naturwissenschaftlich Interessierten –, die Zusammenhänge zu erläutern. Ich denke, dass diejenigen, die dieses Buch lesen, Wahrheitssuchende sind. Da Naturwissenschaft nichts anderes als die Suche nach der Wahrheit ist, dürfte der überwiegende Teil meiner Leser seine Freude an den naturwissenschaftlichen Anhängen haben.

Doch nun zur »Entzauberung« des Vril-Mythos:

»Vril« ist eine Abkürzung in alderaanischer Sprache und bedeutet so viel wie »Sphaleron Baryonenvernichtung durch elektroschwachen Tunneleffekt«. Was das ist, erfahren Sie, wenn Sie wollen, in Anhang 1.

Wesentlich ist dabei, dass es sich um eine der beiden bekannten Methoden handelt, Materie vollständig in Energie umzuwandeln. Die Menge an Energie, die dabei entsteht, ist durch Einsteins berühmte Formel $E = m \cdot c^2$ gegeben, wobei E die freigesetzte Energie, m die ursprüngliche Masse und c die Lichtgeschwindigkeit ist.

Wenn wir Energie »erzeugen«, wird *immer* ein wenig Masse in Energie umgewandelt. Verbrennen wir ein Stück Holz, so sind die Verbrennungsprodukte ein ganz, ganz, ganz klein wenig leichter als das Ausgangsmaterial. Der Unterschied ist bei chemischen Reaktionen wie dem Verbrennen so gering, dass er praktisch nicht messbar ist.

Deutlich mehr Masse als bei chemischen Reaktionen wird bei der Kernspaltung von Uran in Energie umgewandelt – immerhin fast ein Zehntel Prozent der Ausgangsmasse. Noch mehr Masse wird bei der Fusion des Wasserstoffs zu Energie: fast ein ganzes Prozent.

Der »ultimative« Prozess der Energieerzeugung würde 100% der Masse in Energie umwandeln. Zwei Methoden, wie man das erreichen kann, sind bekannt.

1. Wenn Materie und Antimaterie aufeinandertreffen, vernichten sie sich gegenseitig zu purer Energie. Dieser Prozess eignet sich aber nicht zur Energieerzeugung, weil man die gleiche Menge an Energie zur Erzeugung der Antimaterie aufbringen muss, wie später bei der Vernichtungsreaktion mit Materie freigesetzt wird. Eine auf diesem Prozess basierende Technologie wäre eher für die Herstellung von Energiespeichern wie z. B. Batterien geeignet.

2. Wenn man Elementarteilchen wie Neutronen und Protonen, also die Bestandteile von Atomkernen, über ein bestimmtes energetisches Niveau hinaus anregt, so zerfallen sie zu reiner Energie. Diese Anregung erfolgt beim Vril-Prozess durch ein paar quantenmechanische Tricks. Dabei zerfallen die Protonen, Neutronen und Elektronen entweder zu Lichtteilchen (Photonen) oder zu Neutrinos (quasi masselose Teilchen, die man nicht mit Neutronen verwechseln sollte). Wie das im Einzelnen geschieht, beschreibe ich im Anhang 1.

Es gibt vier Möglichkeiten, wie man mittels des Vril-Prozesses die Materie in Energie umwandeln kann:

1. N-Vril-Prozess: Man erzeugt Neutrinos, die nach allen Seiten davonfliegen. Diese Variante hat kaum technische Bedeutung.
2. GN-Vril-Prozess: Es wird ein gerichteter Strahl von Neutrinos erzeugt. Die Teilchen fliegen also alle in die gleiche Richtung. Dabei wird ein Impuls erzeugt, der eine Rakete (bzw. Flugscheibe) antreibt. Zur Berechnung dieses Impulses siehe Anhang 2.
3. P-Vril-Prozess: Es werden Photonen erzeugt, die nach allen Seiten davonfliegen. Diese Lichtteilchen werden von der umgebenden Materie absorbiert, wodurch diese erhitzt wird. Damit haben wir die Grundlagen für die Herstellung eines Vril-Reaktors, der, an einen Generator angeschlossen, Strom erzeugt; und zwar mit der tausendfachen Effizienz eines Kernreaktors und auf Basis von praktisch unbegrenzt verfügbaren Rohstoffen. Lässt man die Vril-Reaktion nicht langsam, wie im Reaktor, ablaufen, sondern spontan (sämtliche Materie wird zur gleichen Zeit in Energie umgewandelt), so erzeugt man eine gewaltige Explosion, die mehr als hundertmal stärker ist als eine Wasserstoffbombe – bei gleicher Ausgangsmasse an »Sprengstoff«.
4. GP-Vril-Prozess: Die freigesetzten Photonen fliegen alle in eine Richtung. Dies ist die Basis für die ultimative

Strahlenwaffe. Auf diese Weise kann man Lichtstrahlen erzeugen, die milliardenmal intensiver als unsere stärksten Laser sind.

Speziell beim GN-Vril-Prozess ist anzumerken, dass die Menge N der Neutrinos, auf die die freigesetzte Energie verteilt wird, reguliert werden kann. Ist N gering, so ist die Energie der Neutrinos groß und umgekehrt. Neutrinos wechselwirken kaum mit Materie. Sie fliegen einfach durch Festkörper hindurch, als seien diese nicht vorhanden. Je höher die Energie eines Neutrinos, umso größer wird jedoch seine Neigung, mit einem Atom zu kollidieren und dort Schaden anzurichten. Dabei entsteht Radioaktivität, die sowohl die Besatzung einer Flugscheibe als auch die Lebewesen am Boden töten kann. Aus diesem Grunde ist es besonders wichtig, beim GN-Vril-Prozess sehr viele und damit niederenergetische Neutrinos entstehen zu lassen. Dies technisch zu realisieren, ist eine Kunst für sich. Daran hat die Vril-Gesellschaft Jahrzehnte gearbeitet. Dieses Problem wurde bis heute nicht von der Gegenseite, den Wissenschaftlern der *Illuminaten*, gelöst – schließlich verfügen diese nicht über die Gralsaufzeichnungen. Eine Abschätzung der beim GN-Vril-Prozess erzeugten Radioaktivität in Abhängigkeit von der Zahl N – und damit Energie – der erzeugten Neutrinos leite ich in Anhang 3 her.

Da die erzeugten niederenergetischen Neutrinos praktisch überhaupt nicht mit Materie wechselwirken, braucht man keine Austrittsöffnungen der Triebwerke. Letztere können also durchaus vollständig verkleidet sein, ohne dem Vortrieb den geringsten Abbruch zu tun. Dies ist der Grund, warum die Triebwerke von »UFOs« von außen nicht sichtbar sind.

Was man mit dem Vril-Prozess nicht erreichen kann – zumindest nicht direkt –, ist die Heilung von Krankheiten, die Veränderung von Bewusstseinszuständen oder die Manipulation des Wetters. Letzteres erwähne ich nur, weil derartige »Wunderdinge« gelegentlich in der Literatur Erwähnung finden. Das Verständnis des Vril-Prozesses ermöglicht es also dem Leser, sich selbst die Fragen zu beantworten, was möglich ist – und was eben nicht …

Man stelle sich einfach einmal vor, islamistische Fundamentalisten – oder ähnliche Fanatiker anderer religiösen Richtungen – wären in der Lage, Vril-Bomben herzustellen. Sicher würden sie nicht zögern, Andersgläubige, also »Ungläubige«, mit diesem »himmlischen Feuer« zu verbrennen. Oder denken wir darüber nach, die Fanatiker der »anderen Seite«, also die von den *Illuminaten* gesteuerten Amerikaner, wären im Besitz von Vril-Bomben. Letztere haben schließlich bewiesen, dass Sie Kernwaffen gegen Frauen und Kinder einsetzen und Kriege unter fadenscheinigen Vorwänden vom Zaun brechen, nur um die Interessen ihrer zuvor genannten Herren durchzusetzen.

Jetzt dürfte auch dem letzten Zweifler klar werden, warum die *Vril-Gesellschaft* diese Technologie keinesfalls in die Hände derartiger Exemplare unserer Spezies fallen lassen will. Die Beherrschung der Vril-Technologie durch die Amerikaner (die Islamisten werden dazu aufgrund gewisser religiös/kulturell bedingter Defizite wohl niemals in der Lage sein), was früher oder später der Fall sein wird, wäre daher für die *Vril-Gesellschaft* der ultimative Kriegsgrund. Mit anderen Worten: Sobald die Agenten der Gesellschaft vermelden, dass die Amerikaner und damit die *Illuminaten* kurz vor der technischen Anwendung des Vril-Prozesses stehen, werden die *Artur* ihre Neutralität aufgeben und Krieg gegen Amerika führen. Ob es dann bei der Ausschaltung der Forschungs- und Produktionsstätten für die Herstellung von Vril-Waffen und -Antrieben bleibt oder ob das Kriegsziel die Auslöschung der *Illuminaten* und damit die totale Neuordnung der westlichen Gesellschaft sein wird, bleibt dahingestellt. Natürlich wissen die *Illuminaten*, dass sie sich auf dünnem Eis bewegen – doch sie haben noch eine Trumpfkarte. Dazu in einem späteren Band mehr ...

Neben dem allgemeinen P-Vril-Prozess gibt es auch die Möglichkeit, gerichtete Photonen zu erzeugen. Dies ist die technisch kniffligste Variante. Dabei wird Materie in Photonen des sichtbaren Spektrums umgewandelt, die im Gegensatz zur Anwendung »Kraftwerk« oder »Bombe« alle in die gleiche Richtung fliegen. Dies ist die »Mutter aller Strahlenwaffen«.

Während bei einer Bombe die Energie in alle Raumrichtungen gleichmäßig verteilt wird, kann beim GP-Vril-Prozess die gesamte Energie auf einen kleinen Fokus konzentriert werden. Die dabei auftretende Leistungsdichte ist um viele Größenordnungen höher, als beim stärksten Laser. Im Zielgebiet können auf diese Weise problemlos Temperaturen wie im Innern der Sonne erzeugt werden. Die Materie, auf die der GP-Vril-Strahl trifft, wird augenblicklich in den vierten Aggregatzustand (heißes Plasma) überführt. Die Atomkerne des Ziels fusionieren. Es folgt eine Explosion mit der Energie des GP-Strahls plus der durch Fusionen freigesetzten Energie.

Je nach der Menge der bei der Erzeugung des Strahls umgewandelten Masse kann die Energie des GP-Strahls ausreichen, um einen Menschen zu töten, einen Panzer in seine atomaren Bestandteile zu zerlegen oder eine ganze Region in flüssiges Gestein zu verwandeln. Die ersten Varianten des GP-Strahls sind in Literatur und Internet unter dem Namen »Kraftstrahl« bekannt. Diese unspezifische und auch unwissenschaftliche Bezeichnung ist wahrscheinlich eine Folge des Verschleierungsbestrebens der *Vril-Gesellschaft* und/oder des Unverständnisses der tatsächlichen Technologie durch diejenigen Autoren, die den Ausdruck in Umlauf gebracht haben. Ich tippe auf Ersteres.

2.8 Alliierte Aktivitäten in den ersten Nachkriegsjahren

2.8.1 Die Operationen »Highjump«, »Windmill« und »Deepfreeze«

In den Jahren 1946/47, 47/48 und ab 1954 führten die Amerikaner auf Befehl der *Illuminaten* die militärischen Unternehmen »Highjump«, »Windmill« und »Deepfreeze« zur Eroberung Neu-Berlins durch. Diese Unternehmen wurden offiziell als Expeditionen zur Erforschung der Antarktis und zur Erprobung von Material unter arktischen Bedingungen dargestellt. Doch alleine an der Operation »Highjump« nahmen, neben dem Flugzeugträger USS Philippine Sea, 2 Zerstörer,

2 Wasserflugzeugträger, 1 Hubschrauberträger, 1 U-Boot und fünf Unterstützungsschiffe teil. An diesem Unternehmen waren 4.700 Mann beteiligt – vielleicht doch ein bisschen viel für eine Forschungsmission?

Es existiert eine Menge Material zu diesen drei amerikanischen Invasionsversuchen in der Literatur und im Internet. Eine sehr gut recherchierte Zusammenfassung findet der interessierte Leser bei Gehring und Zunneck[35].

Ich möchte Ihnen die Ereignisse an dieser Stelle aus einem völlig neuen Blickwinkel schildern. Mir liegen die Tagebuchaufzeichnungen aus jener Zeit von Großmeister Wilhelm Franz Canaris vor, da sie in den 70er Jahren im *Templerreich* veröffentlicht wurden, weshalb mein Großvater freien Zugang dazu hatte. Ich werde die Aufzeichnungen von Canaris nachfolgend in *kursiver Schrift* wiedergeben. Meine Anmerkungen füge ich als Fußnoten am jeweiligen Seitenende hinzu. Doch zuvor möchte ich die Frage klären, woher die *Illuminaten* wussten, wohin sich die *Artur* zurückgezogen hatten und ob sie die genaue Position Neu-Berlins kannten. Um dies zu beantworten muss ich ein wenig ausholen ...

Wie bereits ausführlich diskutiert, glaubten die Nationalsozialisten bis ins Jahr 1944 noch fest daran, dass die *Vril-Gesellschaft* ihnen die ersehnten »Wunderwaffen« liefern würde. Regelmäßig ließen sie den Fortschritt der Vril-Wissenschaftler durch die SS kontrollieren und dokumentieren. Heinrich Himmler persönlich hatte den General der Waffen-SS, Hans Kammler, mit dieser Aufgabe betraut. Kammler war außerdem verantwortlich für die unterirdischen Produktionsstätten der V2 und der erfolgversprechenden Düsentriebwerke. Der General war es auch, der die Herstellung von Flugscheiben mit konventionellem Antrieb (Schriever-Flugkreisel) vorantrieb, nachdem ihm klar geworden war, dass die Vril-Flugscheiben wohl nicht mehr vor Kriegsende einsatzbereit sein würden. Auch wenn das konventionelle Flugscheiben-Projekt im Nachhinein geradezu lächerlich wirken mag, so ist es doch mit der Verzweiflung zu erklären, die den General vor dem Hintergrund der an allen Fronten zurückweichenden Wehrmacht befallen haben mag.

Außerdem scheint Kammler bis zum Kriegsende die Hoffnung gehegt zu haben, dass seinen Leuten mit konventioneller Technik gelänge, was die *Vril-Gesellschaft* bis dahin nicht zuwege gebracht hatte (bzw. was die *Artur* vor den Nazis geheim gehalten hatten). Diese Hoffnung ist nur durch eine Fehleinschätzung der konventionellen technologischen Möglichkeiten zu erklären, die ihren psychologischen Ursprung im bereits diskutierten Wunschdenken hat – einer offenbar weit verbreiteten menschlichen Eigenschaft. Möglicherweise wurde diese Fehleinschätzung zusätzlich durch die erst kürzlich zur Produktionsreife gebrachten Düsentriebwerke gefördert.

Noch am 3. April 1945 suchte Kammler Adolf Hitler in der Berliner Reichskanzlei auf. Er machte seinem obersten Vorgesetzten Hoffnung, die angekündigten »Wunderwaffen« stünden kurz vor der Fertigstellung. Es liegen mir allerdings keinerlei Informationen darüber vor, ob Kammler damit Produkte der *Vril-Gesellschaft* meinte, oder ob er die völlig abwegige Möglichkeit zur Realität erklärte, die Schriever-Flugkreisel würden in den nächsten Tagen in großer Stückzahl zur Verfügung stehen. Möglicherweise erzählte er Hitler, er habe noch eine Einigung mit den *Artur* nach dem Zerwürfnis im vergangenen Jahr herbeigeführt. Da bei diesem Treffen zwischen Kammler und Hitler kein Agent der *Vril-Gesellschaft* anwesend war, muss der tatsächliche Inhalt des Gesprächs wohl für immer im Dunkel der Geschichte verborgen bleiben. Schließlich bestand zu jener Zeit auf Seiten der *Vril-Gesellschaft* keinerlei weiteres Interesse an einer Kommunikation mit dem zum Untergang geweihten Nazi-Regime.

Nach dem Gespräch mit seinem »Führer« nahm Kammler über Mittelsmänner Kontakt zu alliierten Agenten auf. Diese waren bereits massenhaft in die noch von Deutschland kontrollierten Gebiete eingeschleust worden, um den größten Patentraub der Geschichte vorzubereiten: der Operation »Paperclip«[36]. Ziel dieses Unternehmens war nicht nur der Diebstahl konventioneller ziviler und militärischer Technologien. Den *Illuminaten* war nicht verborgen geblieben, dass die *Artur* nun endlich, nach Jahrtausenden, in der Lage waren, die Geheimnisse des

Grals zu entschlüsseln. Folglich war die Hauptmotivation der Operation Paperclip, dieses Wissen des alten Gegenspielers sicherzustellen.

Kammler zögerte jedoch, seine Kenntnisse über die Entwicklungen der *Vril-Gesellschaft* oder seine wenig bedeutsamen Kenntnisse über die Schriever-Flugscheiben an die US-Amerikaner weiterzugeben. Einer seiner Kontaktmänner zu den alliierten Agenten, Wilfrid Bender, erhielt mehr oder weniger zufällig Verbindung zu dem deutschstämmigen kanadischen Agenten Walter Goldmann. Am 3. Mai 1945 traf sich Kammler persönlich mit Goldmann in Ebensee in Österreich, wo er zuvor an einem Treffen ranghoher SS-Führer teilgenommen hatte. Dem SS-General war die Option, seine Geheimnisse an die Kanadier weiterzugeben, erheblich sympathischer, als die USA mit seinem Wissen zu beglücken. Offenbar hegte er die Vorstellung, die Kanadier und die US-Amerikaner stünden in einer Art Konkurrenzkampf bei der »Sicherstellung« deutscher technologischer Entwicklungen. Dem General war höchstwahrscheinlich immer noch nicht klar, dass die westliche Welt von den *Illuminaten* beherrscht wurde (und wird), es also sohin keine Rolle spielte, wem er seine Kenntnisse zukommen ließ. Allerdings muss man die Situation bedenken, in der sich der General befand: Alles, woran er glaubte, brach in einem geradezu apokalyptischen Szenario zusammen. Vor einem solchen Hintergrund neigen die meisten Menschen dazu, die Verbindung zur Realität zu verlieren und letztere durch das bereits mehrfach erwähnte Wunschdenken zu ersetzen. Dokumentiert ist seine Äußerung gegenüber Bender: »Es würde mich reizen, den USA einen ebenbürtigen Gegner auf dem nordamerikanischen Kontinent entgegenzustellen.«

Am Morgen des 4. Mai 1945 soll Kammler angeblich Richtung Prag aufgebrochen sein, danach verliert sich seine Spur in den offiziellen Geschichtsbüchern. (Er wurde zwar 1948 vom Amtsgericht Berlin-Charlottenburg für tot erklärt, allerdings lagen für diese Annahme keine stichhaltigen Beweise vor.) Er führte sämtliche Unterlagen mit, die für ihn zu jenem Zeitpunkt noch zugänglich waren und die er für relevant hielt. In einem

Waldstück bei Pilsen ließ er anhalten, instruierte seine Begleiter, sie sollten später aussagen, er habe Selbstmord begangen und begab sich in den Wald auf eine Lichtung, auf der er Goldmann in Begleitung von zwei weiteren kanadischen Agenten traf und sich abführen ließ.

So geriet Kammler in kanadische Gefangenschaft. Im Gegenzug zu dem Versprechen, er könne unter einer neuen Identität, großzügig vom Staat versorgt, in der Nähe von Montreal leben, gab er sein Wissen dem kanadischen Geheimdienst preis. Überflüssig zu erwähnen, dass die US-Amerikaner die entsprechenden Verhörprotokolle umgehend erhielten.

Die eine, unbedeutende Konsequenz aus diesen Verhören war der Versuch, die Schriever-Flugkreisel nachzubauen. Die andere, bedeutende Konsequenz resultierte aus dem Wissen Kammlers um die *Vril-Gesellschaft*. Er kannte die Position des alderaanischen Stützpunktes nicht genau, er wusste lediglich, dass er irgendwo an der Küste Neuschwabenlands in der Antarktis lag.

Diese Information führte schließlich dazu, dass die Operation »Highjump« geplant wurde. Als Kommandeur bestimmte man Admiral Byrd, der bereits 1939 mit der deutschen Gesellschaft für Polarforschung zusammengearbeitet und bereits drei Antarktisexpeditionen in den Jahren 1928-30, 33-35 und 39-41 geleitet hatte. Nach den Aussagen Kammlers über die *Vril-Gesellschaft* konnten die Amerikaner natürlich eins und eins zusammenzählen und kamen zu dem Schluss, dass die Gesellschaft für Polarforschung entweder eine Organisation der *Artur* gewesen oder zumindest durch diese kontrolliert worden war.

Doch nun zu den im *Templerreich* öffentlichen Tagebuchaufzeichnungen des Großmeisters zum Verlauf der Operation Highjump.

24. Dezember 1946
Heute Morgen wurde ich um 5:30 Uhr von Leutnant von Borken geweckt. Es finde eine Dringlichkeitssitzung des Militärrats statt. Da mit der Einberufung derartiger Sitzungen nicht leichtfertig umgegangen wurde, erst Recht nicht

Heiligabend, war mir natürlich klar, dass etwas von großer Tragweite geschehen sein musste. Die Kameraden des Militärrats waren bereits anwesend, als ich im Konferenzraum des Kriegsministeriums eintraf. Nach einer kurzen Begrüßung kam Admiral Prien^{XXIII} gleich zur Sache. Er berichtete, dass U77^{XXIV} um 04:17 Uhr einen Funkspruch abgesetzt hatte. Ein weiterer war um 04:58 Uhr gefolgt. Dann las er den Wortlaut des ersten Funkspruches vor:

»Flottenverband geortet südöstlich von Süd-Georgien bei 55°20' S, 35°38'W. Acht Einheiten. Nehmen Verfolgung auf.«

Im zweiten Funkspruch hatte U-77 gemeldet: »Verband in der optischen Ortung. Es handelt sich um den amerikanischen Flugzeugträger PHILIPPINE SEA, einen Hubschraubträger, 2 Mutterschiffe für Wasserflugzeuge, 2 Zerstörer und fünf Begleitschiffe. Unter Beibehaltung des bisherigen Kurses und der Geschwindigkeit von 10 Knoten erreicht die Flotte die Küste Neuschwabenlands bei 74°12'S, 21°20'W am 29. Dezember. Erbitte Feuerfreigabe.«

»Es scheint so, als sei der Fall ›Pinguin‹^{XXV} eingetreten. Rufen Sie ihn aus, Großmeister?«, sagte Prien.

Ich gab zu bedenken, dass der Kurs der feindlichen Flotte darauf schließen ließ, dass der Gegner nur ungefähr wusste, wo wir zu finden waren, aber eben nicht genau. Deshalb befahl ich: »Beobachterposition einnehmen und weitere Befehle abwarten!« *Anschließend befragte ich Prien nach den Positionen unserer im Einsatz befindlichen U-Boote und nach denjenigen, die im Hafen Neu-Berlins lagen. Seine Antwort war be-*

---

^{XXIII} Kapitänleutnant Prien war nach dem fingierten Verlust seines U-Boots im März 1941 im Nordatlantik südlich von Island mit seiner Besatzung von einem Vril-U-Boot der Artur aufgenommen worden. Seitdem hatte er als militärischer Berater bei der Weiterentwicklung der U-Boot-Flotte der *Artur* mitgewirkt. Nach mehreren Einsätzen und einer Reihe versenkter alliierter Kriegsschiffe war er im Jahre 1946 zum Admiral befördert worden.

^{XXIV} Unabhängig von der ursprünglichen Nummerierung der deutschen Kriegsmarine haben die *Artur* die erbeuteten oder in Eigenproduktion hergestellten U-Boote neu durchnummeriert. U-77 ist also nicht identisch mit dem Boot U-77 der Kriegsmarine.

^{XXV} Unter dieser Bezeichnung waren die Maßnahmen zusammengefasst worden, die bei einer Entdeckung Neu-Berlins durch die Alliierten anlaufen sollten.

ruhigend: insgesamt konnten fünf U-Boote den Gegner vor Erreichen Neuschwabenlands unter Feuer nehmen. Drei weitere befanden sich einsatzbereit im Hafen. Das war mehr als genug, um die gegnerische Flotte innerhalb weniger Minuten zu versenken.

»Es handelt sich bestimmt um die Operation ›Highjump‹, die von unseren Agenten angekündigt wurde«, sagte ich.

»Entweder unterschätzen uns die Schlangenbrüder gewaltig oder sie wollen, dass wir ihre Flotte vernichten. Ich bin davon überzeugt, Letzteres ist der Fall«, meinte Prien.

»Warum sollten die Illuminaten ein Dutzend Schiffe opfern?«, fragte Konteradmiral Heinrich Rohardt.

»Die übliche Vorgehensweise unserer ›Freunde‹. Sie stellen die Expedition als Forschungsreise hin, wir sollen die Rolle der bösen Angreifer einnehmen, was ihnen vor der Weltöffentlichkeit den Grund gibt, den sie brauchen, um mit der ganzen Kraft der alliierten und sowjetischen Kriegsmaschinerien zuschlagen zu können.«

»In der Tat ist das ihre übliche Vorgehensweise. Die Japaner sind genau darauf hereingefallen und haben sich in die Rolle des Angreifers drängen lassen. Dabei stand ihnen in Wirklichkeit durch das amerikanische Embargo das Wasser bis zum Hals ...«

»Genau so ist es«, gab ich zurück. »Wir warten ab und greifen nur dann an, wenn ein ernsthaftes Risiko besteht, dass die Yankees Neu-Berlin entdecken. Und auch dann tun wir nur das, was unbedingt nötig ist, um sie davon abzuhalten hier einzudringen.«

»Ich teile Ihre Einschätzung, Großmeister, und habe deshalb U-77 die Feuerfreigabe nicht erteilt«, sagte Prien. »Kapitänleutnant Gerritz, Kommandeur von U-77, hat seine Frau und seine beiden Töchter bei der Bombardierung Dresdens verloren. Sein Finger am Abzug dürfte also recht nervös sein. Doch Gerritz ist ein zuverlässiger Soldat – und Befehl ist nun mal Befehl.«

»Hoffen wir das mal«, sagte ich. »Ich habe keine Lust, mich mit der ganzen amerikanischen, britischen und sowjetischen Flotte rumzuschlagen, nur weil einer meiner U-Boot-Kommandanten meint, Rache für den Tod seiner Familie nehmen zu müssen.«

»Keine Sorge, das wird nicht passieren«, entgegnete Prien.
[...]

30. Dezember 1946
[...]
Die ersten Erkundungsflüge der Amerikaner am Vormittag
ins antarktische Inland erfolgten weit ab von unserer Position.
Es bestand keinerlei Handlungsbedarf, also verhielten wir uns
ruhig.
Doch am heutigen Nachmittag wurde der Anflug von zwei
Wasserflugzeugen gemeldet. Sie überflogen von Westen her kom-
mend die Küstenlinie und würden deshalb zwangsläufig Neu-Berlin
erreichen. Dabei würden sie wahrscheinlich die Flakstellungen ent-
decken, die wir oberhalb Neu-Berlins im Gestein der Schirmacher-
Seenplatte angelegt haben. Damit wäre die genaue Position Neu-
Berlins kein Geheimnis mehr.
Ich befahl drei Vril-Jägern vom Typ Vril-7 die Wasserflugzeuge
abzufangen, zum Umkehren zu bewegen und gegebenenfalls ab-
zuschießen. Für zwei Wasserflugzeuge hätte ein einziger Jäger
mehr als ausgereicht, doch die immer noch nicht beseitigten
Triebwerksprobleme zwangen mich dazu, eine gewisse Redundanz
einzuplanen. Diese Vorsicht stellte sich als nicht übertrieben
heraus. Eine Vril blieb im unterseeischen Tunnel stecken[XXVI]
und konnte erst nach einigen Stunden durch die Besatzung
wieder flott gemacht werden. Ein weiterer Jäger musste am
Rande der Schirmacher-Oase notlanden. Der dritte erreichte
schließlich die Wasserflugzeuge 200 km vor Neu-Berlin. Mit
der Photonenkanone gab der Pilot ein paar Warnschüsse ab, bei
denen er ein paar hundert Tonnen Eis verdampfte, und nahm
Kontakt mit den amerikanischen Piloten auf. Zu jener Zeit be-
tete ich, dass die Flugscheibe nicht vor den Amerikanern ins
Eis fiel, was nicht besonders gut für unser Prestige gewesen
wäre.

[XXVI] Die Raumschiffe starteten von Neu-Berlin aus, ließen sich in den Neuwannsee herabsinken, durchquerten den unterseeischen Tunnel, stiegen dann im offenen Meer zur Oberfläche auf und erhoben sich in die Luft.

Doch die Vorführung der Flugeigenschaften der Vril und ihrer Bewaffnung ließen die Yankees sofort umkehren. Eines der Flugzeuge rammte, wahrscheinlich weil der Pilot in Panik geraten war, einen Eisberg und ging zu Bruch. Ich verbot die Bergung der Gestrandeten aus Geheimhaltungsgründen, weil ich sicher war, dass den Amerikanern selbst die Rettung der Besatzung gelingen würde.

[...]

04. Januar 1947
[...]
Diesmal haben die Amerikaner fünf Sturzkampfbomber vom Typ »Curtiss SB2C Helldiver« von der PHILIPPINE SEA gestartet. Sie nahmen den gleichen Kurs wie zuvor die beiden Wasserflugzeuge. Die von der Vril abgezogene »Show«, wie die Amerikaner zu sagen pflegen, hat den Gegner sowohl vorsichtig als auch neugierig werden lassen. Er weiß, dass auf dem weiteren Kurs, den die Wasserflugzeuge geflogen wären, etwas Interessantes zu entdecken ist. Deshalb kommen sie jetzt mit ihren Stukas.

Wir haben 19 einsatzbereite V-7 in Neu-Berlin. Ich befahl allen aufzusteigen. Acht von ihnen erreichten den Gegner überhaupt nicht, konnten aber später nach Neu-Berlin zurückkehren. Die übrigen 11 gaben wiederum ein paar Warnschüsse ab und forderten die amerikanischen Jagdpiloten zum Umkehren auf. Die Yankees eröffneten das Feuer auf unsere Flugscheiben. Ich gab Befehl, scharf zu schießen. Innerhalb von 10 Sekunden waren die fünf Stukas des Gegners zerstört.

Ich empfinde eine gewisse Trauer für die amerikanischen Piloten, die von den Schlangenbrüdern geopfert wurden, um einen Grund für eine umfassende Invasion der Antarktis zu haben. Doch auch wenn sie uns durch diesen Luftangriff zu Schlägen gegen ihre Flotte verleiten wollen, so werden wir nicht in diese Falle tappen. Mit 5 verlorenen Sturzkampfbombern werden sie sicherlich keine großangelegte Operation gegen uns begründen können, zumal die Flugzeuge unter antarktischen Bedingungen nicht besonders zuverlässig sind, also

auch durchaus durch »natürliche« Ursachen verlorenen ge-
gangen sein könnten.
[...]

23. Januar 1947
[...]
Heute erfolgte wieder ein Erkundungsflug durch zwei
Wasserflugzeuge. Diesmal flogen sie zunächst landeinwärts,
um dann in weitem Bogen zur Küste zurückzukehren. Ihr Kurs
hätte sie auf 15 km an Neu-Berlin heran gebracht. Um kein
Risiko einzugehen, ließ ich sie durch 3 Vrils abfangen. Die
Piloten kamen der Aufforderung zum Abdrehen sofort nach.
[...]

27. Januar 1947
[...]
Die Aufklärung meldete, dass ein kleinerer Schiffsverband des
Gegners beim Rossmeer einen Stützpunkt[XXVII] errichtet. Offenbar
trauen sie sich nach ihren bisherigen Erfahrungen nur noch auf
die andere Seite des Kontinents. Wenn die wüssten, wie unzuver-
lässig unsere Vrils immer noch sind ...
[...]

03. März 1947
[...]
Am heutigen Nachmittag gegen 16:00 Uhr erhielt ich die
Meldung, dass die gegnerische Flotte Kurs Norden genommen
hat. Offenbar hat man eingesehen, dass wir sie hier nicht her-
umschnüffeln lassen.
Sobald unsere Vril-Triebwerke zuverlässig funktionieren, wer-
de ich die Flakstellungen an der Oberfläche abbauen lassen.
Danach können die Amis hier so viel herumfliegen, wie sie wol-
len. Einzig an der Entdeckung des unterseeischen Eingangs zu
Neu-Berlin müssen wir sie dann noch hindern, sofern sie den je-

---

[XXVII] Little America IV.

mals finden. Die Zugänge zur Oberfläche, die wir im vergange-
nen Jahr anlegten, werden nur dann entdeckt, wenn man prak-
tisch über sie stolpert.
[...]

Am 7. März traf Byrd bei seiner Rückkehr von der Operation
Highjump mit seinem Flaggschiff MOUNT OLYMPUS in Wellington,
Neuseeland, ein. Einem mitgereisten Journalisten des »International
News Service« gab er während dieser Rückreise ein Interview, das
am 5. März in der zu jener Zeit größten Tageszeitung Südamerikas,
dem »El Mercurio«, in Santiago de Chile veröffentlicht wurde.
In diesem Interview nahm Admiral Byrd Stellung zu den aus
der Operation gewonnenen Erkenntnissen. Der Wortlaut seiner
Äußerungen spricht für sich[37]:

»Ich möchte niemanden erschrecken, aber die bittere Realität ist,
dass im Falle eines neuen Krieges die Vereinigten Staaten durch
Flugzeuge angegriffen werden, die über einen oder beide Pole
fliegen werden. [...] Die fantastische Eile, mit der die Welt zusam-
menschrumpft, ist eine der objektiven Lektionen, die wir auf der
antarktischen Erforschung gelernt haben, die wir gerade been-
den. Ich kann nur die Mahnung an meine Landsleute aussprechen,
dass die Zeit vorbei ist, in der wir uns in eine komplette Isolation
zurückziehen konnten und in dem Vertrauen entspannen konnten,
die Entfernungen, die Meere und die Pole böten uns eine Garantie
der Sicherheit.«

Schauen wir uns diese Bemerkungen Byrds genauer an und
vergessen wir dabei nicht, *wann* er diese äußerte. Er redet von
einem Angriff auf die USA durch »Flugzeuge [...], die über einen oder beide Pole fliegen werden«. Wenn man bedenkt, dass
die USA und erst recht die Sowjetunion im Jahre 1947 mit ihren Propellermaschinen gerade einmal den Atlantik in einer
Richtung überqueren konnten, statt Flugzeuge zu bauen, die in
der Lage wären, beide Pole zu überfliegen, also die Welt umkreisen konnten (was also das Zehnfache der damaligen maximalen Reichweite bedeutet hätte), so mutet diese Äußerung

Byrds eher als Science Fiction an, denn als eine realistische Bedrohung der USA. Es liegt auf der Hand, dass diese Aussage Byrds nur vor dem Hintergrund der Flugscheiben Sinn macht, mit denen der Admiral bzw. seine Piloten recht unerfreuliche Bekanntschaft gemacht hatten.

Die *Illuminaten*, natürlich durch diese Äußerungen des »geschwätzigen Admirals« nicht sonderlich amüsiert, betrieben sofort Schadensbegrenzung, indem sie verbreiten ließen, die Ausführungen Byrds bezögen sich auf einen möglichen Angriff der Sowjetunion auf die Vereinigten Staaten.

Diese Interpretation ist aus zwei Gründen als Notlüge zu erkennen: Erstens waren die Sowjets, wie erwähnt, ebenso wie die Amerikaner im Jahre 1947 weit davon entfernt, Flugzeuge zu bauen, mit denen sich ein interkontinentaler Angriff über die Pole hinweg durchführen ließe. Doch selbst wenn wir diese Möglichkeit – aus der Perspektive des Jahres 1947 heraus – als realistisch gelten lassen, so reicht ein Blick auf einen Globus, um die Unsinnigkeit eines Luftangriffs über die Antarktis hinweg zu offenbaren.

Der kürzeste Weg von Russland zu den Vereinigten Staaten führt über den *Nordpol*. Der Südpol, also die Antarktis, liegt jedoch rund zwanzigtausend Kilometer von dieser kürzesten Angriffsroute entfernt. Um einen Angriff über den Südpol hinweg auf die Vereinigten Staaten zu fliegen, müssten die Russen einen Umweg von rund vierzigtausend (!) Kilometern in Kauf nehmen. Und wozu? Um vor praktisch unlösbare technische Schwierigkeiten gestellt zu werden und dem hypothetischen Gegner USA alle Zeit der Welt zu lassen, die anfliegenden Bomberverbände zu orten und Gegenmaßnahmen einzuleiten? Mit Verlaub, die Interpretation, die Äußerungen Byrds bezögen sich auf die Sowjets, ist bestenfalls für die »geistig Armen« des Evangelisten Matthäus geeignet. Schließlich ging es bei seiner »Expedition« um den Südpol, und er erwähnte ausdrücklich *beide* Pole …

Noch im November des gleichen Jahres wurde das Unternehmen »Windmill« gestartet. Diesmal lag der Schwerpunkt der Operationen viele hundert Kilometer östlich von Neu-Berlin auf den Haswell-Inseln bei 66°30' S und 93° O, wo ein Basislager errichtet wurde.

Diesmal war den Befehlshabern im Hintergrund, d. h. den *Illuminaten*, klar, dass sich die *Artur* nicht würden provozieren lassen. Dementsprechend kam es zu keinen besonderen Vorkommnissen, bis auf den Verlust eines Hubschraubers aufgrund unausgereifter und nur ungenügend an die arktischen Verhältnisse angepasster Technologie.

Im Jahre 1954 folgte schließlich die Operation »Deepfreeze« im Rahmen des »US Antarctic Program«, die bis heute andauert. Dabei geht es im Wesentlichen um die Inbesitznahme von antarktischen Gebieten durch die USA und die Beobachtung von Aktivitäten des *Templerreichs*. Eine Erkundung des Stützpunktes der *Artur* steht seit jenem Jahr allerdings nicht mehr auf dem Programm, weil seit Anfang der 1950er Jahre hunderte Aufklärungsflüge der *Artur*, zum Teil durch die im Vergleich zu den Vrils wesentlich größeren Haunebus (vgl. Abschnitt 2.3 und Anhang 2) direkt über dem Gebiet der Vereinigten Staaten eindrucksvoll dokumentierten, dass die *Templer* militärisch in der Lage wären, jeden direkten Angriff abzuwehren. Eine regelrechte Demonstration der Macht fand im Juli 1952 statt. Canaris befahl einen spektakulären Formationsflug von zwanzig Haunebus über das nächtliche Washington DC!

(Abb. 2.8.1: Aufnahmen des »1952 Washington D.C. UFO incident«.)

Die Flugscheiben demonstrierten durch Flugmanöver und Geschwindigkeit (bis zu 11.000 km/h in geringer Höhe), dass sie mit konventionellen Jagdflugzeugen nicht zu bekämpfen waren und sie – wann immer sie wollten – in den amerikanischen Luftraum eindringen und jeden Ort, selbst das Regierungszentrum, ungestört überfliegen konnten. Dieser als »1952 Washington, D.C. UFO incident« bekannt gewordene Vorfall ist ausführlich dokumentiert und fand seinen Platz in den Leitartikeln fast aller amerikanischer Zeitungen. Die »UFOs« wurden von Millionen Menschen gesichtet, da man absichtlich einen Anteil hochenergetischer Neutrinos für den Vril-Antrieb verwendete, weshalb die Luftmoleküle rund um die Flugscheiben zu orangefarbenem bis weißem Leuchten angeregt wurden. Sie waren auch auf den Radarschirmen des »Washington National Airport« (heute Ronald Reagan Washington National Airport) und der »Andrews Airforce Base« deutlich zu sehen. Es existieren zahlreiche »YouTube«-Videos über den Vorfall und die Berichte darüber und den daraus resultierenden Pressekonferenzen. Die Stellungnahmen der amerikanischen Regierung sind weithin bekannt, sodass sich eine Auflistung von Referenzen erübrigt. Ich empfehle dem geneigten Leser, sich eins der Videos anzuschauen, um zu verstehen, was die militärische Führung der USA bei dieser Demütigung empfunden haben mag.

Hintergrund für diese Machtdemonstration waren zwei Ereignisse: Am 30. April 1949 gelang es der CIA, den *Artur*-Agenten Paul Schweizer zu enttarnen und gefangen zu nehmen. Nach stundenlanger Folter unter Verwendung von Wahrheitsdrogen und anderen Psychopharmaka gab Schweizer den genauen Standort Neu-Berlins preis. Anschließend wurde er per Kopfschuss hingerichtet.

Durch das Ausbleiben der regelmäßigen Statusmeldungen des Agenten wussten die *Artur*, dass das Geheimnis der genauen Position Neu-Berlins keines mehr war.

Das zweite Ereignis war die Gefangennahme des CIA-Agenten Frank Collins durch die *Artur* in Madrid am 24. Mai 1952. Collins wechselte die Seiten und verriet den *Artur*, dass die *Illuminaten* einen Nuklearangriff auf Neu-Berlin planten.

Für die im alten unterirdischen Stützpunkt der *Alderaaner* angelegte Hauptstadt des *Templerreichs* bestand zwar keine Gefahr, doch man war nicht unbedingt interessiert an einer radioaktiv verseuchten Schirmacher-Oase. Aus diesem Grunde befahl Canaris die sich über den gesamten Juli hinziehenden Machtdemonstrationen, mit denen ein für allemal klargestellt wurde, dass die *Templer* durchaus zu einem umfassenden Gegenschlag in der Lage waren. Dazu kam es nicht, weil die *Illuminaten* in Folge des »1952 Washington, D.C. UFO incident« von ihren Plänen Abstand nahmen ...

2.8.2 Roswell und Area 51

Kaum jemand hat noch nicht von der kleinen Stadt Roswell in New Mexico (USA) gehört oder von dem nach diesem Ort benannten »Roswell-Zwischenfall«.

Da es eine Unmenge Literatur zu diesem Thema gibt, hunderttausende Artikel im Internet, jede Menge Filmchen z.B. bei YouTube, und der Vorfall ein fester Bestandteil der amerikanischen »Pop-Kultur« geworden ist, erübrigt sich an dieser Stelle eine Diskussion der großen Anzahl der sich um Roswell rankenden Mythen und dem Beleuchten jeder der unzähligen Zeugenaussagen. Stattdessen möchte ich hier nur die wesentlichen Fakten diskutieren.

Beim Roswell-Zwischenfall geht es um den Absturz eines Flugkörpers im Juli 1947 auf dem Gebiet der Ranch eines Viehzüchters, der daraufhin den Sheriff alarmierte, der wiederum das Militär informierte. Es gibt im Wesentlichen zwei Interpretationen dieses Ereignisses:

A. Die »UFO-Gläubigen« behaupten, ein außerirdisches Raumschiff sei bei Roswell abgestürzt, das Militär hätte es inklusive der Leichen von Außerirdischen (ca. 1 m kleine schmächtige Gestalten mit großen Köpfen und großen Augen, siehe Abb. 2.8.2) geborgen und die Trümmer an einen geheimen Ort gebracht und den Vorfall vertuscht.

(Abb. 2.8.2: Die »Kleinen Außerirdischen mit den großen Köpfen« in einer populären »Entführungsszene« [Illustration])

B. Das Militär behauptete zunächst, bei dem abgestürzten Objekt handele es sich um einen Wetterballon, später wurde der Wetterballon durch einen Aufklärungsballon ersetzt, der im Rahmen des damals streng geheimen Projektes »Mogul« zum Aufspüren sowjetischer Atomtests gestartet worden war.

Ich persönlich habe als Jugendlicher zum ersten Mal vom Roswell-Zwischenfall gehört und war damals natürlich sofort mit der Interpretation A konfrontiert worden. Damals führte eine einfache Überlegung zu der Erkenntnis, dass es sich bei dem abgestürzten Flugkörper praktisch unmöglich um ein Raumschiff Außerirdischer gehandelt haben kann. Das nun folgende Argument ist so stichhaltig, dass ich mich ehrlich gesagt wundere, warum es nicht sofort von den offiziellen Stellen aus dem Hut gezaubert wird, wenn ihnen irgendjemand Vertuschung im Zusammenhang mit Außerirdischen vorwirft.

Pro Jahr werden weltweit mehr als 4 Milliarden Menschen (also mehr als die Hälfte der Erdbevölkerung) mit dem Flugzeug transportiert. Bei Flugzeugunfällen kommen jährlich ca. 500 Menschen ums Leben, Tendenz abnehmend. Statistisch gesehen verunglücken 0,81 Flugzeuge je einer Million durchgeführter Flüge[39]. Da keiner der Planeten in unserem Sonnensystem aufgrund seiner Umweltbedingungen eine hochstehende und überlegene Zivilisation beherbergt, müssen die hypothetischen Außerirdischen aus einem viele Lichtjahre entfernten Sonnensystem stammen. Um diese gewaltige Entfernung zu überbrücken, müssten diese Außerirdischen über eine Technologie verfügen, die der unsrigen um mindestens mehrere Jahrzehnte, eher um Jahrhunderte voraus ist. Aus diesem Grunde kann man als sicher annehmen, dass die Flugtechnologie jener Außerirdischen erheblich ausgereifter wäre als unsere. Die Wahrscheinlichkeit, dass eine Spezies mehrere Lichtjahre zurückzulegen in der Lage ist, um dann auf dem Zielplaneten eine Bruchlandung hinzulegen, ist praktisch Null. Wer dieses Szenario für plausibel hält, sollte dringend an seinen analytischen Fähigkeiten arbeiten.

Könnte es stattdessen nicht sein, dass zwei verfeindete Spezies die Erde heimsuchen, der Absturz des UFOs bei Roswell also die Folge eines Luftkampfes war? Nein, ich denke nicht. Falls in der Atmosphäre unserer Erde oder auch nur in der Nähe unseres Heimatplaneten ein interstellarer Krieg toben würde, so würde uns dies sicher nicht verborgen bleiben – der Großteil, wenn nicht alle, von uns würden einen solchen Krieg auf unserem Planeten als »Kollateralschaden« mit Sicherheit nicht überleben. Selbst unsere Waffen, die im Vergleich zu jenen einer interstellaren Zivilisation als rückständig gelten dürfen, reichen schon aus, um die Erde zum größten Teil unbewohnbar zu machen. Wie ich im nächsten Kapitel ausführen werde, fand ein solcher Krieg tatsächlich auf der Erde statt – allerdings vor 5.500 Jahren und mit dem Ergebnis, dass ganze Kontinente im Meer versanken, Flutwellen den größten Teil der Menschheit ausrotteten und ganze Städte und Landschaften eingeebnet und in Wüsten verwandelt wurden.

Die Interpretation B, dass es sich bei dem abgestürzten Roswell-UFO um einen Was-auch-immer-Ballon des Militärs gehandelt hat, ist – im Vergleich dazu – schon erheblich glaubwürdiger.

Ich möchte an dieser Stelle, wie Sie sich wahrscheinlich schon denken können, eine weitere Interpretation C hinzufügen, die sich aus den mir vorliegenden Unterlagen ergibt. Sie, verehrter Leser, sollen mir, wie immer, nichts glauben, sondern einfach nur die Plausibilität der verschiedenen Behauptungen miteinander vergleichen. Um Ihnen dies zu erleichtern, möchte ich die unstrittige Faktenlage kurz darstellen, nachdem ich die Behauptung C dargelegt habe.

C. Das Anfang Juli 1947 abgestürzte Flugobjekt bei Roswell war eine untertassenförmige Aufklärungs- und Erprobungsdrohne der *Vril-Gesellschaft*. Wie bereits mehrfach erwähnt, arbeiteten die Vril-Triebwerke zu jener Zeit noch nicht stabil – es kam häufig zu Unfällen. Trotz des Risikos startete man mehrere Aufklärungsflüge von der Antarktis aus, speziell nach New Mexico. Hintergrund dieser Operationen waren die erst vor rund zwei Jahren über japanischen Großstädten zur Detonation gebrachten Kernwaffen der Amerikaner. Diese barbarischen, an unschuldigen Frauen und Kindern verübten Kriegsverbrechen zerstreuten die letzten Zweifel der *Artur* daran, dass die von den *Illuminaten* fremd- und ferngesteuerten Amerikaner auch nur die geringsten Skrupel bei der Ausschaltung ihrer Gegner hätten.

Im Sommer 1947 gab es weltweit nur ein einziges Bombergeschwader, das mit Nuklearwaffen ausgerüstet war. Nun raten Sie mal, wo es stationiert war? – Richtig! Auf der »Roswell Army Airforce Base (RAAF)«.

Selbstredend hatte die *Vril-Gesellschaft* ein erhebliches Interesse daran, die Bewegungen dieses Atombombengeschwaders zu überwachen. Schließlich wusste man zu jener Zeit nicht, ob den Amerikanern unmittelbar nach der Operation »Highjump«, die Anfang März 1947 abgebrochen wurde, die Position Neu-Berlins bekannt war oder nicht. Obwohl ein Nuklearangriff die unterirdische Stadt nicht hätte zerstören können, war man auf die damit verbundene radioaktive Verseuchung der Schirmacher-Oase an der Oberfläche nicht sonderlich erpicht. Aus diesem Grunde ging man das Risiko ein, Aufklärungsdrohnen nach New Mexico zu entsenden. Das Unternehmen wurde Anfang Juni 1947 gestartet. Insgesamt nahmen 23 Drohnen daran teil.

Selbstverständlich wurden diese unbemannten Flugscheiben außer zur Aufklärung auch als Testobjekte für die Weiterentwicklung der Triebwerke verwendet. Dazu ein paar Bemerkungen zum technischen Stand der Entwicklungen im Jahre 1947: Solange hochenergetische Neutrinos bei der Baryonenvernichtung erzeugt wurden, liefen die Vril-Triebwerke stabil. Deren Verwendung außerhalb strahlengesicherter Labors war jedoch aufgrund der entstehenden Radioaktivität nicht praktikabel. Ging man zu niederenergetischeren Neutrinos über, reduzierte man die Radioaktivität, aber die Triebwerke liefen sehr ungleichmäßig. Die Entwicklungen jener Tage zielten also darauf ab, die Energie der Neutrinos zu reduzieren und gleichzeitig eine hinreichende Stabilität der Triebwerke beizubehalten.

Bei der Drohne X-21 hatte der verantwortliche Physiker, Philipp Marder, im sicheren Glauben einen Durchbruch erzielt zu haben, die Justierung der Triebwerke in Richtung der niederenergetischen Neutrinos ein wenig übertrieben. Der Durchbruch stellte sich als eine nur geringfügige Verbesserung heraus, mit dem Ergebnis, dass X-21 zwar störungsfrei von der Antarktis bis New Mexico flog, bei den dortigen Flugmanövern jedoch instabil wurde und abstürzte.

An Bord von X-21 befanden sich drei Puppen, neudeutsch auch »Dummies« genannt, vollgestopft mit Messinstrumenten. Da die Drohnen lediglich 5 Meter durchmaßen, verwendete man Puppen im Maßstab 1:2. Die meisten Messgeräte waren in den Köpfen untergebracht, weshalb diese im Verhältnis zum Körper überproportional groß waren. Münder, Nasen und Ohren hatte man lediglich angedeutet – ganz einfach, weil diese Organe für die Messungen nicht relevant waren. Hinter schwarzen Augengläsern befanden sich hochempfindliche Infrarotkameras, die zusätzlich zu den in den Körpern verbauten Geigerzählern Auskunft über die Radioaktivität liefern sollten, indem sie die räumliche Verteilung der Erwärmung des Flugscheibeninnenraums durch die Radioaktivität der Triebwerke dreidimensional aufnahmen. Aus diesem Grunde wirkten die »schwarzen Augen« der Dummies insektenhaft und überproportional groß (siehe Abb. 2.8.1). X-21 stürzte am 14. Juni 1947 in der Nähe der Ranch des Viehzüchters William Brazel ab und brach auseinander. Trümmer der »fliegenden Untertasse« rasten in Flugrichtung weiter und fielen auf die Ranch Brazels. Der Rancher entdeckte diese Trümmerstücke und der Roswell-Zwischenfall nahm seinen Lauf ...

Soweit die Interpretation C. Ich möchte nun die unstrittigen Fakten über den Zwischenfall auflisten und diese mit B und C vergleichen. Auf die Interpretation A werde ich nicht weiter eingehen, weil sie unwahrscheinlicher ist, als dass Sie, verehrter Leser, an zehn aufeinanderfolgenden Wochenenden sechs Richtige im Lotto hätten. Nicht, dass ich Ihnen das nicht gönnen würde, aber die Realität sieht nun mal anders aus. Zur besseren Kennzeichnung werden nachfolgend die *Fakten in kursiver Schrift* gesetzt, um sie im Vergleich von B zu C optisch eindeutig abzuheben:

Seit dem 24. Juni 1947 kam es vermehrt zu UFO-Sichtungen. Am Beginn dieser Sichtungswelle stand der Bericht des Piloten Kenneth Arnold, er habe während eines Fluges neun unbekannte Flugobjekte gesehen, die wie »fliegende Untertassen« (engl.: »flying saucer«) aussahen – womit er diesen Begriff prägte – und die sich »schnell fortbewegten«[40].

Diese massenhafte Sichtung von Flugscheiben passt hervorragend zu meiner Behauptung C, das abgestürzte Objekt sei ein Flugobjekt der *Vril-Gesellschaft*, die gute Gründe für massierte Aufklärungsmissionen hatte. Mit der Ballonhypothese B lässt sich obiges Faktum nur mit dem Kunstgriff erklären, scheibenförmige Objekte seien aus irgendwelchen plausiblen Gründen an die Ballons gehängt worden[41]. Derartige

Erklärungen sind jedoch nicht sonderlich glaubhaft, weil der eigentliche Ballonkörper, um den notwendigen Auftrieb zu gewährleisten, größer als die daran gehängten Scheiben sein müsste. Deshalb hätte er den Beobachtern auffallen müssen! Sie hätten also einen großen Ballon gesehen und vielleicht auch noch, dass darunter ein im Verhältnis kleiner, scheibenförmiger Gegenstand hing. Sie hätten aber sicherlich nicht nur von »Fliegenden Untertassen« gesprochen. Zusätzlich sind Ballons eine nicht besonders stichhaltige Erklärung für Flugscheibensichtungen, da sich Erstere im Gegensatz zur Letzteren nicht schnell zu bewegen pflegen, weil sie ohne eigenen Antrieb lediglich im Wind dahin treiben.

Am 14. Juni, also 10 Tage vor Beginn der großen UFO-Sichtungswelle, entdeckte der Viehzüchter William Brazel seltsame Trümmer auf dem Gebiet seiner Ranch. Erst am 7. Juli meldete er dem Sheriff von Roswell seinen Fund, da er von den UFO-Sichtungen gehört hatte und deshalb seiner Entdeckung entsprechende Bedeutung beimaß. Der Sheriff gab die Meldung an das Roswell Army Airforce Field (RAAF) weiter. Man schickte Major Jesse A. Marcel noch am gleichen Tag zur Ranch Brazels, um den Fall zu untersuchen. Noch am Abend des 7. Juli gab der Presseoffizier des RAAF, Leutnant Walter Haut, die Meldung an die Lokalzeitung »Roswell Daily Record« weiter, man habe die Trümmer einer fliegenden Untertasse geborgen. Die Ausgabe des 8. Juli erschien auch prompt mit dem Leitartikel »Fliegende Untertasse erbeutet« (siehe Abb. 2.8.3). Die Nachricht verbreitete sich rasend schnell über die Vereinigten Staaten und, aus deren Sicht, den »Rest der Welt«.

(Abb. 2.8.3: Titelblatt des »Roswell Daily Record vom 8. Juli 1947)

Diese Fakten passen nur unter der Annahme zu B, dass der von der Führung des Roswell-Luftwaffenstützpunktes entsandte Major die Fetzen eines Ballons mit den Überresten einer Flugscheibe verwechselte. Diese Annahme ist nicht so weit hergeholt, wie es zunächst scheinen mag. Schließlich scheinen die Trümmer des Flugobjekts nicht offensichtlich auf eine »Fliegende Untertasse« hingedeutet zu haben, sonst hätte der Viehzüchter Brazel wohl schon am 14. Juni diese Überreste als »UFO« erkannt und hätte seinen Fund dann sicherlich sofort gemeldet. Es liegt also nahe, dass der Major etwas entdeckte, was dem Rancher verborgen geblieben war. Was könnte das sein? Die Wahrheit ist ziemlich naheliegend. Der mit der Luftfahrt und den damit verbundenen Unfällen vertraute Major machte das, was wohl jeder Experte tun würde, wenn er eine Absturzstelle untersucht: Er nahm die Orte zur Kenntnis, an denen die Trümmerstücke verteilt lagen. Wenn nämlich ein schnelles Objekt in flachem Winkel auf den Boden trifft und auseinander bricht, so verteilen sich die Trümmer auf und nahe neben einer Geraden in Flugrichtung. Will man also die Stelle finden, an der das Objekt aufschlug, so legt man durch die Orte, an denen man die Trümmerstücke

164

gefunden hat, eine gemittelte[XXVIII] Gerade. Daraus ergeben sich dann zwei entgegengesetzte Richtungen, in denen man suchen muss. Genau dies tat Major Marcel mit an Sicherheit grenzender Wahrscheinlichkeit und fand in ein paar hundert Metern Entfernung etwas, was ihn klar erkennen ließ, womit er es zu tun hatte. Vermutlich handelte es sich um den Hauptkörper der Flugscheibe, von dem sich beim Aufprall die Trümmerstücke, die Rancher Brazel fand, gelöst hatten. Nun gab er die entsprechende Meldung an das RAAF weiter, dessen Presseoffizier Walter Haut die Sensation naiverweise (schließlich gab es noch keine Richtlinien im Umgang mit UFOs, da diese erst vor wenigen Wochen erstmalig gesichtet worden waren) an die Presse weiter. Die Fakten sprechen also ziemlich klar dafür, dass es sich nicht um einen Ballon, sondern um eine Flugscheibe handelte. Es sei denn, man hält Major Marcel für einen Dilettanten oder Wichtigtuer.

Weder auf dem RAAF noch bei den lokalen Zeitungen standen nach dieser Meldung die Telefone still. Es bestand also Handlungszwang. Deshalb erklärte General Roger Ramey noch am Nachmittag des 8. Juli: »*Die Trümmer sind Teile eines abgestürzten Wetterballons für Windmessungen in großer Höhe. Er ist, wie bei diesem Modell üblich, mit einem Raywin-Radarreflektor ausgerüstet gewesen, der aus dicker, mit Folie überzogener Pappe bestanden hat. Am 9. Juli folgte das entsprechende Dementi des* »*Roswell Daily Record*« *unter dem Titel* »*General Ramey entleert die Roswell Untertasse*« *(siehe Abb. 2.8.4).*

[XXVIII] Zum Beispiel indem man die Gerade so wählt, dass die Quadrate der Abstände der Fundorte von dieser Geraden minimal werden.

(Abb. 2.8.4: Titelblatt des »Roswell Daily Record« vom 9. Juli 1947)

Wie bereits ausgeführt, ist diese Erklärung nicht besonders glaubhaft, weil die Verwechslung der Überreste eines Ballons mit einer massiven Flugscheibe, die ja schließlich ursprünglich genannt wurde, entweder geistige Verwirrtheit oder Geltungsbedürfnis beim untersuchenden Offizier unterstellt. Hinzu kommt das folgende Faktum:

Der Abgeordnete des US-Repäsentantenhauses Steven Schiff (New Mexico) beantragte im Jahre 1994 das »General Accounting Office (GOA)«, den permanenten Vertuschungsvorwürfen der UFO-Gläubigen nachzugehen. Dabei wurde offengelegt, dass es sich bei dem abgestürzten Flugobjekt nicht um einen Wetterballon, sondern um einen Aufklärungsballon zum Aufspüren sowjetischer Atomtests handelte, der im Rahmen des streng geheimen Projektes »Mogul« gestartet worden war[44].

Damit überführte man General Ramey der Lüge, was damit begründet wurde, dass das Projekt »Mogul« im Jahre 1947 nicht der Öffentlichkeit bekannt gemacht werden durfte. Deshalb also der erfundene »Wetterballon«, von dem Ramey auf der Pressekonferenz vom 8. Juli 1947 sogar gefälschte Bruchstücke zeigte (Abb. 2.8.5).

(Abb. 2.8.5: General Ramey mit gefälschten Trümmern eines Wetterballons)

Daraus kann man zunächst einmal lernen, was die meisten von uns schon wissen: nämlich dass die amerikanische Regierung offenbar kein Problem damit hat, der eigenen Bevölkerung irgendwelche Märchen aufzutischen, sofern man dies gerade für geboten hält. Vor diesem Hintergrund wird nachvollziehbar, welche Märchen eine solche »demokratisch legitimierte« Regierung wohl erfinden würde, wenn es um eine weniger banale Sache als ein Überwachungssystem für sowjetische Atomtests gehen würde. Wie es sicherlich die Existenz einer dritten Supermacht wäre, die sowohl über die militärischen Mittel als auch über äußerst brisante Informationen verfügt, dieser Regierung die Hölle heiß zu machen. Doch zurück zur neuen, diesmal etwas durchdachteren Lüge. Es war also kein Wetterballon, sondern ein Aufklärungsballon. Dies erklärt jedoch immer noch nicht, wie sich Major Marcel derart fundamental irren konnte. Es erklärt auch nicht die zahlreichen UFO-Sichtungen, es liefert lediglich eine mögliche Erklärung, warum 1947 gelogen wurde – nämlich aus Geheimhaltungsgründen.

Die Geschichte um Projekt Mogul liefert zwar keine plausiblere Erklärung als der Wetterballon, dafür können wir eine weitere bewiesene Verschwörung der amerikanischen Regierung gegen das eigene Volk auf unsere Liste setzen. Bitte entschuldigen Sie an dieser Stelle meine heftige Kritik an der amerikanischen Regierung, doch dieses Verhalten widerspricht meinem persönlichen Verständnis einer redlichen Regierung. Wenn man gesagt hätte, dass man nichts über den Roswell-Zwischenfall aus Gründen der nationalen Sicherheit sagen könne, so wäre dies aus meiner Sicht in Ordnung gewesen. Selbst wenn man gesagt hätte, man könne aus Geheimhaltungsgründen nichts Genaues über den Vorfall sagen, es handele sich jedoch nicht um ein Objekt außerirdischer Herkunft, so wäre auch dies noch nicht einmal gelogen gewesen. Hier handelt es sich jedoch um die bewusste Lüge einer Regierung, die fälschlicherweise behauptet, die Interessen des eigenen Landes auf dem Boden der Verfassung zu vertreten. So etwas ist nach meinem Empfinden völlig indiskutabel. Immerhin hat sich dieses Verhalten der amerikanischen Regierung bis heute nicht geändert (siehe Watergate, Irak-Massenvernichtungswaffen-Lüge, NSA-Spitzelaffäre, 11. September, …).

Abgesehen davon, dass die Aufklärungsballon-Geschichte keine weiteren Erklärungen des angeblichen Irrtums der ursprünglichen Meldung des »Roswell Daily Record« liefert, gibt es noch eine weitere Schwachstelle: Im Jahre 1947 war den Amerikanern durchaus bekannt, dass die Sowjets noch ein paar Jahre von der Fertigstellung ihrer ersten Nuklearwaffe entfernt waren. Schließlich konnten die Russen erst nach dem 2. Weltkrieg mit der Entwicklung von Atomwaffen beginnen. Dies innerhalb von den zwei Jahren – also von 1945 bis 1947 – zu bewerkstelligen, war vollkommen unrealistisch. Tatsächlich zündeten die Russen ihre erste Atombombe mehr als zwei Jahre nach dem Roswell-Zwischenfall, am 29. August 1949 in der kasachischen Steppe bei Semipalatinsk. Wozu also sollten sich die Amerikaner schon 1947 mit der Beobachtung nicht vorhandener sowjetischer Kernwaffentests beschäftigen?

Geradezu lächerlich wirken die krampfhaften Erklärungsversuche der Amerikaner beim folgenden Faktum, bei dem es um den Hauptkörper des abgestürzten Flugobjekts geht und um »tote Aliens«, die man aus dem Wrack geborgen hat:

Der Leichenbestatter Glen Dennis aus Roswell sagte aus, die Army hätte am 8. und 9. Juni 1947 bei ihm angefragt, wie viele luftdicht verschließbare Kindersärge er auf Lager habe. Außerdem hätte ihm eine Krankenschwester des Armeehospitals erklärt, sie sei an der Autopsie kleiner, fremdartiger Leichen beteiligt gewesen.

Der Hobbygeologe Gerald Anderson behauptete, er habe tote kinderähnliche »Aliens« unter einem abgestürzten Raumschiff gesehen, bevor er von der Militärpolizei vertrieben worden sei.

Der frühere Soldat Frank Kaufmann sagte im Jahre 1989 aus, er sei 1947 Mitglied eines Suchtrupps des Militärs gewesen. Ein paar hundert Meter von Brazels Ranch entfernt habe der Trupp ein intaktes UFO gefunden, das halb im Sand gesteckt habe. Dabei habe er mehrere tote Aliens gesehen.

Seit Jahrzehnten erscheinen immer wieder neue Veröffentlichungen
zum Roswell-Zwischenfall, in denen Dutzende weitere Zeugen
zu Wort kommen. Bei allen Unterschieden in der Darstellung
der Ereignisse von 1947 treten immer wieder die gleichen
Gemeinsamkeiten auf: ein abgestürztes untertassenförmiges
Flugobjekt, kleine, schmächtige kinderähnliche Leichen mit über-
proportional großen Köpfen und Augen, kleinen Mündern und feh-
lenden Nasen und Ohren (siehe Abb. 2.8.2). Ebenfalls gemein-
sam sind den Berichten zufolge die Einschüchterungsversuche
dieser Zeugen durch die amerikanische Regierung teils mit dras-
tischen Mitteln.[45]

Erneut geriet die Regierung unter Zugzwang. Schließlich konn-
te die Projekt-Mogul-Geschichte nicht die zahlreichen Aussagen
von Zeugen erklären, sie hätten tote »Aliens« gesehen. Also zau-
berten sie folgende Geschichte aus dem Hut: In den Jahren 1953
bis 1959 hätte die Airforce eine große Zahl anthropomorpher
Testpuppen von Ballons (!) aus großer Höhe abgeworfen. Ziel der
Versuche sei die Untersuchung des Freifallverhaltens für spätere
Versuche mit Menschen gewesen sein. Die »Zeugen« hätten die-
se Testpuppen für tote Aliens gehalten. Schließlich hatten einige
Zeugen die angeblichen Alienkörper selbst für Dummies gehalten
oder damit verglichen.[46]

Soweit der krampfhafte Erklärungsversuch der offiziellen
Stellen, über den man eigentlich nur schmunzeln kann. Es ist mir
fast schon zu dumm, auf diese Dinge einzugehen. Deshalb liste
ich nur die gröbsten Unstimmigkeiten auf:

- Die Zeugen müssten sich um 6 bis 12 Jahre bei ihren Angaben
geirrt haben. Ihre Aussagen bezogen sich auf den Roswell-
Zwischenfall im Jahre 1947, während die Fallschirmdummies
zwischen 1953 und 1959 abgeworfen wurden.

- Die Fallschirmpuppen waren »anthropomorph«, also von
menschlicher Gestalt. Um das Fallverhalten aus großer Höhe zu
testen ist es schließlich sinnvoll, Dummies zu verwenden, deren
Form, Größe und Gewicht einem menschlichen Körper entspricht.
Die Zeugen berichten jedoch von kleinen, nur rund einen Meter
großen »toten Aliens« mit den besagten großen Köpfen und den

genannten weiteren nicht menschenähnlichen Details. Selbst ein ungebremster Sturz aus großer Höhe kann eine ca. 1,80 m große Puppe nicht auf einen Meter schrumpfen lassen und verschafft ihr auch keinen überdimensional großen Kopf mit großen, insektenartigen Augen.

- In der Nähe von auf dem Boden gelandeter Fallschirmpuppen sollte sich eigentlich nur ein Fallschirm befinden, nicht jedoch das untertassenförmige Wrack eines offenbar abgestürzten Raumschiffs.

Zu diesen offenkundigen Unstimmigkeiten der offiziellen Darstellung im Vergleich zu den Zeugenaussagen erscheinen mir die angeblichen Einschüchterungsversuche – vor dem Hintergrund der erwiesenen Verlogenheit der amerikanischen Administration – ziemlich plausibel zu sein.

Überflüssig zu erwähnen, dass die obigen Zeugenaussagen perfekt zur Vril-Hypothese C passen und auch zu meiner Vermutung, Major Marcel habe anhand der Verteilung der Trümmerstücke den eigentlichen Absturzort der Flugscheibe gefunden. Im oder in unmittelbarer Nähe des Wracks fand sein Trupp dann jene Puppen, die zunächst für tote Aliens gehalten und von den Zeugen genau als das beschrieben wurden, was sie in Wirklichkeit waren, nämlich Dummies.

Nach mehreren Zwischenstationen gelangten die Trümmer der Aufklärungsdrohne mitsamt den Dummies zur sagenumwobenen »Area 51«, wo seitdem versucht wird, die Vril-Technologie zu reproduzieren. Nicht zuletzt auf Basis der bislang gewonnenen Erkenntnisse werden dort die fortschrittlichsten Technologien des amerikanischen Militärs entwickelt und getestet. Dazu gehörten beispielsweise auch die Tarnkappenbomber F-111 und B-2.

An dieser Stelle möchte ich darauf hinweisen, dass die Reproduktion der Vril-Technologie für die Amerikaner erheblich schwieriger ist, als sie es für die *Vril-Gesellschaft* in den 20er und 30er Jahren des vorherigen Jahrhunderts war. Schließlich verfügte der technologische Arm der *Deutschtempler* über konkrete Bauanleitungen, die Teil der im Heiligen Gral, dem elektronischen Lesegerät der *Alderaaner*, gespeicherten Informationen sind. Die Amerikaner bzw. *Illuminaten* müssen diese Technologie jedoch aus Trümmerstücken ableiten, ohne zu wissen, wie genau die verschiedenen Komponenten herzustellen sind. Speziell das größte Geheimnis, nämlich wie auf makroskopischer Ebene die notwendige Quantenkohärenz herzustellen ist, war für die Wissenschaftler der Area 51 lange ein Buch mit sieben Siegeln. Doch gerade in den letzten Jahren wurden in jenem streng abgeschirmten Gebiet in der Wüste von Nevada auf diesem Gebiet bedeutsame Fortschritte erreicht. Sobald die Agenten der *Artur* berichten, dass der Gegner kurz davor steht, beispielsweise Vril-Bomben herzustellen, dürfte es zur offenen Auseinandersetzung kommen. Nach den Informationen, die mir vorliegen, ist dieser Tag nur noch wenige Jahre entfernt.

Ich hoffe, Sie davon überzeugt zu haben, dass die Erklärung C erheblich plausibler ist, als die von einem Wetterballon zu einem Aufklärungsballon revidierte Lüge der offiziellen Stellen. Zusätzlich erklärt die Existenz der *Vril-Gesellschaft* das allgemeine UFO-Phänomen, die übereinstimmende Beschreibung unzähliger Zeugen einer untertassenartigen Form dieser Raumschiffe; sie erklärt den Ursprung der Mythen um die deutschen Flugscheiben und sie erklärt, warum die ranghohen Nazis – einen gewissen Wahrheitsgehalt der Mythen vorausgesetzt – nicht Teil der Absetzbewegung gewesen sind. Sie erklärt die militärischen Vorstöße der Amerikaner in die Antarktis, deren abruptes Ende und das massenhafte Auftauchen von Flugscheiben über Washington im Jahre 1952.

2.9 Stützpunkte der Dritten Macht – das *Templerreich*

Doch widmen wir uns nun den *Artur* und ihrem wissenschaftlichen Arm, der *Vril-Gesellschaft*, sowie dem von ihnen geschaffenen *Templerreich*. Zunächst stellt sich die Frage nach den Stützpunkten jener bislang geheimnisvollen Dritten Macht.

Da wäre zunächst einmal die Hauptstadt Neu-Berlin, die in der teilweise natürlichen und von den *Alderaanern* erweiterten antarktischen Höhle unterhalb der Schirmacher Seenplatte in unmittelbarer Nähe zum Schelfeis liegt. Neben den bereits vorhandenen und renovierten Gebäuden der *Alderaaner* ist dort eine Großstadt mit mittlerweile zwei Millionen Einwohnern entstanden. Durch die Vril-Lampen an der Decke wird ein gleichmäßiges Klima bei einer Temperatur von 20° Celsius erzeugt. Das Licht der Lampen weist das gleiche Spektrum wie die Strahlung der Sonne auf (Wärmestrahlung bei ca. 5.000° Celsius). Aus diesem Grunde existieren in der Höhle neben den meist im neoklassischen Stil gehaltenen Gebäuden ausgedehnte Parkanlagen. Landwirtschaft wird weitgehend automatisiert in vertikalen, turmartigen Farmen betrieben.

Ansonsten unterhalten die *Templer* noch ein Bergwerk in Brasilien beim Berg Tamacuari, über den bei Sternhoff einiges nachzulesen ist[47] und ein weiteres in den chilenischen Anden, 80 km östlich der Colonia Dignidad, heute Villa Bavaria (Bayrisches Dorf).

Die eigentlichen Aktivitäten der *Templer* haben sich bereits in den 50er Jahren auf andere Himmelskörper unseres Sonnensystems verlagert. Die Gründe dafür sind zweierlei: Erstens legt man nach den Erfahrungen der vergangenen Jahrhunderte, speziell des zwanzigsten, keinen besonderen Wert auf eine Zusammenarbeit mit dem Rest der Menschheit. Zweitens kostet sowohl Energie als auch die Beförderung von Lasten in den Weltraum dank der ausführlich beschriebenen Vril-Technologie so gut wie nichts. Energie im Allgemeinen und Antrieb im Speziellen, kann in praktisch beliebiger Menge durch den Prozess der Baryonenvernichtung aus herkömmlicher Materie gewonnen werden. Aus diesen Gründen befinden sich auch die hauptsächlichen Rohstoffquellen der *Templer* außerhalb der Erde. Schwere Elemente wie Metalle, speziell Edelmetalle, sind in Hülle und Fülle im Asteroidenring zwischen Mars und Jupiter sowie im Kuipergürtel jenseits des Neptuns vorhanden und leicht zugänglich. Die leichteren Elemente zur Synthese organischer Verbindungen Wasserstoff, Kohlenstoff, Sauerstoff, Stickstoff, Schwefel und Phosphor sind erheblich reichhaltiger als auf der Erde in der Atmosphäre unseres Nachbarplaneten vorhanden: der Venus.

Wenn wir uns diesen Planeten einmal etwas genauer anschauen, wird deutlich, dass er sich für eine Besiedlung durch eine die Vril-Technologie beherrschende Zivilisation erheblich besser eignet als der Wüstenplanet Mars mit seiner dünnen Atmosphäre. Ich betone diesen Punkt, weil in der mythenbildenden Literatur um die Dritte Macht der Mars wie selbstverständlich als Zufluchtsort genannt wird, die Venus jedoch keine Erwähnung findet. Dabei ist der Mars nichts weiter als eine kleine, trockene Welt, auf der es nichts zu holen gibt, was man im Asteroidenring nicht viel einfacher haben kann.

Die Ursache, warum die Autoren genau in der falschen Richtung die Hauptwelt der Dritten Macht vermuteten, mag einerseits damit zusammenhängen, dass die Venus mit ihrer Oberflächentemperatur von mehr als 460° Celsius als extrem lebensfeindlich gilt und andererseits mag auch das Bestreben der *Artur* eine Rolle gespielt haben, die unvermeidlichen Spekulationen in die falsche Richtung zu lenken – ich vermute also das geschickte Streuen von Desinformation.

Vergleichen wir zunächst einmal die grundsätzlichen physikalischen Daten von Mars und Venus:

Tabelle 2.9.1: Vergleich zwischen Venus und Mars:

	Mars	Venus
Durchmesser	6.800 km	12.100 km
Fallbeschleunigung in m/s²	3,69	8,87
Oberflächentemperatur in °C	-133 < T < 27 -55 im Mittel	437 < T < 497
Atmosphärendruck in bar	0,006	92
Atmosphärenzusammensetzung	$95,3\% CO_2, 2,7\% N_2, 1,6\% Ar$	$96,5\% CO_2, 3,5\% N_2, 0,015\% SO_2$
Große Halbachse in AE[XXIX]	1,5	0,7
min. Entfernung zur Erde	56 Mio. km	38 Mio. km

[XXIX] Die astronomische Einheit (abgekürzt AE) ist ein Längenmaß in der Astronomie. Die AE hat eine Länge von 149 597 870 700 Metern und entspricht etwa dem mittleren Abstand zwischen Erde und Sonne.

Zunächst einmal wird aus Tabelle 2.9.1 deutlich, dass die Venus, was die Größe und die Schwerkraft (Fallbeschleunigung Erde = 9,81 m/s²) anbelangt, wie ein Zwilling der Erde wirkt. Auf dem Mars hingegen würde ein Mensch deutlich weniger als die Hälfte seines Gewichts auf der Erde haben. Damit verbunden wäre eine entsprechende Degeneration der Muskulatur und des Knochengerüsts bei einem dauerhaften Aufenthalt auf dem Mars. Auf der Venus ist die Schwerkraft jedoch nur 10% niedriger als auf der Erde, was zu keinerlei schädlichen Nebenwirkungen führt und durch Sport, der bei den *Templern* ohnehin großgeschrieben wird, mehr als ausgeglichen werden kann.

Auf beiden Planeten wäre ein Betreten der Oberfläche ohne Schutzanzug sofort tödlich. Auf dem Mars würde man umgehend ersticken, weil der Luftdruck aus Sicht des Menschen mit sechs Tausendstel des irdischen Luftdrucks wie ein Spaziergang im Vakuum des Weltraums ohne Raumanzug wirken würde. Der Luftdruck an der Oberfläche der Venus entspricht hingegen dem 92-fachen des Drucks an der Erdoberfläche. Der gleiche Druck wird auf ein irdisches U–Boot ausgeübt, das 910 m tief taucht. Hauptbestandteil der Venus-Atmosphäre ist Kohlendioxyd, was auch nicht unbedingt zu unserem Wohlbefinden beitragen würde.

Auf der Oberfläche des Mars herrscht durchschnittlich eine Temperatur von -55°C, was als ziemlich ungemütlich empfunden werden dürfte. Auf der Oberfläche der Venus hingegen würde man mehr als wohlig warme 460°C vorfinden, die den ungeschützten Besucher auf der Stelle grillen und sogar Blei und Zinn schmelzen lassen würden. »Oberflächlich« – im wahrsten Sinne des Wortes – betrachtet, sind also weder Mars noch Venus Orte für den perfekten Erholungsurlaub …

Doch bei genauerem Hinsehen gibt es einen gewaltigen Unterschied zwischen Mars und Venus: Während auf dem Mars mit zunehmender Höhe relativ zur Oberfläche die Temperatur noch unfreundlicher und der ohnehin kaum vorhandene Luftdruck noch niedriger wird, so bewegen sich diese beiden lebenswichtigen physikalischen Größen, Druck und

Temperatur, im Falle der Venus mit zunehmender Höhe auf irdisches Niveau. In knapp 50 km Entfernung über der Oberfläche beträgt der Luftdruck exakt 1 bar, also der gleiche Druck wie auf der Erdoberfläche, und die Temperatur beträgt angenehme 20° C (siehe Abb. 2.9.1).

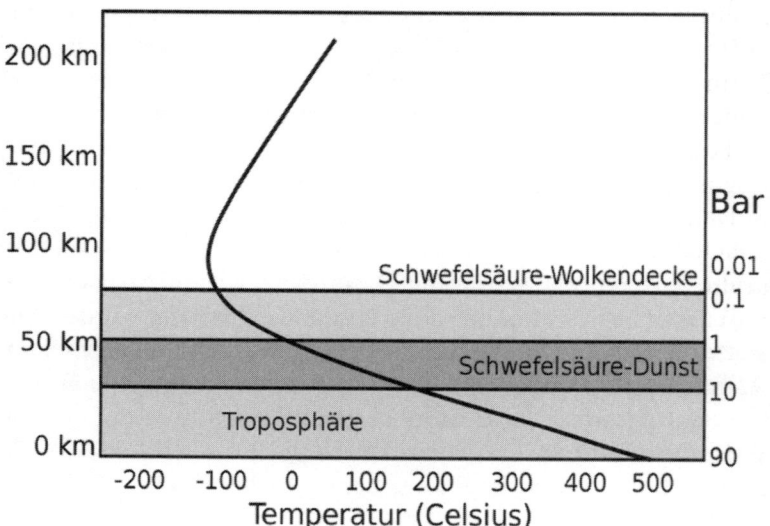

(Abb. 2.9.1: Temperatur und Druck auf der Venus als Funktion der Höhe[48])

Was man also zur Besiedlung der Venus braucht, ist die Möglichkeit, sich permanent in rund 50 km Höhe aufzuhalten. Genau diese Möglichkeit liefert die Vril-Technologie.

Um zu erklären, warum die Vril-Technologie sich für eine Besiedlung der Venus geradezu anbietet, möchte ich Ihnen die Gleichung

$$\frac{m_T}{t} = \frac{M_R a}{c}$$

(Gl. A2.9)

ans Herz legen (zur Herleitung siehe Anhang 2). Mit dieser Gleichung kann man berechnen, wie viel Masse m_T mittels elektroschwacher Baryonenvernichtung in gerichtete Neutrinos umgewandelt werden muss, um die Masse M_R mit dem Wert a zu beschleunigen.

Wenn wir also eine schwebende Stadt mit der Masse M_R in den Wolken der Venus errichten wollen, so muss a exakt gleich der Fallbeschleunigung der Venus (8,87 m/s²) sein. Gleichung A2.9 sagt uns dann, wie viel Masse m_T wir pro Sekunde zu gerichteten Neutrinos vernichten müssen, um genau diese Beschleunigung zu erreichen.

Die in 50 km Höhe schwebende Venusstadt ist bzw. wird auf »Urbanen Segmenten« erbaut, die jeweils mit einem nach unten offenen Quader aus transparentem Kunststoff überdacht sind (siehe Abb. 2.9.2). Druck und Temperatur sind außerhalb der schwebenden Plattform zwar gleich groß wie innerhalb des Quaders (weshalb keine Kräfte auf ihn einwirken, eine Stadt auf dem Mars hingegen müsste durch Panzerkuppeln vom Vakuum abgeschirmt werden), doch die Zusammensetzung der Atmosphäre ist außerhalb des Quaders durch Kohlenstoff und Stickstoff geprägt, innerhalb des Quaders durch das auf der Erde herrschende Verhältnis von Stickstoff und Sauerstoff. Der das Segment überdachende Kunststoffquader verhindert also die Durchmischung der giftigen Venusatmosphäre mit der künstlichen, an irdische Verhältnisse angepassten Atmosphäre der Stadt.

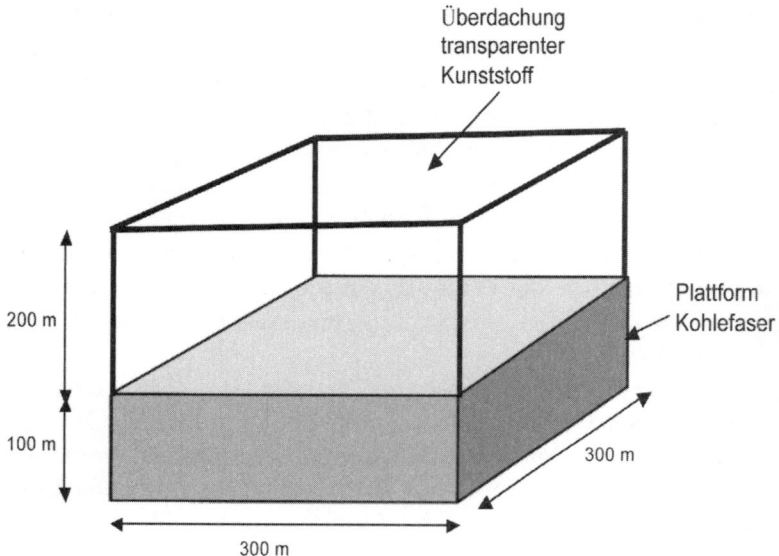

Überdachung
transparenter
Kunststoff

200 m

100 m

300 m

300 m

Plattform
Kohlefaser

Abbildung 2.9.2: Schematische Darstellung eines Urbanen Segments.

Ein Urbanes Segment des *Templerreichs* hat eine quadratische Grundform mit einer Seitenlänge von 300 m und einer Dicke von 100 m. Der aufgesetzte Quader aus transparentem Kunststoff hat eine Höhe von 200 m. Das Gewicht der gesamten Konstruktion beträgt 756.193 Tonnen. Setzt man diesen Wert für M_R und die Fallbeschleunigung der Venus für a in Gleichung A2.9 ein, so erhält man: $m_T / t = 22,37 \text{kg} / \text{s}$.

Pro Sekunde müssen also etwas mehr als 22 kg Masse vernichtet werden, um den Schwebzustand der Urbanen Plattform aufrecht zu erhalten.

Die Frage, die sich nun stellt, ist, woher man die Masse zur Baryonenvernichtung nimmt. 22 kg pro Sekunde sind zwar nicht besonders viel, doch mit der Zeit kommt da doch einiges zusammen. Die Antwort lautet: Man schlägt zwei Fliegen mit einer Klappe. Man errichtet aus den fliegenden Segmenten eine gigantische Plattform bei 1 bar Umgebungsdruck und 20°C Umgebungstemperatur und nutzt den Vril-Prozess, mit dem die gesamte Konstruktion in der Schwebe gehalten wird, zum »Terraforming«[XXX] der Venus. Wie dies im Detail funktioniert, erläutere ich im Anhang 4.

Wichtig sind hier folgende Fakten:
Die Urbanen Segmente sind sich selbst reproduzierende planetare Fabriken, die der Venusatmosphäre das CO_2 entziehen, um

- sich in der Schwebe zu halten (Baryonenvernichtung),
- weitere Urbane Segmente aus den Bestandteilen der Venusatmosphäre zu erzeugen
- zusätzlich chemische Verbindungen aus Kohlenstoff und Sauerstoff zu erzeugen, die Festkörper bilden und so den Luftdruck senken.

Im Anhang 4 zeige ich, dass der Terraforming-Prozess, der im Jahre 2008 begonnen wurde, im Jahre 2095 abgeschlossen sein wird. Dann wird es möglich sein, dass Menschen ohne Schutzanzug die Venusoberfläche betreten. Die *Templer* beabsichtigen, dort mit Hilfe der Vril-Technologie, die unbegrenzt umweltfreundliche Energie liefert, und durch Einsatz automatisierter Systeme ein Paradies zu schaffen, das die Zentralwelt für ihre Vorstöße in den Kosmos sein wird.

2.10 Philosophie und Gesellschaftsform der *Templer*

Um die Denkweise der *Templer*gemeinschaft zu verstehen, muss man ihre Geschichte kennen. Diese zu schildern würde den Rahmen dieses Buches bei Weitem sprengen und ist Inhalt der Folgebände, die sich mit der Historie der *Bruderschaft der Schlange* und ihren Gegenspielern, den *Artur*, beschäf-

---

[XXX] Das bedeutet, man beabsichtigt, aus der Venus einen erdähnlichen Planeten zu machen.

tigen und die Auswirkungen auf unsere heutige Gesellschaft beleuchten werden. Deshalb möchte ich an dieser Stelle lediglich einen kurzen Abriss der Entstehungsgeschichte der *Artur* liefern.

Nach dem großen Krieg vor rund 5.500 Jahren zogen sich einige wenige auf der Erde gestrandete *Alderaaner* und *Dragonen* zurück. Mehr als fünfhundert Jahre später entdeckte der sumerische König Gilgameš eines der Verstecke der *Alderaaner*. Dabei gelangte er in den Besitz eines elektronischen Lesegerätes mit einigen Petabytes an Daten über die alderaanische Kultur und Technologie.

Nach seiner Rückkehr in sein Königreich gründete er die Geheimgesellschaft der *Artur*, die in den darauf folgenden Jahrhunderten das Lesegerät studierte, wobei der Sinn der technologischen Beschreibungen natürlich verborgen blieb. Diese wurden erst mit dem Beginn des 20. Jahrhunderts verstanden, nachdem die Relativitätstheorie und die Quantenmechanik entwickelt worden waren.

Mitglieder der *Artur* waren führende Persönlichkeiten der den Sumerern nachfolgenden Zivilisationen: Ägypter, Juden, Griechen, Römer und schließlich Europäer.

Die auf der Erde verbliebenen *Dragonen* hingegen hatten kein Interesse an einer starken, fortschrittlichen Menschheit. Aus diesem Grunde schulten sie die *Bruderschaft der Schlange*, mit Hilfe von Reichtum und geschickter Psychologie Macht zu erlangen. Daraus entstand ein ständiges Ringen zwischen den Mitgliedern der *Artur* und der *Bruderschaft* um die Macht innerhalb der jeweiligen Imperien.

Die Geschichte der Menschheit zeigt, dass Profitstreben und damit einhergehende Bestechlichkeit letztendlich immer über Anstand und Rechtschaffenheit siegten, was zum jeweiligen Untergang der Imperien führte. Die *Bruderschaft* ging daraus durch immer weiter gesteigerten Reichtum gestärkt hervor und nutzte ihre Mittel zur Unterwanderung des nächsten großen Reiches. Einer ihrer hartnäckigsten Gegner innerhalb der *Artur* waren die Juden, die schließlich von der *Bruderschaft* besiegt und aus Israel vertrieben wurden. Ihren letzten großen

Schlag führte die *Bruderschaft* gegen ihren alten Feind durch entsprechende Manipulation der Naziideologie, was letztlich zum Holocaust führte.

Nach dem Untergang des Römischen Reiches begann eine lange, von der *Bruderschaft* dominierte Epoche. Mit dem Erstarken Europas sahen die *Artur* jedoch die Möglichkeit zur Gründung neuer, großer Reiche. Sie rekrutierten die Führungselite der *Tempelritter* für sich und weihten sie in das Geheimnis des elektronischen Lesegeräts ein, das zusammen mit den geschichtlichen Aufzeichnungen der *Artur* der »Heilige Gral« genannt wurde.

Es kam, wie es kommen musste: die *Bruderschaft* organisierte wenige Jahrzehnte später eine Intrige zwischen der von ihnen bereits unterwanderten katholischen Kirche und dem französischen König. Letzterem wurden die Reichtümer der *Templer* als Lohn für einen massiven Schlag gegen den Erzfeind der *Bruderschaft* versprochen. Viele *Templer* gerieten in Gefangenschaft und wurden auf dem Scheiterhaufen verbrannt. Doch vielen gelang die Flucht aus Frankreich nach Deutschland, wo man sich in weiterer Folge mit dem *Deutschritterorden* vereinte und immer größeren Einfluss auf die Geschicke Europas, speziell Preußens, gewann.

Es folgte die Epoche der Aufklärung, getrieben durch große Persönlichkeiten, die allesamt den *Artur* angehörten, die sich nie als nationale Vereinigung gesehen hatten, wie Isaac Newton, Gottfried Wilhelm Leibniz, René Descartes und vielen anderen. Diese Epoche war der letzte Versuch der *Artur,* Aberglaube und Vorurteile bei der Masse durch Vernunft zu ersetzen.

Dieses Vorhaben, das letztlich zur endgültigen Entmachtung der *Bruderschaft* geführt hätte, wurde von ihr ins Gegenteil verkehrt, indem sie, wie bereits erwähnt, die sinnvolle gleiche Anwendung von Gesetzen zu einer logisch falschen allgemeinen Gleichheit der Menschen stilisierten und das freiheitliche Wirtschaftsystem in eine Herrschaft ihrer Banken verwandelten, die sich auf ein, bei genauerer Betrachtung, absurdes Finanzsystem gründet – was ebenfalls noch ausführlich in Folgebänden zu diskutieren sein wird …

Der durchschlagende Erfolg, den sie mit einfachsten, geradezu primitiven Maßnahmen hatten, die breite Masse noch stärker zu versklaven, führte zu einem – wahrscheinlich – endgültigen Umdenken der *Artur*. Man konzentrierte sich nicht länger auf den Fortschritt der gesamten Menschheit. Stattdessen bildeten die *Templer* eine Parallelgesellschaft, die sich mit Kunst, Philosophie und vor allem Naturwissenschaft beschäftigte. Das Schicksal der Masse spielte bei ihren Planungen nur noch eine untergeordnete Rolle, die immer mehr an Bedeutung verlor.

Mit dem Verständnis der Vril-Technologie und den sich daraus ergebenden Möglichkeiten, sahen die *Artur* in der ersten Hälfte des 20. Jahrhunderts die Möglichkeit, die *Bruderschaft* auszulöschen und die Menschheit unter ihrem alleinigen Einfluss vielleicht doch noch auf den Pfad der Vernunft und den sich daraus zwangsläufig ergebenden Tugenden zu bringen. Doch der *Bruderschaft* gelang es, die ohne deren Wissen manipulierten Nationalsozialisten durch finanzielle Förderung an die Macht zu bringen. Die westlichen Demokratien standen ohnehin unter ihrem finanziellen Einfluss. Folglich war der Weg für den zweiten großen Krieg des Jahrhunderts bereitet, in dem die *Bruderschaft* nicht nur die letzte, bis zur Machtergreifung der Nazis »unabhängige« europäische Großmacht unter ihre Kontrolle brachte, sondern auch Billionen an Zinseinkünften und Kriegsgewinnen einstrichen.

Die *Artur* kamen trotz intensiver Arbeit an der Stabilisierung der Vril-Technologie zu spät. Die westliche Welt war nach dem Krieg fester denn je in der Hand der *Bruderschaft*. Den *Artur* bleib nichts anderes übrig, als den Rückzug in den alten alderaanischen Stützpunkt in der Antarktis anzutreten.

Das Wertesystem der *Templer* ist mit dem in der westlichen Welt propagierten wenig kompatibel. Ihre Gesellschaftsordnung ist beispielsweise keine parlamentarische Demokratie. Man könnte sie eher als eine »meritokratische Demokratie« verstehen. Die Universität des Reiches besteht, wie bei uns, aus Fachschaften. Laut Verfassung sind bestimmte Fachschaften regierungsrelevant. Zu diesen gehören: Politik/Geschichte,

Soziologie, Physik/Chemie, Biologie, Philosophie und Psychologie. Die Professoren dieser Fachschaften wählen jeweils drei Professoren, die das entsprechende Regierungsressort bilden, also vergleichbar mit unseren Ministern sind. Zusätzlich wählen sie aus ihren Reihen nach römischem Vorbild zwei Konsuln. Die fachlichen Entscheidungen werden in den zuständigen Ressorts getroffen, die organisatorische Umsetzung erfolgt durch die beiden Konsuln unter Inanspruchnahme des Beamtenapparats. Beide Konsuln sind in zivilen Fragen gleichberechtigt. Einer der beiden, der Großmeister, ist jedoch zusätzlich Oberbefehlshaber der Streitkräfte.

Auch wenn die meisten Bürger des *Templerreichs* kein Mitspracherecht in Regierungsfragen und kein Wahlrecht besitzen, so sehen sich die *Templer* doch als Demokratie, weil jeder Bürger das Recht auf kostenlose Bildung entsprechend seiner Fähigkeiten hat und dementsprechend keine äußeren Hemmnisse existieren, die ihn davon abhalten könnten, Professor und Mitglied eines Regierungsressorts oder sogar Konsul zu werden.

Es wird streng darauf geachtet, dass sämtliche Entscheidungen auf Basis der Vernunft (Logik) getroffen werden. Man ist allgemein der Auffassung, dass Tugenden notwendigerweise eine direkte Folge der Vernunft sind. Dementsprechend werden die Annahmen, auf deren Basis Entscheidungen getroffen werden, gründlich durchleuchtet und jene, deren Richtigkeit nicht bewiesen werden kann – Axiome oder Sachverhalte hoher Komplexität –, auf ein Minimum reduziert und einer ausführlichen Plausibilitätsprüfung unterzogen.

Als Folge des Vernunftdogmas wird Religionsfreiheit im Templerreich sehr ernst genommen: Die Gesellschaft ist frei von Religion. Damit ist keine Gottlosigkeit gemeint, sondern dass die Frage nach der Existenz bzw. Nichtexistenz Gottes nach rein logischen, also wissenschaftlichen Gesichtspunkten betrachtet und diskutiert wird.

Die Freiheit der Bürger des *Templerreichs* wird durch die Gewaltenteilung sichergestellt. Neben den drei üblichen Gewalten Legislative (die Regierung durch die Ressorts),

Judikative (Gerichtsbarkeit) und Exekutive (Polizei) existiert im Templerreich noch eine, als solche auch definierte vierte Gewalt: die Medien. Es wird peinlich darauf geachtet, dass diese Gewalten strikt voneinander getrennt werden. Wer beispielsweise Mitglied des Justizressorts ist, darf nicht als Richter, Staatsanwalt oder Anwalt tätig sein. Ebenso darf die Regierung keinerlei Einfluss auf die meinungsbildenden Medien haben. Ein direkter Einfluss auf die Medien, wie dies bei uns im Falle der öffentlich/rechtlichen Sendeanstalten der Fall ist, würde im *Templerreich* als direkte Bedrohung der Freiheit gesehen werden – vor allem, wenn die zugrundeliegende Staatsform eine parlamentarische Demokratie ist. Diese setzt bekanntermaßen das allgemeine Wahlrecht voraus: Somit wählt die Allgemeinheit direkt oder indirekt die Regierung, wobei die Meinung der breiten Masse gerade durch die regierungseigenen Medien gesteuert wird. Auf diese Weise können die etablierten politischen Strömungen ziemlich einfach ihre Macht erhalten ...

Die *Templer* sehen den Existenzzweck ihrer Zivilisation im Fortschritt mit dem damit verbundenen Erkenntnisgewinn in allen Fachbereichen und in der Veränderung der Umwelt zur Beschleunigung eines nachhaltigen Fortschritts.

Als Folge der durch den Vril-Prozess in beliebiger Menge zur Verfügung stehenden Energie und der weitgehenden Automation jeglicher Produktion stehen jedem Bürger praktisch alle gewünschten materiellen Dinge zur Verfügung. Daher ist lediglich Lob, Anerkennung und Erkenntnis statt Profit eine Motivation dafür, Leistung zu erbringen. Dementsprechend macht ein kapitalistisches Wirtschaftssystem für diese Gesellschaft keinen Sinn. Folglich sind alle Produktionssysteme verstaatlicht, ähnlich wie man es im Kommunismus, allerdings unter völlig anderen Voraussetzungen, versucht hat.

Wie wir im nächsten Kapitel sehen werden, führten die *Alderaaner* an der zu jener Zeit noch primitiven und nicht zu Hochkulturen befähigten Menschheit genetische Veränderungen zur Steigerung ihrer geistigen Fähigkeiten durch. Aus diesen genetisch veränderten Menschen rekrutierten sie ihre

Soldaten für den Krieg gegen die *Dragonen*. Aus diesem Grunde ist die Entschlüsselung des menschlichen Genoms und auch die Wirkung der genetischen Sequenzen – oftmals einfach »Gene« genannt – auf die geistigen und körperlichen Eigenschaften des Menschen Teil des im Gral kodierten Wissens.

Bei der geschlechtlichen Fortpflanzung erhält der Embryo exakt 50% der Gene vom Mann und 50% von der Frau, wobei es dem Zufall unterliegt, welche der männlichen beziehungsweise weiblichen Gene zu den jeweiligen 50% gehören. Die *Templer* nutzen nun ihr genetisches Wissen, um aus den Genen der beiden Geschlechter die im Hinblick auf geistige und körperliche Eigenschaften jeweils optimalen zur Kombination auszuwählen. Zusätzlich wird das fertige Genom des Embryos auf Gendefekte (Erbkrankheiten) und negative Mutationen untersucht. Darüber hinaus werden auf Wunsch der Eltern weitere genetische Veränderungen vorgenommen, die auf eine Steigerung der geistigen und körperlichen Fähigkeiten abzielen. Die Befruchtung erfolgt außerhalb des Körpers. Die befruchtete Eizelle wird der Frau nach der »kontrollierten genetischen Kombination und gegebenenfalls Manipulation« eingesetzt. Auf diese Weise wird der Genpool der *Templer*gemeinschaft sukzessive verbessert.

Ethische Bedenken für ein solches Vorgehen bestehen nicht. Nach dem Naturverständnis der *Artur* richtet sich der Primitivitätsgrad eines Lebewesens nach seiner Fähigkeit, auf seine Umwelt zu reagieren und diese zu seinem nachhaltigen Vorteil zu manipulieren. Lebewesen auf der untersten Primitivitätsstufe reagieren lediglich auf ihre Umwelt. Höhere Formen beginnen in unterschiedlicher Intensität, die Umwelt zu verändern. Die Spanne dabei reicht zum Beispiel vom Bau eines Wespennests bis zum Städte- und Ackerbau des Menschen. Auf der nächsten Stufe beginnt das Lebewesen, sich selbst zu verändern. Beispiele sind Prothesen, Medikamente und operative Eingriffe beim Menschen. Auf der nächsten Stufe verändert das Lebewesen seinen eigenen Bauplan, also seinen eigenen genetischen Code, entsprechend seinen Wünschen und Bedürfnissen. Würde man einem *Templer* vorwerfen, dies sei aber »Gott spielen«, so würde er wahrscheinlich antworten, dies sei lediglich eine hohle Phrase in typischer *Illuminaten*manier, um die Menschen primitiv und somit beherrschbar zu halten. Und falls Gott etwas dagegen hätte, möge er bitte bei den Konsuln vorstellig werden und seine Bedenken vortragen ...

Wie Sie sehen, lieber Leser, haben sich die Denkweisen der *Artur* und unserer westlichen Zivilisation ziemlich weit voneinander entfernt.

Die Obergrenze der Bevölkerungszahl ist im *Templerreich* auf 10 Millionen festgelegt. Man ist der einhelligen Meinung, dass diese Zahl für einen vielfältigen Genpool ausreicht und ein Mehr an Menschen keine Vorteile, sondern eher Nachteile für die Zivilisation bringen würde. Energie ist zwar praktisch unbegrenzt vorhanden, andere Ressourcen wie zum Beispiel der pro Familie zur Verfügung stehende Platz jedoch nicht. Eine höhere Zahl an Menschen würde also zur Verschlechterung der Lebensqualität führen, wofür es keinen Anlass gibt. Möglicherweise wird diese Zahl per Verfassungsänderung, die eine Zweidrittelmehrheit der Versammlung sämtlicher Regierungsressorts erfordern würde, erhöht, sobald Elysium, die fliegende Plattform auf der Venus, groß genug ist, um besiedelt zu werden.

Vor diesem Hintergrund mag die Abneigung der *Artur* verständlich erscheinen, sich mit dem Rest der Menschheit zu belasten. Das, woraus auch immer abgeleitete, Recht des Menschen auf uneingeschränkte Vermehrung bei begrenzten Ressourcen erscheint den *Templern* ebenso absurd wie die irrationalen religiösen Grundlagen der Lebensgestaltung auf der einen Seite und den ebenso irrationalen Ersatz des Religiösen durch Profitstreben und materiellen Wohlstand auf der anderen Seite.

Nach Ansicht der *Artur* ist Glaube nichts anderes als der Verzicht auf eine logische Begründung, also des Verstandes, dem hauptsächlichen Unterschied zwischen Mensch und Tier, was zwangsläufig zu Fehlschlüssen und Untugenden führen muss.

Zusammenfassend kann man sagen, dass die *Artur* in den vergangenen Jahrtausenden bestrebt waren, Imperien zu gründen und den Fortschritt der gesamten Menschheit voranzutreiben. Nach dem Scheitern der Aufklärung, zumindest was die breite Masse anbelangte, zogen sie sich jedoch zurück und praktizieren ihre Ideale nur noch innerhalb der eigenen Gemeinschaft.

Teil 3: Alderaan und Dragon

3.1 Tau-Ceti und Epsilon Eridani

Als ich in den Aufzeichnungen meines Großvaters auf die
Dateien über die alderaanische Zivilisation stieß, fingen meine Hände leicht an zu zittern und mein Herz schlug bis zum
Hals. Seit meiner frühen Jugend wollte ich Physik studieren, getrieben von der naiven kindlichen Vorstellung, dereinst am Bau
von Raumschiffen mitzuwirken, mit denen die Menschheit das
Universum erforschen kann. Teil dieser Träumereien war natürlich der Kontakt zu fremden Zivilisationen und die damit verbundenen phantastischen Abenteuer. Dementsprechend verschlang
ich Science-Fiction-Hefte wie »Ren Dhark« und »Perry Rhodan«
geradezu, denn dort wurde genau dieses größte Abenteuer der
Menschheit beschrieben.

Und nun lag es vor mir: das Wissen um eine außerirdische
Zivilisation – keine Science-Fiction, keine Phantastereien, sondern eine wirklich existierende Spezies, die erheblichen Einfluss
auf die Entwicklung der Menschheit genommen hatte.

Im Folgenden möchte ich eine kurze Zusammenfassung der
wesentlichen Fakten anführen.

Die *Alderaaner* sind eine menschenähnliche Spezies. Alleine
dieser Umstand brachte mich ziemlich aus dem Gleichgewicht.
Wie groß ist wohl die Wahrscheinlichkeit dafür, dass sich zwei
Spezies völlig unabhängig voneinander, durch viele Lichtjahre getrennt, so ähnlich entwickeln? Ich habe bis heute keine Erklärung
für dieses Phänomen, sondern höchstens eine vage Vermutung,
die ich in einem späteren Band äußern werde.

Diese Humanoiden sind etwas schlanker und größer als die
Menschen der Erde. Diesen Umstand verdanken sie ihrem
Heimatplaneten Alderaan, der als zweiter Planet seine Sonne
Erisant umkreist. Alderaan ist etwas kleiner als die Erde und entsprechend masseärmer, was zu einer Fallbeschleunigung an der
Oberfläche von nur 0,68 g führt, also 32% weniger als auf der

Erde. Diese geringe Schwerkraft führt zu geringerer Muskelbildung und größeren, aber leichteren Körpern als beim Menschen. Der Brustkorb ist ausgeprägter, weil er größere Lungen beherbergen muss, denn die Atmosphäre ist mit 0,65 Bar Normaldruck deutlich dünner als auf der Erde.

Charakteristisch für die *Alderaaner* sind ihre nach oben spitzen Ohren. Bevor Sie mir einen Leserbrief dazu schicken: Ich habe keine Ahnung, warum die Evolution diese Ohrenform begünstigte. Interessant ist jedoch, dass nach oben spitze Ohren immer wieder in der menschlichen Mythologie vorkommen – von meist gutartigen Elfen, Elben über den ebenfalls meist spitzohrig dargestellten Satan bis hin zu den »Vulkaniern« in der Serie »Star Trek« mit ihrem prominenten Vertreter Mr. Spock. Dieses immer wieder kehrende Motiv der spitzen Ohren bei geheimnisvollen, faszinierenden oder übernatürlichen Wesen ist ein deutlicher Hinweis auf einen realen Ursprung – den *Alderaanern*.

Die Sonne Erisant, die von Alderaan umkreist wird, wird in unseren Sternenkatalogen unter dem Namen Epsilon Eridani geführt. Das Sonnensystem ist nur 10,5 Lichtjahre vom unsrigen entfernt und damit der drittnächste Stern relativ zu unserer Sonne (nach Alpha Centauri, bestehend aus drei Sternen, und Sirius). Erisant ist mit einem Durchmesser und einer Masse von rund 85%[49] und einem Radius von 73,5%[50] der entsprechenden Werte der irdischen Sonne etwas kleiner. Außerdem besitzt Erisant nur 34% der Leuchtkraft unserer Sonne. Alderaan umkreist sein Gestirn in erheblich kürzerem Abstand als die Erde die Sonne[51]. Daraus ergeben sich in etwa die gleichen Temperaturbedingungen.

Die Atmosphäre Alderaans ist der irdischen sehr ähnlich. Der Sauerstoffanteil beträgt 22%, Stickstoff ist mit 77% vertreten, Kohlendioxid mit 0,053%. Ebenso sind Meere vorhanden, die 56% der Oberfläche des Planeten bedecken. Kurz: Alderaan ist eine zweite, etwas verkleinerte Erde. Menschen könnten auf seiner Oberfläche ebenso problemlos existieren wie umgekehrt *Alderaaner* auf der Erde.

An dieser Stelle möchte ich noch kurz auf den Namen Alderaan eingehen. Offensichtlich ist er gewollt oder ungewollt »durchgesickert«, denn er wurde bereits in der Spielfilmreihe »Star

Wars« verwendet, und zwar als Name für die Heimatwelt der Königsfamilie Organa, die eine der Hauptfiguren der Reihe, Prinzessin Leia, adoptierten und aufzogen. Im Film wurde Alderaan, eine Welt der Kultur und der Künste, das zweite Opfer des Todessterns, der den Planeten in ein Trümmerfeld aus Asteroiden verwandelte. Ein ähnliches Schicksal hat den echten Planeten Alderaan wahrscheinlich ebenfalls ereilt (natürlich nicht durch den Todesstern eines finsteren Imperators, sondern durch eine Raumflotte der *Dragonen*). Ich erwähne dies nur, weil es noch weitere interessante Parallelen zwischen »Star Wars« und der Wirklichkeit gibt. Nehmen wir die fliegenden Städte auf dem Planeten Bespin. Dort ist ein Handlungsstrang des zweiten Star Wars Films »Das Imperium schlägt zurück« (Episode V) angesiedelt. Diese Wolkenstädte dienen zum Abbau des »Tibanna-Gases« aus der Atmosphäre. Deutlicher könnte der Hinweis auf die im Bau befindliche fliegende, Kohlendioxid abbauende Venusstadt der *Artur* nicht mehr ausfallen. Sollte der liebe George Lucas etwa ...

Hinzu kommt, dass in der Mythenbildung um die Dritte Macht immer wieder von »Aldebaranern« die Rede ist (siehe z. B. van Helsing[52] oder auch die Romanserie »Aldebaran«[53]). Diese Bezeichnung klingt zumindest sehr ähnlich wie das Wort »Alderaan«. Daher liegt, wie bereits erwähnt, auch hier die Vermutung nahe, dass etwas mündlich weitergegeben wurde, was vom Empfänger nicht ganz richtig verstanden wurde. Die Sonne Aldebaran eignet sich nämlich nicht besonders, um heute noch eine raumfahrende Zivilisation zu beherbergen. Es handelt sich um einen sogenannten »Roten Riesen«, wie sie am Ende der Entwicklung von Hauptreihensternen entstehen. Ein »normaler«, Wasserstoff zu Helium fusionierender Stern wie unsere Sonne bläht sich auf das mehrfache seines ursprünglichen Durchmessers auf, wenn sein Vorrat an Wasserstoff langsam zur Neige geht – der Stern wird zum Roten Riesen. Dabei wird seine Oberflächentemperatur niedriger, weshalb sich das Maximum seiner Strahlung vom grün/gelben ins energieärmere Rot verschiebt[54]. Das gleiche Schicksal steht auch unserer Sonne bevor, wobei sie sich soweit ausdehnen wird, dass sie die inneren Planeten Merkur und Venus in rund fünf Milliarden Jahren verschlingen wird. Die Erde wird dabei in einen Klumpen brodelnder Lava verwandelt[55]. Diese Entwicklung hat Aldebaran bereits hinter sich. Wenn es dort einmal Planeten in der habitablen Zone des ehemaligen Hauptreihensterns gegeben haben sollte, so wurden sie von dem sich aufblähenden Stern verschluckt oder in ziemlich ungastliche Höllenwelten verwandelt.

Doch zurück zu Erisant, jenem Stern, der unter dem Namen »Epsilon Eridani« bekannt ist, nur 10,5 Lichtjahre von uns entfernt ist, und um den die Heimatwelt der *Alderaaner* kreist. Erisant ist nur etwa 500 Millionen Jahre alt, was etwa einem Zehntel des Alters unserer Sonne entspricht. Das Leben auf der Erde hat immerhin rund vier Milliarden Jahre gebraucht, bis die Evolution eine intelligente (ja, ich weiß, darüber kann man streiten) Spezies wie den Menschen hervorbringen konnte. Vor diesem Hintergrund erscheint es nicht plausibel, dass die Evolution in dem erheblich jüngeren Sonnensystem Erisant eine höher entwickelte Spezies erzeugen konnte. Dieses Widerspruchs waren sich die *Alderaaner* durchaus bewusst. Außerdem gab es in der Biosphäre Alderaans keine nahen Verwandten der *Alderaaner*. Während sich sämtliche Tier- und Pflanzenarten des Planeten durch die Evolution erklären ließen, hatten die *Alderaaner* selbst keine nahen Verwandten auf ihrer Heimatwelt. Ebenso wenig wurden Fossilien gefunden, die als Vorfahren der *Alderaaner* hätten gelten können. Die ältesten gefundenen Skelette waren knapp zehntausend Jahre alt, davor existierten keine Spuren von Angehörigen ihrer Spezies.

Aus diesem Grunde waren die *Alderaaner* in ihrer Frühgeschichte davon überzeugt, dass ihre Existenz ein direkter Beweis für die Existenz eines Schöpfergottes sein musste. Nur durch einen gezielten Schöpfungsakt ließ sich die Existenz ihrer Spezies erklären. Später wurde dieser Glaube durch die Vermutung ersetzt, sie seien die Nachfahren einer raumfahrenden Spezies, die es aus irgendwelchen unbekannten Gründen nach Alderaan verschlagen hatte, wobei ihre technologischen Kenntnisse verloren gingen und erst nach Jahrtausenden erneut wiederentdeckt wurden. Kurz: Den *Alderaanern* ist der Ursprung ihrer eigenen Spezies nicht bekannt.

Dieser Umstand war einer der Hauptbeweggründe für den extrem stark ausgeprägten Drang dieser Spezies zur Erforschung unserer Milchstraße – zumindest in der Umgebung ihres Heimatsystems. Doch dazu später.

Die Technologie der *Alderaaner* war im Jahre -4.500 der heutigen irdischen um ca. einhundert Jahre voraus und entsprach in etwa dem Stand der *Vril-Gesellschaft* unserer Tage. Es handelte sich um ein hochgeistiges Volk. Kunst und Kultur sowie der wissenschaftliche Fortschritt standen im Zentrum ihres Schaffens. Doch in einem Punkt unterschieden sie sich signifikant vom Menschen: Das Töten intelligenten Lebens war für sie absolut undenkbar. Selbst in Notwehr wären sie nicht dazu fähig gewesen. Zur Verdeutlichung: Für *Alderaaner* dürfte das Töten moralisch ungefähr das Gleiche bedeutet haben wie für Menschen der sexuelle Missbrauch eines Kindes – kein geistig gesunder *Alderaaner*, beziehungsweise Mensch, ist zu einer solchen Tat, auch nicht unter Zwang, fähig. Dementsprechend war Krieg ihnen vollkommen fremd.

Auf der Suche nach ihrem Ursprung und wohl auch aus grundsätzlichem Forschungsdrang, starteten sie um das Jahr -4192 irdischer Zeitrechnung eine interstellare Sonde zum benachbarten Stern Tau Ceti, die das System im Jahre -4178 erreichte. Dieses System war zuvor mit den üblichen Verfahren[56] zur Entdeckung von Exoplaneten[XXXI] untersucht worden. Dabei fand man einen Planeten in der habitablen Zone. Im Spektrum seines reflektierten Sonnenlichts fanden sich Hinweise auf eine Welt (der 4. Planet des Systems) mit reichlich vorhandenem Wasser und sogar Spuren von Methan, was auf die Existenz von Leben hinwies. Es handelte sich um einen erd- beziehungsweise Alderaan-ähnlichen Planeten, allerdings mit erheblich größerer Masse, was zu einer Fallbeschleunigung an der Oberfläche von 2,7 g führte.

XXXI Planeten außerhalb des eigenen Sonnensystems.

Die räumliche Anordnung der in diesem Abschnitt beschriebenen Sterne ist in Abb. 3.1.1 graphisch dargestellt. Die relevanten physikalischen Daten finden Sie in den Tabellen 3.1.1 – 3.1.3.

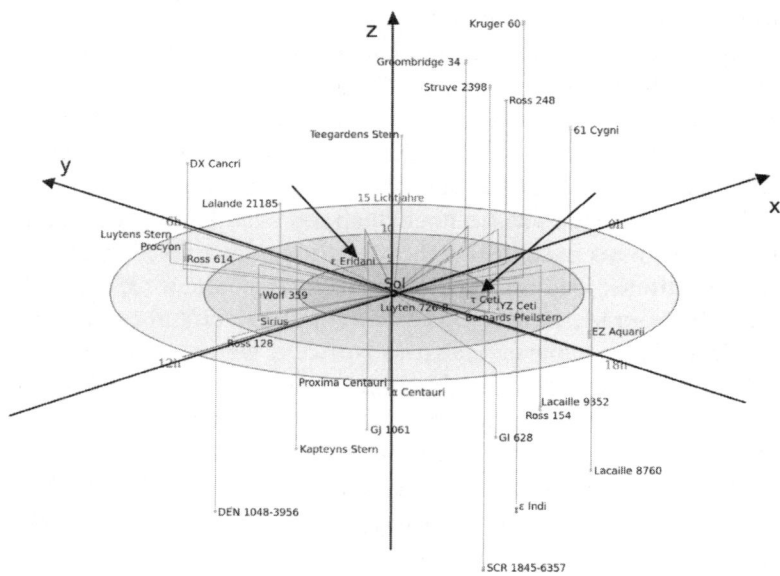

(Abb. 3.1.1: Räumliche Anordnung der Sterne in unserer kosmischen Nachbarschaft)

Die interstellare Sonde drang in die Atmosphäre des Planeten ein. Sie funkte Bilder und die Ergebnisse physikalisch/chemischer Messungen nach Alderaan. Diese Daten, die knapp sechs Jahre unterwegs gewesen waren, versetzten ein ganzes Volk in Euphorie. Deutlich waren Städte und Dörfer auf den Bildern zu erkennen. Nahaufnahmen zeigten die Erbauer einer Zivilisation, deren technologischer Stand mit dem irdischen Mittelalter vergleichbar war: Es handelte sich um ca. drei Meter lange und dreißig Zentimeter durchmessende geschuppte Schlangenwesen, die sich als Folge der hohen Schwerkraft des Planeten schlängelnd fortbewegten. Unterhalb ihrer gepanzert wirkenden Drachenköpfe hatten sie zwei Arme, die in Händen mit sechs Fingern mündeten.

Die *Alderaaner* bauten ein Generationsraumschiff, das ich noch näher beschreiben werde, in knapp zwanzig irdischen Jahren. Damit brachen fünftausend von ihnen im Jahre -4.152 nach Tau Ceti auf. Die 5,9 Lichtjahre bis zum Ziel wurden in knapp 120 irdischen Jahren zurückgelegt.

Das Generationsraumschiff erreichte den Planeten, der wenig später nach seinen Bewohnern »Dragon« genannt werden sollte, im Jahre -4.033 und schwenkte in eine stabile Umlaufbahn ein. Eine Haunebu mit ferngesteuerten, absolut *Alderaaner*-ähnlichen Robotern landete in unmittelbarer Nähe der größten Siedlung der Schlangenwesen. Es handelte sich um die Hauptstadt des mächtigsten Reiches des Planeten. Man verwendete ferngesteuerte Roboter, weil die Schwerkraft des Planeten fast viermal so hoch wie die Alderaans war. Folglich hätten sich die *Alderaaner* auf der Oberfläche kaum bewegen können.

Die Roboter nahmen sofort Kontakt mit dem absolutistischen Herrscher auf. Dieser erwies sich als unterwürfig und lernbegierig.

Mit deutlichem Missfallen betrachteten die *Alderaaner* die brutalen Kriege, die auf Dragon geführt wurden. Ebenso wurde ihnen die Mentalität der Schlangenwesen, je länger sie diese studierten, immer suspekter. Betrug galt unter den *Dragonen* als ehrbar, solange er unentdeckt blieb. In diesem Falle hatte sich der Klügere mit Recht am Dümmeren bereichert. Flog der Betrug jedoch auf, so war der Betrüger der Dumme und wurde hart bestraft. Außerdem schienen die Schlangenwesen keinerlei Mitgefühl zu empfinden. Es gibt Menschen, die ihre Empathie nach Belieben ein- und ausschalten können – man nennt sie Psychopathen[57]. Die vollkommene Unfähigkeit, Mitgefühl zu empfinden, wurde so beim Menschen jedoch nicht beobachtet (ebenso wenig wie bei *Alderaanern*). Diese Charaktereigenschaften der *Dragonen*, die beim Menschen als krankhaft gelten, werden für Folgebände noch von großer Bedeutung sein, weil sie charakteristisch für die von den *Dragonen* übernommene Ethik der *Bruderschaft der Schlange* sind.

Doch der alderaanische Expeditionsleiter stufte zusammen mit seinem wissenschaftlichen Rat das kriegerische Verhalten und die fragwürdige Moral der *Dragonen* als eine Folge ihrer Primitivität ein. Man dachte, diese moralischen Defizite würden sich schon nivellieren, nachdem die *Dragonen* entsprechend geschult worden waren – ein folgenschwerer Fehler, wie sich später herausstellen sollte. Möglicherweise resultierte diese Fehleinschätzung auch in der Weigerung einzusehen, die lange Reise umsonst gemacht zu haben. Folglich glaubte man an die Wandlungsfähigkeit der *Dragonen* zum, nach alderaanischen Maßstäben,»Guten«, wenn man sie nur Vernunft, Kultur und Wissenschaft lehrte. Die Ankömmlinge begannen mit Hilfe ihrer Roboter Universitäten zu errichten, in denen die klügsten *Dragonen* geschult wurden. Die Schlangenwesen lernten schnell die alderaanische Ethik nach außen hin zu vertreten, was den wissenschaftlichen Rat der Expedition wiederum in seinem Tun bestärkte.

Einschub: Der Gedankenfehler der *Alderaaner* ist meiner Meinung nach interessant genug, um genauer analysiert zu werden. Falls Sie das nicht so sehen, lesen Sie bitte einfach am Ende des Einschubs weiter.

Das Gehirn eines jeden Lebewesens kommt mit einer Art »Grundprogrammierung« auf die Welt, die man »Instinkte« nennt, was ein anderes Wort für »angeborene Verhaltensweisen« ist. Ein Beispiel dafür beim Menschen ist, dass ein Säugling sofort an einer ihm dargebotenen Brust saugt. Er weiß bereits: dadurch erhält er Nahrung – das muss er nicht erst lernen!

In ähnlicher Weise bildet diese angeborene Grundvernetzung der Neuronen auch die Basis für unser Verhalten und unsere Ethik. Ausgehend von dieser Grundvernetzung führen unsere Erfahrungen zu immer neuen Verknüpfungen von Neutronen. Wiederholen sich die Erfahrungen, so werden diese Verknüpfungen immer weiter verstärkt, bis sich regelrechte »Gedankenautobahnen« gebildet haben. Daher führen ähnliche Reize zu ähnlichem Verhalten, was für jeden Menschen, abhängig von seinen häufig gemachten Erfahrungen, individuell ist. Von diesen Gedankenautobahnen abzuweichen, also einen holprigen Waldweg neben der Autobahn zu gehen, ist mühsam und erfordert viel Training. Doch wenn man den Waldweg oft genug geht, wird er zum besser begehbaren Pfad, schließlich zum breiten Weg und schlussendlich ebenfalls zur Autobahn. Aus diesem Grunde ist ein mentales Training unbedingt notwendig, wenn wir einmal als schädlich erkannte Verhaltensweisen durch sinnvollere Muster ersetzen wollen.

Die Grundprogrammierung des Gehirns ist in unseren Genen kodiert. Gene, die eine vor dem Hintergrund der Umwelt vorteilhafte Programmierung für das Lebewesen bedeuten (genauer: für die Reproduktion der Gene), helfen ihm sich fortzupflanzen, weshalb sich vorteilhafte Gene stärker in der Population verbreiten als nachteilige. Diesen Mechanismus nennt man »natürliche Selektion«.

Die *Alderaaner* gingen auf der Basis ihres Wunschdenkens (ein immer wieder von intelligenten Wesen gemachter Fehler) davon aus, dass alle Intelligenzen der gleichen Logik folgen würden, weshalb sich auch die gleiche Ethik entwickeln müsste. Dabei blendeten sie die oben beschriebene natürliche Selektion aus. Die Umwelt der *Dragonen* war eine völlig andere als die der *Alderaaner*. Deshalb unterschieden sich die Grundprogrammierungen der Gehirne beider Spezies deutlich. Die Gesetze der Logik sind natürlich für beide gleich, doch was daraus als »Gut« und »Schlecht« abgeleitet wird, hängt zu einem Großteil von der Grundprogrammierung der Gehirne ab. Unter den Umweltbedingungen der *Dragonen*, die die sozialen Rahmenbedingungen einschließt, war unentdeckter Betrug »gut« und Empathie »schlecht«. Der aus Wunschdenken resultierende Gedankenfehler der *Alderaaner* bestand also darin, die genetisch bedingten Grundprogrammierungen unterschiedlicher Intelligenzen nicht in ihre Überlegungen einzubeziehen.

Doch zurück zur Geschichte der beiden außerirdischen Spezies:

Der *Dragonen*-Herrscher wiederum ließ weitere Universitäten errichten, an denen die von den *Alderaanern* ausgebildeten Rassegenossen lehrten. Der technologische Fortschritt der *Dragonen* setzte zur Freude der *Alderaaner* mit ungeheurer Geschwindigkeit ein. Die Zivilisation der Schlangenwesen blühte auf. In nur dreihundert Jahren erlernten sie unter Anleitung ihrer Lehrmeister die Beherrschung des Vril-Prozesses. Doch diese gewaltige Entwicklungsgeschwindigkeit hatte auch ihren Preis. Die Produkte der *Dragonen* waren klobiger, weniger ausgefeilt, weniger elegant und anfälliger als ihre alderaanischen Vorbilder. Doch im Jahre -3801 war es soweit. Der *Dragonen*-Herrscher jener Zeit erkannte glasklar, dass er mit der Masse seiner gesamten Zivilisation die Klasse des einen Generationsraumschiffes und dessen fehlende Kampfbereitschaft mehr als wettmachen konnte. Er befahl den Angriff. Mehrere tausend Flugscheiben der *Dragonen* aller Größen stiegen empor zum Generationsraumschiff der *Alderaaner* und vernichteten es mit einem massiven Schlag.

Die eigentliche Motivation des obersten *Dragonen* für den Angriff war sein Wunsch, die Herrschaft seiner Spezies über den Heimatplaneten hinaus auszudehnen. Dies war nur durch den Bau von eigenen Generationsraumschiffen möglich, da innerhalb des Tau Ceti Systems keine weiteren Planeten existierten, die sich für eine Besiedlung eigneten. Er ging jedoch davon aus, dass die *Alderaaner* ihm den Bau interstellarer Schiffe aus Angst um ihre Heimatwelt nicht gestatten würden, also ließ er die ehemaligen Lehrmeister mit einem einzigen, gewaltigen Schlag vernichten.

Die Schlangenwesen begannen unmittelbar nach der Zerstörung des alderaanischen Generationsraumschiffs mit dem Bau von Kriegsschiffen zum Angriff auf Alderaan. Sie wollten erstens einem Vergeltungsschlag der Humanoiden zuvorkommen und zweitens den Planeten Alderaan für sich gewinnen. Ihre Aktivitäten blieben natürlich nicht unbeobachtet, da die *Alderaaner* nach dem Abriss der Funkverbindung zu ihrem Generationsraumschiff Beobachtungssonden ins Tau Ceti System geschickt hatten.

Die *Alderaaner* erkannten die ungeheure Gefahr, die von den nach menschlichen Maßstäben »hinterhältigen« Schlangenwesen ausging. Sie standen vor einem Dilemma: Einerseits verabscheuten sie Gewalt, speziell zur Tötung von Intelligenzen, abgrundtief. Andererseits gebot es die Logik, dass jene Schlangenwesen, frei von jeglicher Empathie, für jede intelligente Spezies in der Galaxis zur Gefahr werden konnten. Die *Alderaaner* sahen also eine moralische Verpflichtung darin, die von ihnen selbst heraufbeschworene Gefahr wieder zu beseitigen. Der alderaanische Rat beschloss die vollständige Vernichtung der *Dragonen*-Zivilisation. Es wurde in großer Eile eine ausschließlich von Robotern gesteuerte Flotte gebaut und im Jahre -3.795 auf den Weg nach Tau Ceti gebracht. Da es um eine reine Vernichtungsaktion ging, war es unwahrscheinlich, dass vor Ort eine komplexe Lage beurteilt werden musste und schwierige Entscheidungen getroffen werden mussten, weshalb man *Alderaanern* ersparen konnte, an dieser grauenhaften Operation teilzunehmen. Es blieb nur noch zu hoffen, dass die Robotflotte Dragon erreichen würde, bevor die Schlangenwesen die Fertigstellung ihrer Flotte erreicht hatten.

Unmittelbar nach dem Start begannen die *Alderaaner* mit dem Bau einer zweiten Flotte, die das heimatliche System für den Fall schützen sollte, dass die 1. Flotte Tau Ceti erst nach dem Abflug der dragonischen Verbände erreichen würde. Man hoffte jedoch inständig, dass dies nicht nötig sein würde, weil eine reine Vernichtungsaktion innerhalb der Möglichkeiten von Robotern lag, während die Verteidigung eines ganzen Sonnensystems die intellektuellen Fähigkeiten der Maschinen wohl überstieg.

Doch es zeichnete sich ein Ausweg aus dem Dilemma ab, dass weder Roboter noch die extrem pazifistischen *Alderaaner* in der Lage sein würden, einen Angriff der *Dragonen* auf ihr Heimatsystem abzuwehren: In einem weiteren Nachbarsystem Erisants fanden ausgesandte Sonden einen von einer halbintelligenten Hominidenart bewohnten Planeten – die Erde.

Die von den Sonden nach *Alderaan* gesandten Informationen enthielten unter anderem die Gensequenzen mehrerer Menschen und erlaubten klare Aussagen über die Bewohner dieses Planeten. Ihre Intelligenz reichte nicht aus, um einen interstellaren Krieg zu führen; ihre Gehirne jedoch wiesen sehr wohl die Grundstrukturen für Empathie und weiteres nach alderaanischer Ethik »wünschenswertes« Verhalten auf. Schnell war klar, dass mit geringfügigen genetischen Veränderungen die Intelligenz der irdischen Ureinwohner stark gesteigert werden könnte.

Die *Alderaaner* starteten im Jahre -3.775 drei Generations-
raumschiffe und ein Transportraumschiff zur Erde, im Folgenden
»Terra« genannt. Sie hatten die Absicht, dort durch genetische
Manipulation der Menschen eine »Kriegerrasse mit vertretba-
rer Ethik« zu erzeugen, um daraus ein Heer für den Krieg gegen
die *Dragonen* aufzustellen. Die Ankunft der »Götter« erfolgte
im Jahre -3565.
Doch Jahrhunderte zuvor hatten interstellare Sonden der
Dragonen das Sol-System ebenfalls erreicht und Terra entdeckt.
Die Erde war für die Schlangenwesen neben Alderaan ein weiteres
lohnendes Ziel für ihre Expansionsgelüste. Als ihre Angriffsflotte
im Jahre -3.757 fertig gestellt war, entsandten sie 25 Schiffe
nach Alderaan und 5 nach Terra. Auch wenn sie auf der Erde
keinen Widerstand erwarteten, so waren mehrere Schiffe nötig,
um eine autarke Kolonie zu errichten. Möglicherweise hatten die
Schlangenwesen zudem vermutet, im Sol-System auf *Alderaaner*
treffen zu können, die ihnen den Planeten streitig machen könnten.
Die Flugzeiten der *Dragonen*-Flotte waren deutlich länger als die
der alderaanischen Schiffe, da ihre Technologie im Vergleich zu den
Lehrmeistern nicht so weit perfektioniert war. Ihre Vril-Triebwerke
wiesen höchstens 30% der Lebensdauer alderaanischer Aggregate
auf, was zu entsprechend kürzeren Beschleunigungsphasen und
somit zu niedrigeren Geschwindigkeiten führte. Die 25 Schiffe
auf dem Weg nach Alderaan benötigten 303 Jahre, die fünf Schiffe
nach Terra 607 Jahre.

Tabelle 3.1.1: Positionen der relevanten Sterne im sphärischen und kartesischen Koordinatensystem.

Stern	Entfernung zur Erde in LJ	Rektaszension	Deklination	x in LJ	y in LJ	z in LJ
Tau Ceti (Hades)	11,9	1h44'4,08"	-15°56'14,9"	11,1	3,1	-2,9
Epsilon Eridani (Erisant)	10,5	3h32'55,84"	-9°27'29,7"	7,3	7,4	-1,6

LJ: Lichtjahre
Rektaszension: Horizontalwinkel in Stunden, Minuten, Sekunden
Deklination: Vertikalwinkel in Grad, Minuten, Sekunden
x, y, z: Koordinaten im kartesischen Koordinatensystem. Dabei liegt die x-Achse auf 0h und die y-Achse auf 6h des Rektaszensionswinkels. Der Ursprung beider Koordinatensysteme ist die Position unseres Heimatsterns Sol.

Tabelle 3.1.2: Entfernungstabelle der 3 relevanten Sterne

	Sol (Sonne)	Tau Ceti (Hades)	Epsilon Eridani (Erisant)
Sol (Sonne)	0	11,9	10,5
Tau Ceti (Hades)	11,9	0	5,9
Epsilon Eridani (Erisant)	10,5	5,9	0

Tabelle 3.1.3: Physikalische Eigenschaften der 3 relevanten Sterne und ihrer Hauptwelten

	Sol (Sonne)	Tau Ceti (Hades)	Epsilon Eridani (Erisant)
Durchmesser	1	0,793	0,820
Masse	1	0,783	0,735
Oberflächentemperatur/K	5.778	5.344	5.084
Leuchtkraft	1[XXXII]	0,52	0,34
Alter/Mrd. Jahren	4,5	10	0,5
Anzahl Planeten	8	5	4
Hauptwelt Nr.	3	4	2
Name	Terra (Erde)	Dragon	Alderaan
Durchmesser	1[XXXIII]	2,53	0,75
Gravitation/g	1[XXXIV]	2,71	0,68
Atmosphäre	O/N[XXXV]	O/N	O/N
Luftdruck auf Meereshöhe/bar	1	1,23	0,65

[XXXII] Die Leuchtkraft der Sonne in SI-Einheiten beträgt: $3{,}846 \cdot 10^{26}$ W
[XXXIII] Der mittlere Erddurchmesser beträgt 12.735 km
[XXXIV] Die mittlere Fallbeschleunigung an der Erdoberfläche beträgt $g = 9{,}81$ m/s^2
[XXXV] O = Sauerstoff, N = Stickstoff

Wer diese Angaben auf Wikipedia verifizieren möchte, möge bitte die detailliertere und genauere englische Version verwenden.

3.2 Zivilisationstypen

Bevor wir uns näher mit der Geschichte der *Dragonen* und vor allem der *Alderaaner* befassen, sollten wir die Leistungsfähigkeit einer solchen Zivilisation etwas näher betrachten. Eine erste Klassifizierung denkbarer Zivilisationstypen wurde durch den russischen Astrophysiker Nikolai Kardaschew durchgeführt[58]. Der berühmte Astrophysiker und Schriftsteller Carl Sagan verfeinerte diese Einteilung. Was man brauchte, war ein objektives Kriterium, nach dem man Zivilisationen einordnen kann. Der Energieverbrauch ist ein solches, ziemlich naheliegendes Kriterium. Staaten im Tierreich, wie zum Beispiel ein Ameisenvolk, verfügen lediglich über die Energie, die sie über die Nahrung erhalten. Steinzeitmenschen hatten immerhin gelernt, das Feuer nutzbar zu machen, um ihre Speisen zuzubereiten. Es folgte die Nutzung der Energie fließenden Wassers und des Windes von der Antike bis ins Mittelalter. Mit der Verbrennung von Kohle und Öl sowie der Nutzung dieser Energie durch Dampfmaschinen wurde die nächste Runde, die Industrialisierung, eingeläutet. Dieser Energieverbrauch wurde noch einmal durch die Einführung der Elektrizität vervielfacht.

Diese verschiedenen Stufen der menschlichen Zivilisation waren weder für Kardaschew und Sagan interessant, noch sind sie es für uns. Die zuvor oben angeführten Zivilisationstypen der Menschheitsgeschichte waren für die genannten Wissenschaftler nicht von besonderem Interesse. Sie wollten stattdessen weiter fortgeschrittene planetare und sogar interstellare Zivilisationen kategorisieren. Das Internet ist ein gutes Beispiel für eine planetare Technologie.

Es wurden grob vier planetare beziehungsweise interstellare Zivilisationstypen definiert:

Eine Typ-1-Zivilisation verbraucht sämtliche Energie des Sonnenlichts, das auf ihren Planeten fällt. Das sind ungefähr 10^{17} Watt. Diese Größenordnung wird auch in anderen Sonnensystemen gelten, da Planeten mit deutlich weniger oder mehr Sonnenlicht kein Leben tragen können.

Einer Typ-2-Zivilisation reicht diese Energie bei Weitem nicht aus. Sie nutzt sämtliche Energie der Heimatsonne für ihre Zwecke. Dabei handelt es sich um die Größenordnung von 10^{27} Watt.

Schließlich wird die von sämtlichen Sternen einer Galaxie freigesetzte Energie von einer Typ-3-Zivilisation genutzt – immerhin rund 10^{37} Watt.

Eine Typ-4-Zivilisation schließlich beherrscht das gesamte Universum oder zumindest große Teile davon. Der Energieverbrauch einer derartigen Superzivilisation, die übrigens die meisten Attribute, die wir »Gott« zurechnen, in sich vereinen würde, läge bei rund 10^{47} Watt.

Da das auf einen Planeten fallende Sonnenlicht ungefähr 10 Milliarden mal geringer ist, als das von der Sonne erzeugte, und da eine typische Galaxie 10 Milliarden Sterne hat, ergibt sich für den Übergang von einer Zivilisationsstufe in die nächste beim Energieverbrauch der Faktor 10^{10}.

Sagan klassifiziert unsere heutige Zivilisation als Typ 0,7. Es wird noch einige Jahrzehnte dauern, bis wir mit einem Energieverbrauch von 10^{17} Watt den Typ-1-Status erreichen. Wenn man für das durchschnittliche Wirtschaftswachstum einer Zivilisation 1% pro Jahr annimmt, so dauert der Übergang von einem Typ auf den nächsten rund 2.500 Jahre ($1{,}01^{2500}$ = 64 Milliarden). Wohlgemerkt, dabei ist das Wachstum von einem Prozent als Durchschnittswert zu sehen. Katastrophen und Kriege können das Wachstum natürlich für eine kurze Zeit negativ werden lassen. Doch sofern die Zivilisation überlebt, folgen im Allgemeinen Zeiten mit sogar zweistelligen Wachstumsraten. Dazu möchte ich anmerken, dass die Vril-Technologie in den Händen der heutigen, irrational agierenden Menschheit mit Sicherheit zum Untergang führen würde! Damit hätten wir den Fall dauerhaft unterbundenen Wachstums.

Wie soll man sich diese Typ-1-bis-4-Zivilisationen nun vorstellen? Das haben bereits Leute gemacht, die mehr Phantasie haben als ich: Science-Fiction-Autoren. Daher möchte ich nun zur Veranschaulichung die bekanntesten Science-Fiction-Zivilisationen in das obige Raster einordnen.

Der Überlichtantrieb ist eine Sache, bei der den meisten Science-Fiction-Autoren die Phantasie allerdings ein bisschen zu weit durchgegangen ist. Natürlich ist es für die Dramaturgie eines Romans nicht besonders attraktiv, wenn die Protagonisten Jahrhunderte im Kälteschlaf verbringen müssen, selbst um zu benachbarten Sternen zu reisen. Deshalb wird der Überlichtantrieb im Roman häufig Zivilisationen verpasst, die nach dem Stand ihrer sonstigen Technologie bei Weitem nicht in der Lage wären, einen solchen Antrieb zu realisieren. Beispiele dafür sind »Star Trek« und »Perry Rhodan«. Diese Zivilisationen haben jeweils ein paar hundert Sternensysteme kolonialisiert. Ihr Energieverbrauch dürfte in etwa demjenigen einer Typ-2-Zivilisation entsprechen. Das »Imperium« in der Spielfilm- und Romanreihe »Star Wars« hingegen hat die gesamte Heimatgalaxie mit Milliarden Planeten besiedelt. Auch wenn die beschriebene Technologie nicht weiter entwickelt ist als die bei »Perry Rhodan« oder »Star Trek«, so verbraucht das Imperium aufgrund seiner Ausdehnung doch milliardenfach mehr Energie. Folglich könnte man das Imperium als Typ-3 klassifizieren.

Eine Typ-4-Zivilisation geht über die Phantasie der meisten SF-Autoren hinaus. Das Geistwesen *Es* in der Serie »Perry Rhodan« wäre ein möglicher Kandidat für eine solche Zivilisation.

Nach dieser Einteilung handelt es sich sowohl bei den *Dragonen*, den *Alderaanern* und auch bei den *Templern* um den Typ 2. Dies wird besonders deutlich, wenn wir uns die Raumfahrttechnologie und deren Energieverbrauch im nächsten Abschnitt etwas genauer anschauen.

Eines ist jedoch so gut wie sicher: Zumindest innerhalb unserer Heimatgalaxie existiert keine Typ-3 Zivilisation. Für diese Behauptung kann ich zwei, wie ich meine, recht starke Argumente anführen:

Erstens wäre uns eine Typ-3-Zivilisation – egal ob positiv oder negativ aufgefallen. Eine oder mehrere Spezies, die die gesamte Galaxis gemeinsam besiedelt haben, wären dementsprechend auch auf die Erde gestoßen. Im Gegensatz zu den *Alderaanern* und den *Dragonen*, wäre die Typ-3-Zivilisation nicht durch einen Krieg ausgelöscht worden, weshalb sie die Erde in ihr Imperium, oder wie auch immer wir das nennen wollen, eingegliedert hätten. Mit anderen Worten: Hätte es vor 5.500 Jahren nicht den Krieg zwischen *Alderaanern* und *Dragonen* gegeben, so wäre die Erde heute eine Kolonie einer dieser beiden Parteien (wobei ich persönlich die alderaanische Variante bevorzugen würde).

Zweitens: Das Universum ist »nur« 13,8 Milliarden Jahre alt[59]. Nach allem, was wir über den Kosmos wissen, wird er noch mindestens ein paar Billionen Jahre existieren. Wir befinden uns also noch in der absoluten Frühphase des Universums – es hat, verglichen mit seiner Lebensspanne (die vielleicht sogar unendlich ist) gerade erst »das Licht der Welt« erblickt.

Unser Sonnensystem ist mehr als ein Drittel so alt wie das gesamte Universum. Bereits vor knapp 4,6 Milliarden Jahren setzte die Planetenbildung ein[60]. Speziell die Gesteinsplaneten enthalten jede Menge schwere Elemente, die von unserer Sonne (noch) nicht erzeugt werden, da dort immer noch die Wasserstofffusion zu Helium stattfindet. Erst wenn der Wasserstoffvorrat aufgebraucht ist, findet die Fusion zu höheren Elementen statt. Die Kernfusion in Sternen reicht allerdings nur bis zum Eisen, weil ab diesem Atomgewicht die Fusion zu noch schwereren Kernen Energie verbraucht, statt welche freizusetzen. Das ist übrigens der Grund, warum bei der Spaltung von sehr schweren Kernen wie Uran oder Plutonium Energie freigesetzt wird. Die Frage ist also: Woher kommen die schwereren Elemente, speziell diejenigen jenseits des Eisens, wie Kupfer, Silber, Gold oder eben Uran? Die Antwort lautet: Sie entstehen am Ende des Lebenszyklus von Sternen. Wenn durch Fusionieren des Großteils der Masse eines Sterns zu Eisenatomen der Fusionsprozess zum Stillstand kommt, entsteht keine Wärme mehr, die einen Druck gegen die Gravitation aufbauen könnte. Folglich kollabiert der Stern. Komplizierte quantenmechanische Effekte, die hier zu weit führen, lassen den Stern ab einer bestimmten Masse in einer gewaltigen Supernova-Explosion bersten. Dabei schleudert er Unmengen von Materie ins All, zum Teil auch jene schweren Elemente.

Die schweren Elemente in der Staubwolke, aus der sich unser Sonnensystem bildete, stammen also aus dem Innern ausgebrannter Sterne. Ohne diese Elemente gäbe es keine Gesteinsplaneten, auf denen Leben entstehen könnte; zumindest nicht nach allem, was wir über die Zutaten für die Entstehung des Lebens wissen, was schon eine ganze Menge ist. Der Lebenszyklus dieser Sterne muss also noch *vor* der Entstehung unseres Sonnensystems stattgefunden haben, also in den zwei Dritteln der bisherigen Lebensspanne des Universums. Diese Sterne müssen demnach zu den ersten Sternengenerationen gehört haben, die überhaupt im Universum existiert haben. Folglich gehört unsere Sonne zu den ersten Sternengenerationen, die mit dem »Schutt« der vorangegangenen Generationen ein System aus festen (und natürlich auch gasförmigen) Planeten bilden konnte. *Daher ist die Vermutung alles andere als abwegig, dass die Erde im kosmischen Maßstab zu den ersten Planeten gehörte, auf denen sich Leben gebildet hat.* Aus diesem Grunde können wir die Wahrscheinlichkeit dafür, dass sich innerhalb unserer Milchstraße eine wesentlich fortschrittlichere Typ-3-Zivilisation gebildet hat, als sehr gering einschätzen, was wiederum mit unserer Wahrnehmung übereinstimmt. Denn schließlich gehört die Erde immer noch der Menschheit, weil uns noch keine Typ-3-Zivilisation kolonialisierte ...

Nachdem wir nun unterschiedliche Zivilisationstypen diskutiert haben, in die wir sowohl die *Alderaaner, Dragonen* als auch die *Templer* einordnen können, möchte ich noch auf die interstellare Raumfahrttechnologie dieser Zivilisationen eingehen, weil sich nur durch deren Verständnis der historische Hintergrund erschließt.

3.3 Kurze Beschreibung der interstellaren Raumfahrttechnologie

Seit Einstein wissen wir, dass die Lichtgeschwindigkeit so etwas wie eine kosmische Geschwindigkeitsbegrenzung ist. Weder die Übertragung von Information noch von Materie ist mit einer höheren Geschwindigkeit als der des Lichts möglich. Gegen dieses physikalische Gesetz spricht bislang kein einziges reproduzierbares Experiment. Wir können also mit an Sicherheit grenzender Wahrscheinlichkeit davon ausgehen, dass es sich bei diesem Gesetz um ein fundamentales Grundgesetz der Natur handelt. Folglich ist es prinzipiell unmöglich, so etwas wie einen »Überlichtantrieb« zu konstruieren. Ein weiteres Beispiel für ein fundamentales Naturgesetz, welches uns verbietet, das zu bauen, was wir gerne hätten, ist der Energieerhaltungssatz. Aus ihm folgt, dass die Konstruktion eines Perpetuum Mobile, also einer Maschine, die Energie aus dem Nichts erzeugt, unmöglich ist.

Daraus zu schließen, dass man beispielsweise die 4,22 Lichtjahre bis zum sonnennächsten Stern Proxima Centauri nicht in weniger als 4,22 Jahren zurücklegen könnte, wäre allerdings falsch. Geschwindigkeit ist definiert als die in einer bestimmten Zeit zurückgelegte Strecke, also Strecke pro Zeit. Wenn es gelänge, die Strecke zwischen unserer Sonne und Proxima Centauri zu reduzieren, so würde das Licht und auch unser hypothetisches Raumschiff weniger als 4,22 Jahre brauchen, um den Nachbarstern zu erreichen. Die Lichtgeschwindigkeit würde sich also nicht ändern, das Licht oder das Raumschiff bräuchte lediglich eine kürzere Distanz zurückzulegen.

Die Gleichungen der Allgemeinen Relativitätstheorie lassen es zu, dass der Raum selbst gestreckt oder gestaucht wird. Eine solche Streckung oder Stauchung kann mit Überlichtgeschwindigkeit erfolgen, da der leere Raum nicht Träger irgendwelcher Information ist. Bei dieser überlichtschnellen Streckung oder Stauchung wird also weder Materie noch Information übertragen, weshalb das physikalische Grundgesetz, dass Informationsübertragung niemals schneller als das Licht sein kann, nicht verletzt wird.

Was man tun müsste und wie viel Energie man dafür brauchen würde, den Raum so zu verändern, dass man mit Geschwindigkeiten deutlich geringer als jener des Lichts in kurzer Zeit interstellare Entfernungen zurücklegen kann, wurde ausführlich von Miguel Alcubierre im Jahre 1994 berechnet[61]. Er ging davon aus, die Raumzeit um ein hypothetisches Raumschiff herum so zu manipulieren, damit die Entfernung zum Ziel entsprechend schrumpft. Es handelt sich dabei also um so etwas wie eine »Warp-Blase«, in der sich das Raumschiff befindet, ähnlich wie in der Science Fiction-Serie »Star Trek«.

Seine Berechnungen sind hochinteressant, führen hier aber zu weit. Zwei Dinge verdienen jedoch unsere besondere Beachtung: Erstens braucht man zur Erzeugung einer solchen Warp-Blase ein ziemlich »exotisches« Material, das bis heute noch niemand im Experiment nachweisen konnte, von dem wir also keine Ahnung haben, wie man es herstellt: Materie mit negativer Energiedichte. Zweitens bräuchte man von dieser »Exotischen Materie« mehr, als im gesamten Universum vorhanden sein kann; ansonsten würde sich das Universum auf andere Art ausdehnen. Das sind schon mal schlechte Aussichten für unseren »Warp-Antrieb« ...

Doch es gehört zu den herausragenden Eigenschaften von Physikern, immer alles zu hinterfragen und niemals locker zu lassen. Diesem Geist folgend verbesserte Chris van den Broeck die Theorie Alcubierres im Jahre 1999[62]. Vereinfacht gesagt, ersetzte er die Warp-Blase durch mehrere, ineinander verschachtelte Warp-Blasen. Immerhin war durch diesen Kunstgriff nur noch das Äquivalent weniger Sonnenmassen an exotischer Materie notwendig, um interstellares Reisen zu ermöglichen. Aus »völlig unmöglich« wurde so »praktisch unmöglich«. Schließlich fand Serguei Krasnikov im Jahre 2003 heraus[63], dass für speziell gekrümmte Raumzeiten der Bedarf an exotischer Materie auf wenige Milligramm gesenkt werden kann. Das macht in der Tat Hoffnung.

Fazit: Ich habe keine Ahnung, wie die exotische Materie und der entsprechende Energie-Impuls-Tensor in der Einsteingleichung der Allgemeinen Relativitätstheorie praktisch zu erzeugen sind. Doch ich bin davon überzeugt, dass eine einfache Regel gilt: Alles was den Naturgesetzen nicht widerspricht, was also *prinzipiell* möglich ist, wird früher oder später auch technisch realisiert werden können. Daher sind die von den oben genannten Autoren angestellten Berechnungen so wertvoll. Die Entwicklung der Warp-Technologie wäre der Schlüssel zur Schaffung einer Typ-3-Zivilisation.

In der alderaanischen Physik existieren unrealisierte Ansätze, wie eine solche Technologie zu bewerkstelligen sein könnte. Nähere Informationen dazu habe ich nicht. Zusätzlich gibt es einen Hinweis in der Enzyklopädie, dass die *Vril-Gesellschaft*

Forschungen zur Realisierung eines Warp-Antriebs betreibt. Zum aktuellen Forschungsstand verfüge ich ebenfalls über keine Informationen.

Doch kommen wir nun zur interstellaren Raumfahrt, wie sie bereits vor 5.500 Jahren praktiziert wurde.

Zur Überbrückung der 5,9 Lichtjahre zwischen Erisant und Hades, beziehungsweise der 10,5 Lichtjahre zwischen Erisant und unserer Heimatsonne Sol, verwendeten die *Alderaaner* Generationsraumschiffe. Die Form dieser interstellaren Raumschiffe ist naheliegend und wurde auch auf der Erde bereits für Raumstationen vorgeschlagen: O'Neill-Kolonien[64].

(Abb. 3.3.1: O'Neill-Kolonien)

Auf der Innenseite der Walzen befinden sich Gebäude, Parks, Seen und landwirtschaftliche Nutzflächen. Die Walze rotiert um die Längsachse, wodurch eine künstliche Schwerkraft erzeugt wird, die den Menschen die gewohnte Anziehungskraft bietet.

Eine etwas andere, aber doch sehr ähnliche Lösung wurde erst kürzlich im Film »Elysium« verwendet. Diese Raumstation hatte nicht die Form einer Walze, sondern eines Rades mit Speichen. Auf der Innenseite der »Felge« wird durch entsprechende Rotation die gewünschte Schwerkraft erzeugt.

(Abb. 3.3.2: Raumstation, die im Jahre 1952 Wernher v. Braun entworfen hat, und die Vorbild für den Film »Elysium« gewesen sein könnte)

Der Name der Raumstation im Film ist interessanterweise identisch mit dem Namen der tatsächlich in der Entstehung begriffenen Venusplattform der *Templer*. Die Film-Bewohner Elysiums sind »böse, rücksichtslose« Kapitalisten, die ihren Reichtum nicht mit dem Rest der Menschheit teilen wollen, sondern sie ausbeuten; wobei die Form der Raumstation fast gleich ist, wie das Generationsraumschiff der *Alderaaner*. Es scheint fast so, als seien Informationen über die tatsächlichen Hintergründe in verfremdeter Form filmisch verarbeitet worden.

Das alderaanische Generationsraumschiff unterscheidet sich von der in Abbildung 3.3.2. dargestellten Raumstation v. Brauns lediglich durch ein spindelförmiges Vril-Triebwerk, senkrecht zur Nabe des

Rades. Der Durchmesser beträgt 3,04 km, sodass 5.000 *Alderaaner* auf der Felgeninnenseite bequem inmitten einer paradiesischen Landschaft wohnen können. Das Rad vollführt eine volle Drehung alle 1,6 Minuten, wodurch eine künstliche Schwerkraft von 0,68 g erzeugt wird, was der Fallbeschleunigung Alderaans entspricht. Die Masse des Generationsraumschiffs beträgt 6 Millionen Tonnen. Beim Start aus der Umlaufbahn Alderaans beschleunigte das Schiff mit den für die *Alderaaner* gewohnten 0,68 g, wobei sich die Passagiere in Kälteschlafkabinen befanden, die sich im inneren Kreis um die Nabe (siehe Abb. 3.3.2) befanden. Nach einer Beschleunigungsphase von 26 Tagen erreichte das Schiff 5% der Lichtgeschwindigkeit. Höhere Geschwindigkeiten waren nicht praktikabel, da selbst Kleinstmeteoriten sonst die Schiffshülle mit katastrophalen Folgen durchschlagen hätten. Außerdem ließ der Verschleiß der Triebwerke keine längere Beschleunigungsphase zu.

Die »Felgenbreite« betrug 102 m, woraus sich einen Nutzfläche von 174.000 qm ergab, was 195 qm pro Bewohner entspricht. Bitte bedenken Sie, dass darin gemeinschaftliche Flächen, wie Parks, Wege und Seen enthalten sind.

In dieser Beschleunigungsphase mussten nach Gleichung A2.9 in jeder Sekunde 133,51 kg Materie in gerichtete Neutrinos umgewandelt werden. Die Triebwerksleistung beträgt dabei $1,2*10^{19}$ W [XXXVI]. Wenn wir dies mit der Einteilung der Zivilisationstypen im Abschnitt 3.2 vergleichen, so erkennen wir, dass diese Triebwerksleistung ungefähr dem Hundertfachen einer Typ-1-Zivilisation entspricht.

Das Generationsraumschiff wurde von einem kugelförmigen Transportschiff begleitet. Es durchmaß 5,21 km und hatte eine Masse von 100 Millionen Tonnen. Es enthielt Werkzeugmaschinen, Fabriken, Haunebus und Jagdflugscheiben (sehr ähnlich Vril-7).

Nach rund zweihundert Jahren Flug wendeten die Schiffe 26 Tage vor Erreichen der Erde und begannen mit dem Bremsmanöver. In einer Umlaufbahn um die Erde war die Geschwindigkeit aufge-

---

[XXXVI] Pro Sekunde vernichtete Masse * Lichtgeschwindigkeit zum Quadrat dividiert durch Sekunde.

zehrt und die Raumschiffe schwenkten in eine stabile Kreisbahn ein. Die Rotation des »Rades« wurde initialisiert und Roboter begannen damit, die Landschaft für ihre Herren herzurichten. Nach Abschluss der Arbeiten wurden die Alderaaner aus dem Kälteschlaf geweckt. Kurz darauf landeten sie auf der Erde in unmittelbarer Nähe der größten Bevölkerungskonzentrationen.

3.4 Die Rekrutierungszentren und Basen der *Alderaaner*

Bei ihrer Ankunft im Jahre -3.565 fanden die *Alderaaner* jene Steinzeitkulturen vor, von denen bereits ihre Aufklärungsdrohnen Jahrhunderte zuvor berichtet hatten. Dieser Zustand der Primitivität der Menschheit währte zu jenem Zeitpunkt bereits seit Jahrzehntausenden. Offensichtlich fehlten der Menschheit noch jene Eigenschaften, Hochkulturen zu bilden, die auch Hand in Hand gehen mit der Fähigkeit, als Soldaten für einen interstellaren Krieg zu taugen: hinreichende analytische Fähigkeiten, soziales Denken über die eigene Sippe hinaus, Rechtsbewusstsein und Aggressionskontrolle – um nur die wichtigsten zu nennen …

Diese der Menschheit fehlenden Eigenschaften resultierten sowohl aus dem genetischen Grundgerüst, als auch aus dem sozialen Umfeld. Letzteres ist jedoch ebenfalls durch die genetischen Voraussetzungen der Sippe stark mitgeprägt. Aus diesem Grunde können wir festhalten, dass entsprechende genetische Veranlagung die Grundvoraussetzung für die Entwicklung der gewünschten Eigenschaften darstellt.

Durch die harten Umweltbedingungen des Nordens kamen die Nordvölker[XXXVII] jener Zeit dem von den *Alderaanern* gewünschten Ideal am nächsten. Sie zeichneten sich durch einen rudimentär vorhandenen Erfindungsreichtum, Zähigkeit, Neugierde und eine überdurchschnittliche Aggressivität aus. Mit diesen Eigenschaften ausgestattet zogen etliche Stämme

---

[XXXVII] Natürlich nicht »Völker« im heutigen Sinne. Es handelte sich um Stämme, die untereinander verwandt waren.

gen Süden, um dort unter weniger rauen Bedingungen fruchtbare Landstriche zu bevölkern, wobei die dort ansässigen Ethnien verdrängt worden waren.

Vor diesem Hintergrund fanden die *Alderaaner* relativ hohe Bevölkerungskonzentrationen von Menschen mit der gewünschten genetischen Basis in Ägypten, Mesopotamien, Pakistan, China und vor allem im Gebiet des heutigen Großbritannien, Südskandinavien und Norddeutschland. Diese Gebiete waren durch Festland im Bereich der heutigen Nord- und Ostsee miteinander verbunden und wurden von den Einheimischen »Atlantis« genannt.

Die *Alderaaner* errichteten ihre Rekrutierungszentren auf dem damaligen Festland zwischen Dänemark und Großbritannien, Schweden und Ostpreußen, in Kiš (Mesopotamien), bei Gizeh in Ägypten, in Mohenjo Daro (Pakistan) und in Yin (China, im Nordwesten von Anyang, Provinz Henan).

Zusätzlich bauten sie Basen, die im Gegensatz zu den Rekrutierungszentren nicht von Menschen betreten werden durften. Der Hauptstützpunkt lag, wie bereits ausführlich beschrieben, in der Antarktis unterhalb der Schirmacher-Oase und beherbergt heute die Hauptstadt des *Templerreichs*. Kleinere Basen wurden im Berg Mašu (Iran), in der Nähe der späteren Inka-Festung Sacsayhuamán oberhalb von Cusco (Peru) und im Himalaya, heutiges Tibet, errichtet. Die Bezeichnung der Himalaya-Basis ist allerdings unverständlich, weshalb ich sie nicht einem genaueren Ort zuordnen kann.

Mit Hilfe der Haunebus wurden große Gesteinsmassen zum Bau der Rekrutierungszentren herbeigeschafft. Es erübrigt sich fast zu erwähnen, dass das Treiben der *Alderaaner* auf die Menschen in der Nähe als Wirken der Götter angesehen wurde.

Nachdem die Rekrutierungszentren und die darin enthaltenen Genlaboratorien fertig gestellt worden waren, begann man mit der Auswahl besonders geeigneter Exemplare unter den Menschen. Samen und Eizellen wurden nach den Vorstellungen der *Alderaaner* genetisch verändert und den Frauen nach der künstlichen Befruchtung wieder eingesetzt. Die Kinder dieser Frauen unterschieden sich körperlich kaum von den bisherigen Menschen. Lediglich ihr Muskelwachstum war überdurchschnittlich ausgeprägt und ihre Augenfarbe war bislang nicht unter den Menschen vertreten gewesen.

Ihre Intelligenz, ihre Neugierde, ihr Zusammengehörigkeitsgefühl und ihre Aggressivität waren jedoch erheblich gesteigert worden. Das Ergebnis übertraf die Erwartungen der *Alderaaner* deutlich. Speziell der Intelligenzquotient der genetisch modifizierten Menschen lag sogar über dem alderaanischen Durchschnitt – man war über das Ziel, »brauchbare« Soldaten zu erschaffen, ein wenig hinausgeschossen. Verbunden mit der gesteigerten Aggressivität konnten diese »Züchtungen« langfristig sogar zu einer ernsthaften Gefahr für Alderaan werden.

Vor diesem Hintergrund entschloss man sich, zwei Fliegen mit einer Klappe zu schlagen. Man bildete die neuen »Supersoldaten« nicht gleich aus, sondern man entließ sie in die Freiheit. Dort vermischten sie sich mit der ursprünglichen Bevölkerung, woraus wiederum Kinder mit gesteigerten Fähigkeiten entstanden; zwar nicht so hoch entwickelt, wie beim genetisch manipulierten Elternteil, aber doch ausreichend hoch, um sich als interstellare Krieger zu eignen.

Die Genmanipulierten schwangen sich sofort zu Führern mehrerer Sippen auf und gründeten die ersten Hochkulturen. Aus den Reihen ihrer Nachkommen rekrutierten die *Alderaaner*, als Götter verehrt, ihre Soldaten und bildeten sie in den Rekrutierungszentren aus.

Die militärischen Planungen sahen zu jener Zeit vor, nach Dragon vorzustoßen und mit Hilfe der neuen Soldaten als Besatzungen der alderaanischen Schiffe die Kriegsflotte der *Dragonen* zu zerstören. Anschließend wollte man Dragon besetzen, den *Dragonen* jegliche technologischen Mittel nehmen und Teile des Planeten für eigene Zwecke, z.B. den Abbau von Rohstoffen, nutzen. Es lag einfach nicht in der Mentalität der *Alderaaner*, Dragon einfach zu vernichten. Man sah sich zwar im Recht, die *Dragonen* wieder in die Steinzeit zurückzuwerfen, weil diese ihr neu gewonnenes Wissen auf unmoralische Weise nutzten, die Vernichtung einer ganzen Spezies stand zu jener Zeit jedoch nicht zur Diskussion. Außerdem hielt man es für gerechtfertigt, nach dem unethischen Verhalten der *Dragonen,* die

Bodenschätze des Planeten ohne Einverständnis der Ureinwohner für Alderaan auszubeuten.

Doch diese Pläne hatten einen Haken: Die menschlichen Soldaten waren zwar hervorragend für die Kriegsführung geeignet, sie würden aber nicht in der Lage sein, einen Eroberungsfeldzug auf Dragon zu führen. Die Schwerkraft betrug dort 2,7 g, was die Bewegungsfreiheit der Truppen stark eingeschränkt und sie schnell erschöpft hätte. Unter derartigen Schwerkraftverhältnissen ist die Verteilung des Gewichts auf lediglich zwei Beine selbstredend ungünstig. Aus diesem Grunde hatten sich die *Dragonen* als kriechende Schlangenwesen entwickelt, die lediglich den vorderen Teil ihres Körpers mit den daran befindlichen beiden Armen zum Beispiel zur Verrichtung von Arbeiten aufrichteten.

Um ihren Eroberungsplan doch noch durchführen zu können, experimentierten die *Alderaaner* damit, das genetische Material der mental hervorragend geeigneten menschlichen Soldaten mit dem anderer Arten zu kreuzen, die sich besser für die Fortbewegung unter extremer Schwerkraft eigneten.

Die so entstandenen Mischwesen fanden später Einzug in die mündlichen Überlieferungen der Menschheit: Kreuzungen zwischen Mensch und Pferd gingen als Zentauren in die Legenden ein, Stiermenschen als Minotauren, Schlangenmenschen als Gorgonen (Medusa) und sogar noch artfremdere Kreuzungen, wie die zwischen Mensch und Skorpion, wie sie im Gilgameš-Epos beschrieben sind.

Diese Mischwesen waren jedoch, pathetisch ausgedrückt, mit dem Fluch ihrer unnatürlichen Zeugung belegt. Als Folge des großen genetischen Abstandes zwischen den jeweiligen Ausgangsspezies (z.B. Mensch und Pferd), waren diese genetischen Produkte selbst nicht mehr zeugungsfähig, sie bildeten also keine neue Spezies. Es musste also – im Gegensatz zu den rein menschlichen Soldaten – jedes einzelne Mischwesen genetisch erzeugt werden, ohne auf die natürliche Reproduktion mittels Fortpflanzung zurückgreifen zu können. Wirtschaftlich gesprochen: Die Herstellung dieser Arthybriden war sehr teuer, weshalb sie nicht in hohen Stückzahlen verfügbar waren.

Diesen Umstand der Zeugungsunfähigkeit der Nachkommen von zwei unterschiedlichen Spezies können wir auch ohne direkte genetische Eingriffe im Tierreich beobachten. Wenn zwei Arten genetisch zu weit voneinander entfernt sind, z.b. Rind und Schnecke, so ist keine Fortpflanzung auf natürlichem Wege, also ohne gentechnische Eingriffe und Entwicklung des Fötus in einer künstlichen Gebärmutter, möglich. Bei geringem genetischem Abstand, z.b. bei Pferd und Esel, führt der natürliche Fortpflanzungsakt jedoch zu Nachwuchs. Kreuzt man einen Pferdehengst mit einer Eselstute, so erhält man einen Maulesel. Man spricht von einem Arthybriden, der jedoch selbst nicht fortpflanzungsfähig ist. Gleiches gilt, wenn man eine Pferdestute mit einem Eselhengst kreuzt. Man erhält ein nicht fortpflanzungsfähiges Maultier.

Ein weiteres, beeindruckendes Beispiel für Arthybriden ist der sogenannte »Liger«, eine Kreuzung zwischen einem männlichen Löwen und einem weiblichen Tiger. Männliche Liger sind immer steril, während weibliche Liger meist fertil sind. Diese Kreuzung ist deshalb so beeindruckend, weil es aus Gründen, die hier zu weit führen, zu einem besonders ausgeprägten Wachstum dieser Katzen kommt.

Doch zurück zur Geschichte der Menschheit, die vor mehr als 5.500 Jahren mit der Landung der *Alderaaner* ihren Anfang nahm. Die Sprache der Sippen mit der höchsten Bevölkerungskonzentration, also der Atlanter, war ein Dialekt des Sumerischen, weil die in Mesopotamien siedelnden Menschen ausgewanderte Atlanter waren. Kein Wunder also, dass die sumerische Sprache mit keiner anderen verwandt ist – man spricht von einer isolierten Sprache.

Obwohl sie heute nicht mehr gesprochen wird, lohnt sich das Studium des Sumerischen durchaus. Aus den Originalüberlieferungen lassen sich interessante Erkenntnisse ableiten, die die Fakten der Enzyklopädie massiv stützen (siehe auch die Bedeutung von »Haunebu« = Truppentransporter).

Die *Alderaaner* wurden von den Atlantern, beziehungsweise Sumerern »Anunnan« genannt – ein Begriff, dessen Bedeutung weiter unten in Zusammenhang mit den »Anunnaki« erklärt wird.

Nur so viel: Die Anunnan galten als Söhne und Töchter des Gottes Enki, der für Weisheit stand und Gott der Handwerker, Künstler und Magier war. Dies ist nicht weiter verwunderlich, weil es die Anunnan waren, die den Menschen das Handwerk, die Kunst und Magie (Technologie) brachten. Während die schlanken, hochgewachsenen *Alderaaner* als Götter verehrt wurden, galten ihre Schöpfungen, die dem normalen Menschen in allen Belangen überlegenen Kriegerkönige, als eine andere Sorte Götter und wurden »Anunnaki« genannt.

Bei der Übersetzung des Begriffs »Anunnaki« herrscht ein ähnliches Durcheinander wie bei der Bezeichnung »Haunebu«. Diese Verwirrungen möchte ich nun kurz diskutieren und entflechten. Dabei möchte ich die Autoren der bisherigen Übersetzungsversuche ausdrücklich in Schutz nehmen, da sie nicht über Informationen verfügten, wie sie mir vorliegen. Außerdem reite ich ein wenig auf den »Anunnaki« herum, weil die tatsächliche Übersetzung des Begriffs bereits einen Großteil des Geheimnisses um die Geschehnisse vor 5.500 Jahren enthüllt.

Zecharia Sitchin übersetzt »Anunnaki« mit »Jene, die vom Himmel auf die Erde kommen«[65]. Schauen wir uns das genauer an: »An« bedeutet »Himmel«, »Ki« bedeutet Erde. Dazwischen steht »unna«, was man selbst mit viel Phantasie nicht als etwas übersetzen könnte, was »An« und »Ki« zur Übersetzung Sitchins verbindet. »Unna« könnte folgendes bedeuten: »un« ist die Kurzform von »ùña« (Volk), »na« ist die Endung die den Genitiv bezeichnet, folglich könnte unna »des Volkes« bedeuten. Damit hätten wir: »Anunnaki« = »Himmel des Volkes Erde«, was nicht besonders viel Sinn macht.

Die Übersetzung Sitchins ist zu Recht von Michael S. Heiser kritisiert worden[66]. Zunächst einmal betrachten wir den Teil »Anunnan«. Dieser Begriff kennzeichnet nicht etwa, wie früher vermutet[67,68], eine einzelne Gottheit in der sumerischen Mythologie, sondern den Ältestenrat der Götter, die das Schicksal bestimmten[69]. Die Übersetzung dieses Begriffs erhält man durch folgende Zerlegung: A-nun-na. Dabei bedeutet »a« (Kurzform von »aka«) »von«, »nun« ist »der Königliche« oder »der weise Fürst« und »na« ist die Endung für den Genitiv. Mit »nun« ist der Gott der

Weisheit, Enki, gemeint, ähnlich wie man den Christengott häufig mit »Herr« oder »Vater« bezeichnet. Die eigentliche Bedeutung von »Anunna« ist also »von des Königlichen (=Enki)«, wobei der Genitiv die Abstammung bezeichnet. Also lautet die genaue, den Sinn exakt widerspiegelnde Übersetzung: »vom Samen des Enki«.

Diese Bezeichnung ist sofort einleuchtend. Versetzen wir uns dazu in die Lage von Steinzeitmenschen. Mit Flugscheiben kommen menschenähnliche Wesen vom Himmel, die anscheinend über göttliche Macht verfügen und beginnen, die Menschen zu unterrichten. Selbst in unseren Augen triviale Hinweise, wie man Landwirtschaft effizienter betreibt oder Metall bearbeitet, müssen die Menschen als unendliche Weisheit empfunden haben. Verständlich, dass sie die Ankömmlinge für die Kinder des Gottes der Weisheit, der Magie und der Künste hielten – und folglich »Anunnan« nannten. Zusätzlich erklärt dieser Umstand, dass die Abstammung in der sumerischen Mythologie sehr wichtig genommen wurde. Nur diejenigen, die von Enkis Samen waren, durften an dem das Schicksal festlegenden Götterrat teilnehmen.

Nun begannen die Anunnan (*Alderaaner*) jedoch, Menschen genetisch zu modifizieren und auf Basis ihrer stark gesteigerten Intelligenz zu schulen. Diese auf der Grundlage des menschlichen Erbguts Geschaffenen waren aus Sicht des Steinzeitmenschen ähnlich weise wie die Anunnan, sie hatten sogar die Macht, ebenfalls mit Flugscheiben (Haunebus) zu fliegen und waren ähnlich gewandet wie die Götter. Offenbar musste es sich ebenfalls um Götter handeln, nur dass diese etwas anders aussahen als die hochgewachsenen, spitzohrigen Anunnan – sie waren rein äußerlich nicht von gut gebauten Menschen von der Erde zu unterscheiden. Vermutlich versuchten diese »neuen Götter« ihren Mitmenschen sogar zu erklären, dass sie von den »anderen Göttern« geschaffen worden waren. Da man sich aber nichts anderes vorstellen konnte, als einen Menschen durch Zeugung zu schaffen, waren die neuen Götter halt ebenfalls »vom Samen des Enki«, doch sie unterschieden sich eben durch ihr irdisches Äußeres von den Anunnan, also fügte man die Endung »Ki« (Erde) hinzu.

Die »Anunnaki« sind also die irdischen Abkömmlinge des Weisheitsgottes Enki und somit eindeutig nicht mit den Anunnan identisch, was übrigens exakt Stand der Forschung ist. Da das Wort »Ki« neben »Erde« auch »Unterwelt« bedeutet, wurden die Anunnaki viele Generationen nach der Apokalypse, dem Krieg zwischen *Alderaanern* und *Dragonen*, von den irdischen Kindern Enkis zu den »Göttern der Unterwelt«. Auf die weitere Entwicklung der sumerischen beziehungsweise akkadischen Mythologie möchte ich nicht weiter eingehen, da die Wirklichkeit durch die meist mündlichen Überlieferungen natürlich um so stärker verzerrt wird, je länger der Zeitpunkt der tatsächlichen Ereignisse zurückliegt.

Interessant ist hier anzumerken, dass sich die genetisch verbesserten Menschen natürlich zu Königen aufschwangen und die ersten Hochkulturen gründeten. Da sie aber auch den Status von Göttern hatten, vermischte sich das diesseitige König-Sein mit dem transzendenten Gott-Sein. Diese Herrscher waren also mehr als Könige, sie waren Gottkönige. Dieser Umstand hielt sich sehr lange in der Menschheitsgeschichte und reichte von den mesopotamischen Herrschern über die ägyptischen Pharaonen bis hin zu den römischen Kaisern. Ein heutiges Relikt aus jenem Denken, das, wie wir gesehen haben, durchaus einen realen Hintergrund hatte, ist das Selbstverständnis des Papstes als »Stellvertreter Gottes auf Erden«. Vielleicht ist der im Großteil der Menschheitsgeschichte vorhandene Glaube an die Gottkönige die eigentliche Ursache für das erstaunliche Phänomen, dass die »geistig Armen« es sich als eine Selbstverständlichkeit verkaufen lassen, bestimmte Menschen hätten einen direkten Draht zu Gott und würden daher Gottes Wille kennen. Vielleicht schieße ich mit dieser Vermutung übers Ziel hinaus, sicher ist jedoch, dass diese Leichtgläubigkeit der Menschen von den *Illuminaten* schamlos ausgenutzt wird.

Was den Steinzeitmenschen allerdings verborgen blieb, war der Umstand, dass die Anunnaki von den Anunnan lediglich im theoretischen Verständnis dessen geschult wurden, was zur interstellaren Kriegsführung notwendig war. Das vermittelte Wissen beschränkte sich im Wesentlichen auf Astronomie, Mathematik und

Medizin, was die Anunnaki den »normalen« Menschen schon als unendlich weise erscheinen ließ. Oder mit anderen Worten: Die »Normalen« konnten den Unterschied zwischen theoretischem und in die Praxis umgesetzten technologischem Wissen nicht unterscheiden. Letzteres behielten die Anunnan den Anunnaki aus gutem Grund vor: Sie wollten den gleichen Fehler nicht zweimal begehen, indem sie die genetisch aufgewerteten Menschen, wie sie es bei den *Dragonen* gemacht hatten, zu einer ernsthaften Gefahr für ihre eigene Existenz werden ließen. Diese Gefahr war nicht unbegründet. Schließlich war die genetische Basis der Anunnaki die der aggressiven, neugierigen Nordvölker, und diese Eigenschaften waren durch den genetischen Eingriff sogar verstärkt worden. Zusammen mit der extrem gesteigerten Intelligenz, die jener der *Alderaaner* in nichts nachstand, ergab sich also eine durchaus gefährliche Mischung. Daher wollte man die Anunnaki zwar als Soldaten, nicht jedoch als Technologen, die in absehbarer Zeit eigenständig eine Raumflotte bauen konnten, um möglicherweise sogar Alderaan zu bedrohen.

Vielleicht noch mal ein paar Worte zu Zecharia Sitchin, dessen Hypothesen in der Paläo-Seti Szene ziemlich beliebt sind. Ich möchte ausdrücklich darauf hinweisen, dass ihm seine Schlussfolgerungen auf der Basis seines Wissenstandes durchaus als der Wahrheit ziemlich nahe kommend erschienen sein mögen. Immerhin gehört er zu jenen Autoren, die richtigerweise erkannt haben, dass an dem plötzlichen Auftauchen der Hochkulturen überall auf der Erde etwas faul sein muss, da die in vielen Punkten übereinstimmenden Mythologien der unterschiedlichen, über den Erdball verstreuten Völker eine Ursache haben müssen. Deshalb liegt es mir fern, die Arbeiten Sitchins hier in irgendeiner Form lächerlich zu machen. Immerhin entspricht sein grundlegender Schluss, Außerirdische hätten vor Jahrtausenden die Erde besucht und die Entstehung der Hochkulturen ausgelöst, tatsächlich der Wahrheit.

In den Details hat sich Sitchin jedoch geirrt. Auf Basis seiner falschen Übersetzung des Wortes »Anunnaki« entwickelte er die Vorstellung, es handele sich dabei um Wesen »die vom Himmel auf die Erde kamen« und zwar vom »Nibiru«, dem (nicht vorhandenen) zwölften Planeten unseres Sonnensystems. Des Weiteren interpretierte Sitchin die alten sumerischen Überlieferungen als Beleg dafür, dass die Menschen von den Anunnaki als Arbeitssklaven geschaffen worden seien, um in Bergwerken Gold abzubauen. Soweit die Kurzfassung.

Diese Behauptungen können allerdings nicht stimmen, wie man leicht mit geringen Kenntnissen in Astrophysik nachweisen kann. Zunächst einmal ist die Oberflächentemperatur auf einem Planeten im Wesentlichen von zwei Faktoren abhängig: von seinem Abstand zur Sonne und vom Treibhauseffekt seiner Atmosphäre. Ein hypothetischer zwölfter Planet – über die Definition »Planet« könnte man hier ausführlich streiten –, wäre, wie der Kleinplanet Pluto, ein Teil des Kuipergürtels am Rande unseres Sonnensystems. Diese ringförmige Ansammlung von Materiebrocken ist zwischen 30 und 50 mal so weit von der Sonne entfernt wie die Erde. Auf dem Kleinplaneten Pluto beispielsweise herrschen daher durchschnittliche Temperaturen von rund -230°C. Selbst wenn die gesamte Atmosphäre eines Planeten im Kuipergürtel aus Treibhausgasen bestehen würde, so lägen die Temperaturen noch sehr weit unterhalb des Gefrierpunktes. Auf einem solchen Planeten gäbe es kein flüssiges Wasser, weshalb die Entstehung von Leben, das auch nur entfernte Ähnlichkeit mit dem auf unserer Erde hat, mit absoluter Sicherheit unmöglich ist. Auch andere Formen von Leben sind praktisch ausgeschlossen, weil eine Grundvoraussetzung für Leben das Stattfinden von chemischen Reaktionen ist. Die Aktivierungsenergie für Reaktionen wird selbst in Anwesenheit von Katalysatoren bei solchen Temperaturen nicht erreicht. Speziell die menschenähnlichen Anunnaki des Zecharia Sitchin könnten auf einem Planeten im Kuipergürtel niemals entstanden sein.

Es gibt aber auch noch einen weiteren Punkt in Sitchins Argumentation, der bei genauerer Analyse keinen Sinn macht, selbst wenn wir die oben beschriebene Unmöglichkeit der Existenz von Wesen aus dem Kuipergürtel einmal ausblenden: Und zwar, dass die Behauptung, diese Wesen seien auf die Erde gekommen, um hier

Gold abzubauen. Etwas Dümmeres könnten sie nämlich kaum tun, wie wir gleich sehen werden.

Wie bereits diskutiert, entstand unser Sonnensystem aus einer gigantischen Wolke Staub, die hauptsächlich aus Wasserstoff bestand, aber auch aus den schwereren, im Innern verglühter Sterne entstandenen Elemente. Durch die Gravitation verklumpte die Wolke, in ihrem Zentrum entstand der größte Brocken. Die Gravitation war dort so groß, dass der durch die Gravitation verursachte Druck die Kernfusion des Wasserstoffs auslöste: Unsere Sonne begann zu scheinen!

In den anderen Gebieten der Urwolke verdichtete sich eine riesige Zahl Materieklumpen, die sich durch die Gravitation anzogen, kollidierten und so die Planeten bildeten. Dieser Vorgang geschah umso schneller, je höher die Materiedichte war. Deshalb entstanden die inneren Planeten eher als die äußeren. Der Kuipergürtel ist so weit von der Sonne entfernt, wodurch die Materiedichte so gering ist, dass die Klumpenbildung immer noch nicht abgeschlossen ist. Deshalb besteht der Gürtel aus einer gigantischen Zahl von Gesteinsbrocken von Staubkorngröße bis hin zu Zwergplaneten wie dem Pluto.

Doch zurück zur Erde: Durch die freigesetzte Energie der Kollisionen und durch Radioaktivität waren die Planeten, also auch die Erde, kurz nach ihrer Entstehung glutflüssig. Daher sanken die schweren Elemente hinab in Richtung Erdmittelpunkt, während die leichteren an der Oberfläche blieben. Eisen, Gold, Silber, Uran, um ein paar Beispiele zu nennen, waren schon bald an der Oberfläche der jungen Erde nicht mehr vorhanden. Dann erkaltete die Oberfläche und wurde fest. Meteoriten, die danach auf die Erdoberfläche fielen, sackten nicht mehr ein. Ihre Masse verblieb an der Oberfläche und damit auch die schweren Elemente, die diese kosmischen Trümmer enthielten. Vor diesem Hintergrund ist also festzuhalten, dass sämtliches Gold, wie auch andere schwere Elemente in der Erdkruste, aus Meteoriten und Asteroiden stammen, die nach dem Erstarren der Erdoberfläche eingeschlagen sind. Der Großteil dieser Meteoriten stammt – ich gebe zu, das grenzt schon fast an Satire, entspricht aber nun mal der Wahrheit – aus dem Kuipergürtel. Wenn es also eine intelligente, menschenähnliche Spezies auf einem Planeten im Kuipergürtel gäbe oder gegeben hätte – was unmöglich ist –, dann wäre diese Spezies bestimmt nicht auf der Erde gelandet, um hier Gold zu schürfen. Das hätten sie viel einfacher in unmittelbarer Nähe ihrer Heimatwelt gehabt. Auf der Erde hätten sie nur die Spuren dessen gefunden, was in Form unzähliger Gesteinsbrocken im Kuipergürtel umherschwirrt. Milliarden Kilometer zurückzulegen um diese Spuren uralter Meteoriteneinschläge abzubauen und das Gold dann gegen die Schwerkraft der Erde wieder in den Weltraum und Milliarden Kilometer zurück zu ihrem Heimatplaneten zu transportieren, statt Bergbau in der Schwerelosigkeit an den Meteoriten in der unmittelbaren Nachbarschaft ihres Heimatplaneten zu betreiben, ist geradezu absurd.

Ich habe die Grundbehauptungen Sitchins hier einigermaßen ausführlich diskutiert, um Sie immer wieder auf das Plausibilitätsargument aufmerksam zu machen. Wenn Sie irgendwelche Behauptungen lesen, deren Wahrheitsgehalt nicht unmittelbar nachprüfbar ist, so prüfen Sie selbst anhand von Plausibilitätsbetrachtungen, welchen Varianten die höchste Wahrscheinlichkeit zuzurechnen ist. Speziell was meine Ausführungen in diesem Buch anbelangt, so vergessen Sie die Existenz der Enzyklopädie, die mir die Augen öffnete. Führen Sie sich bitte einfach nur die Fakten vor Augen, von dem simultanen Aufblühen der Hochkulturen vor 5.500 Jahren mit dem in allen Kulturen vorhandenen Glauben an himmlische Götter über die Gralslegenden, bis zu dem UFO-Phänomen, Roswell und dem »seltsamen« Verhalten der westlichen Regierungen. Nach der Vergegenwärtigung dieser Fakten schauen Sie, welches Konstrukt all diese »Phänomene« am glaubwürdigsten erklärt.

3.5 Der interstellare Krieg

Bevor ich mit den historischen Ereignissen beginne, möchte ich Sie dafür sensibilisieren, dass ein interstellarer Krieg mit keiner Auseinandersetzung zwischen Völkern und Staaten in der Geschichte der Menschheit vergleichbar ist. Die eingesetzten Waffen sind völlig andere und die Abfolge von Schlachten findet wegen der großen zurückzulegenden Distanzen nicht im Zeitrahmen von Monaten oder Jahren, sondern von Jahrhunderten statt.

Im Jahre -3677 erreichte die Robotflotte der *Alderaaner* das Hades-System. Ziel des Angriffs, an dem 62 rund einen Kilometer lange und voll automatisierte, zeppelinförmige Kriegsschiffe teilnahmen, war die Vernichtung sämtlicher Raumschiffwerften und Industrien Dragons. Eine zweite Angriffswelle sollte von Terra aus erfolgen mit den genetisch modifizierten menschlichen Soldaten und einer Armee von Hybriden für den Bodenkampf auf Dragon.

Bei den Kämpfen wurde der Mond Dragons mit seinen Raumwerften völlig vernichtet. Seine Bruchstücke kreisten später als Asteroidenring um den Planeten. Die Stücke, die auf dem Planeten einschlugen, verursachten schwerste Verwüstungen. Milliarden *Dragonen*, rund 70% der Gesamtbevölkerung, kamen ums Leben. Der dragonischen Flotte gelang es jedoch, die alderaanischen Schiffe vollständig aufzureiben.

Die bereits im Jahre -3775 fertig gestellte Angriffsflotte der *Dragonen* erschien im Jahre -3444 im Erisant-System. Die Verteidigungsflotte der *Alderaaner*, ebenfalls ausschließlich mit Robotern bemannt, fügte den Angreifern schwere Verluste zu. Doch die Kreativität der *Dragonen* gab während der Schlacht den Ausschlag. Die Defensivflotte wurde vollständig vernichtet. Von den 25 Trägerschiffen (in der Form von Speichenrädern, ähnlich den alderaanischen Generationsraumschiffen, jedoch schwer bewaffnet und jeweils mehrere hundert Haunebus und Vril-Jäger mitführend) wurden jedoch 23 vernichtet. Die übrigen 2 begannen mit dem Bombardement Alderaans. Über das Ausmaß der Verwüstungen ist nichts bekannt, auch nicht über den Verbleib der beiden dragonischen Träger. Die bereits im Jahre -3565 auf der Erde gelandeten *Alderaaner* erfuhren erst zehneinhalb Jahre nach der Schlacht um Alderaan (-3444), also im Jahre -3434, vom Untergang ihrer Zivilisation, weil die Sendungen von Alderaan schlagartig abbrachen und zuletzt von der Invasion der *Dragonen* berichteten[XXXVIII]. Es scheint jedoch so, dass die vollautomatischen Raumabwehrforts Alderaans die beiden verbliebenen dragonischen Träger mit ins Verderben gerissen haben, denn auch von ihnen fehlt seitdem jede Spur.

Die *Alderaaner* wussten nun, dass ihre zweite Angriffswelle, geführt mit terranischen Soldaten (Anunnaki), für eine Rettung Alderaans zu spät kam. Zusätzlich hatte der Schlag der *Dragonen* gezeigt, wie kampfstark der Gegner war. Alleine schon aus Selbsterhaltungsgründen musste daher schnellstmöglich eine weitere Invasion Dragons erfolgen, um die Gefahr ein für alle Mal zu beseitigen.

Eine hinreichend große Zahl der unfruchtbaren und daher teuer herzustellenden Hybriden (Zentauren, Minotauren und vielen anderen) stand noch nicht zur Verfügung, also entschloss man sich entgegen allen Prinzipien alderaanischer Ethik zu einem Vernichtungsfeldzug gegen Dragon. Der eine oder andere Leser mag nun mutmaßen, dass auch Rache eine Rolle bei dieser Entscheidung gespielt haben mochte. Dem ist definitiv nicht so. Das Gefühl der Rache war den *Alderaanern* fast vollkommen fremd. Die »Bestrafung« von Übeltätern hatte in der alderaanischen Gesellschaft lediglich einen rein rational begründeten Platz: Abschreckung und Schutz der Gesellschaft durch Ausgrenzung von Kriminellen.

Zur schnellstmöglichen Durchführung des Vernichtungsfeldzuges wurde das mitgeführte, 5 Kilometer durchmessende, Transportschiff zum Kriegsschiff umgebaut. Zu diesem Zweck wurden schwere Vril-Geschütze (Kraftstrahlkanonen) auf der verstärkten Schiffshülle installiert und Hangars für mehrere tausend Haunebus und Vril-Jäger (90% des gesamten Bestandes, die meisten bereits in den orbitalen Fabriken hergestellt) angelegt. Die 50.000 Anunnaki, die die Besatzungen der Flugscheiben darstellten, sollten die 238 Jahre Flugzeit bis ins Hades-System im Kälteschlaf zurücklegen. Lediglich wenige hundert Flugscheiben blieben auf

---

[XXXVIII] Bedenken Sie bitte, dass die Übertragung von Information zwischen Alderaan und der Erde 10,5 Jahre dauert. Es sind also keine Gespräche möglich, sondern lediglich ein wechselseitiges Versenden von Informationen, mit einem Zeitversatz von besagten 10,5 Jahren.

der Erde zurück, um den Planeten verteidigen zu können, falls die *Dragonen* einen Angriff gestartet hätten, noch bevor die Anunnaki im Hades-System eintrafen. Genau diese Befürchtung sollte sich als berechtigt herausstellen, da die *Dragonen* 25 Träger ins 5,9 Lichtjahre entfernte Erisant-System entsendeten, die mittlerweile dort eingetroffen waren und Alderaan vernichtet hatten. Zudem waren fünf weitere Träger ins Sol-System geschickt worden, wovon die *Alderaaner* auf der Erde aber nichts wissen konnten. Das riesige zum Kriegsschiff umgebaute ehemalige Transport- und Fabrikationsschiff brach im Jahre -3429 mit 50.000 Anunnaki im Kälteschlaf an Bord nach Dragon auf. Die aus dem Transportschiff ausgebauten Fabrikanlagen wurden mit luftdichten Schutzhüllen versehen und in Umlaufbahnen um die Erde gebracht, um die Produktion von Flugscheiben fortsetzen zu können.

Das riesige Kugelschiff erreichte im Jahre -3191 die äußeren Grenzen des Hades-Systems. Die 50.000 Anunnaki wurden aus dem Kälteschlaf geweckt. Die nun folgenden Ereignisse wurden per Richtfunk an die Erde geschickt.

Beim Anflug auf Dragon wurde eine beachtliche gegnerische Flotte geortet: 32 zeppelinförmige Kriegsschiffe, jedes knapp einen Kilometer lang, befanden sich im Orbit des Planeten. Kurz darauf wurde der Schiffsriese der Anunnaki von den *Dragonen* geortet. Begleitet von mehr als 5.000 Flugscheiben nahmen ihre schweren Kriegsschiffe Kurs auf die Angreifer. In umgerechnet etwas mehr als einer Million Kilometer von Dragon entfernt kam es zur Raumschlacht. Die knapp dreitausend Flugscheiben der Anunnaki stürzten sich, unterstützt von den Breitseiten des Kugelschiffs, auf die dragonische Abwehrflotte. Der Kampf dauerte zwei Stunden, in deren Verlauf sowohl das Trägerschiff der Anunnaki als auch sämtliche Schlachtschiffe der *Dragonen* vernichtet wurden. Die Funksprüche des Trägers Richtung Terra brachen ab. Der weitere Verlauf der Schlacht ist nur noch anhand von Funksprüchen von Geschwaderführern der Anunnaki zu rekonstruieren, die ihre Antennen nach wie vor auf das Sol-System ausgerichtet hatten.

Die todesmutig kämpfenden terranischen Soldaten waren den *Dragonen* an Effizienz deutlich überlegen, womit sie ihre

Unterzahl mehr als wett machten. Die letzten Flugscheiben der *Dragonen* flohen vor den Angreifern, die sich nun anschickten, Dragon, die orbitalen Fabriken und die übrigen Stützpunkte der *Dragonen* im Hades-System direkt anzugreifen. Die Dragon umkreisenden Fabriken und Werften vergingen im Feuer der Kraftstrahlkanonen. Obwohl die Raumabwehrforts des Planeten und der anderen Stützpunkte einen hohen Blutzoll forderten, deckten die Haunebus der Anunnaki die Oberfläche Dragons mit einem regelrechten Hagel Vril-Bomben ein. Diese Welt wurde Jahrmilliarden in ihrer Entwicklung zurückgeworfen, und wurde wieder zu jenem Glutball flüssigen Gesteins, der sie bei der Entstehung des Hades-Systems einst gewesen war.

Die zuvor geflohenen dragonischen Einheiten stürzten sich jetzt auf den durch die planetaren Forts stark dezimierten Gegner. Da wenige Stunden später die letzte Funkverbindung abbrach, muss davon ausgegangen werden, dass die restlichen Einheiten der Anunnaki vollständig aufgerieben wurden. Die Besatzungen der wenigen Flugscheiben der *Dragonen*, die dem Massaker möglicherweise entgangen waren, besaßen nun weder eine Heimatwelt noch irgendwelche anderen Stützpunkte im Hades-System. Wahrscheinlich starben die Besatzungen bald darauf, als ihnen die Atemluft und/oder ihr Proviant ausgingen.

An dieser Stelle möchte ich noch eine kleine technische Bemerkung loswerden: Wie ich ausführlich dargelegt habe, funktionieren Vril-Triebwerke durch die Erzeugung von gerichteten Neutrinos durch die Vernichtung herkömmlicher Materie. Die praktische Realisierung derartiger Triebwerke ist mit mehreren erheblichen technischen Schwierigkeiten verbunden. Da wäre zunächst einmal das Problem, eine in makroskopischen Bereichen wirksame quantenmechanische Verschränkung zu erzeugen, mit deren Hilfe einzelne Baryonen über die 10 TeV-Barriere gebracht werden können, sodass die Baryonenvernichtung anläuft. Das zweite Problem ist die Steuerung des Prozesses dahingehend, dass nur niederenergetische Neutrinos erzeugt werden, um die radioaktive Belastung der Umwelt in vertretbarem Rahmen zu halten. Diese beiden Probleme habe ich ausführlich in vorangegangenen Kapiteln und in den Anhängen dargestellt. Eine dritte Schwierigkeit besteht in der Haltbarkeit der Vril-Triebwerke. Die *Alderaaner* haben es geschafft, Triebwerke herzustellen, die unter Volllast rund vier Wochen arbeiten. Auf diese Weise konnten die Generationsraumschiffe 5% der Lichtgeschwindigkeit erreichen[XXXIX], weshalb die Strecke zur Erde in nur wenig mehr als 200 Jahren zurückgelegt werden konnte. Die *Dragonen* brauchten jedoch für die ähnliche Distanz zwischen Hades und Sol mehr als 600 Jahre, weil ihre Vril-Triebwerke nur in etwa ein Drittel der Lebensdauer der alderaanischen aufwiesen. Mit mehr als 600 Jahren Flugzeit wäre das Sol-System für die möglicherweise überlebenden dragonischen Flugscheiben, die nicht über Kälteschlafkammern verfügten, also unerreichbar.

Die 5 dragonischen, 600 Jahre zuvor gestarteten Generationsraumschiffe trafen im Jahre -3151 im Sol-System ein. Sie schleusten ihre Flugscheiben aus und griffen die die Erde umkreisenden drei Generationsraumschiffe der *Alderaaner* an. Natürlich hatten sie unterwegs Funksprüche aus dem heimatlichen System aufgefangen und wussten daher, dass ihre Zivilisation vor 40 Jahren mit hoher Wahrscheinlichkeit vernichtet worden war. Dementsprechend war es keineswegs ihre Absicht, die Erde zu vernichten, sondern sie wollten unseren Planeten als neuen Lebensraum für ihre Spezies gewinnen. Für dieses Unterfangen rechneten sie mit wenig Widerstand, weil es unwahrscheinlich war, dass die *Alderaaner* Robotschiffe mit auf ihre Expedition nach Terra geführt hatten. Schließlich waren die pazifistischen Humanoiden ohne die Hilfe ihrer Roboter kaum in der Lage, sich zu verteidigen.

Dementsprechend musste die Überraschung groß gewesen sein, als sich ihnen mehrere hundert Flugscheiben in den Weg stellten. Erst später erfuhren die *Dragonen*, dass diese Raumschiffe von hervorragend ausgebildeten Anunnaki gesteuert wurden.

Es entbrannte die Schlacht um Terra. Die *Alderaaner* verloren zwei ihrer Generationsraumschiffe, eins wurde schwer beschädigt. Die immer noch nicht völlig fertig gestellten orbitalen Fabriken

---

[XXXIX] Mit der Hälfte der Lebensdauer der Triebwerke – schließlich muss auch wieder abgebremst werden.

vergingen im Feuer der Angreifer. Doch den *Dragonen* erging es nicht besser. Vier ihrer Speichenradschiffe detonierten in unmittelbarer Erdnähe, das fünfte stürzte schwer beschädigt in den pazifischen Ozean und löste einen gewaltigen Tsunami aus, der Teile Japans, der chinesischen Küste, Indonesien und die meisten pazifischen Inseln überspülte.

Die dragonischen Flugscheiben setzten unter schwersten Verlusten ihre Angriffe auf die alderaanischen Basen bei den Rekrutierungszentren auf der Erde fort. Für die Schlangenähnlichen war längst klar, dass die Eroberung des Planeten illusorisch geworden war. Sie trachteten nun nur noch danach, möglichst großen Schaden anzurichten. Der größte Stützpunkt der *Alderaaner* befand sich, wie bereits erläutert, auf Atlantis im Bereich der heutigen Nord- und Ostsee. Teile des Festlandes gingen durch das Bombardement unter. China, Pakistan (Mohenjo Daro), und zwei kleinere Rekrutierungszentren im heutigen Israel (Sodom und Gomorra) wurden ebenfalls schwer getroffen. Die Basis der *Alderaaner* bei Cusco im heutigen Peru wurde vernichtet.

Nur teilweise zerstört wurden die Zentren bei Gizeh (Ägypten) und Kiš (Mesopotamien). Dies ist auch der Grund dafür, warum dort nach dem Kriege die Bildung menschlicher Hochkulturen ihre Fortsetzung fand.

Bevor die *Dragonen* ihr Vernichtungswerk vervollständigen konnten, wurden ihre letzten Flugscheiben von den Anunnaki zerstört. Doch an mehreren Stellen um den Erdball verteilt konnten sich dragonische Besatzungen aus den Trümmern ihrer Wracks retten.

Mit allen Mitteln versuchten Techniker der *Alderaaner* und Anunnaki das schwer angeschlagene Generationsraumschiff zu retten. Vergeblich. Es wurde schnell klar, dass es auf die Erde stürzen würde. Als Einschlagsort wurde der Golf von Oman vorausberechnet. Die »zivilisierten« Menschen bei den noch halbwegs unzerstörten Rekrutierungszentren wurden gewarnt. Die meisten Anunnaki in diesen Regionen brachte man mit den wenigen noch flugfähigen Haunebus in Sicherheit. Die »einfachen« Menschen nahmen ihr Hab und Gut, zumeist wohl nur ihr Vieh, und zogen in höher gelegene Landstriche.

Das mehr als drei Kilometer durchmessende Speichenradschiff stürzte an der vorausberechneten Stelle ins Meer. Ein gewaltiger Tsunami rollte durch den Persischen Golf und drang tief in die umliegenden Landstriche ein. Mesopotamien wurde fast vollständig überflutet.

Halten wir kurz inne. Es ist schon fast überflüssig zu erwähnen, dass der Absturz des Generationsraumschiffs der Ursprung der Legende von der Sintflut ist. Vor diesem Hintergrund wird auch sofort verständlich, warum diese Legende in alten sumerischen Schriften, speziell dem Gilgameš-Epos, erstmalig geschildert wurde – und nicht in der Bibel. Der Banknotenstempelschneider George Smith erlangte im Jahre 1872 durch die Übersetzung des Epos Weltruhm und verursachte beträchtlichen Wirbel durch die Tatsache, dass die Sintflut nicht erstmalig in der Bibel erwähnt wurde, sondern bereits mehr als 1.000 Jahre zuvor. Die Bibelautoren hatten also abgeschrieben ...

Ebenso werde ich hier nicht an die Überlieferungen zum Untergang von Sodom und Gomorra eingehen, die ziemlich deutlich den Einsatz von Nuklearwaffen beschreiben, inklusive der wahrheitsgemäßen Darstellung, wie Menschen zu »Salzsäulen« erstarren, wenn sie der Hitzestrahlung einer Nuklearexplosion, oder erst recht einer Vril-Detonation, ausgesetzt sind. Ebenso wenig werde ich jetzt die Forschungen von Dänikens aufgreifen und seine mehr als dreißig Bücher anführen, die mit Beweisen für frühzeitliche außerirdische Besucher und mit Hochtechnologie geführte Kriege angehäuft sind. All diese Dinge müssen einem Folgeband vorbehalten bleiben. Hier möchte ich mich auf die Schilderung der tatsächlichen Ereignisse beschränken.

Doch zuvor noch ein paar Worte zu Erich von Däniken: Es gibt fraglos diverse Stellen, an denen er sich geirrt hat oder falsch informiert wurde. Ein Beispiel für »Insider« wäre die Sternenstraße im Norden Spaniens. Doch es ist, objektiv betrachtet, geradezu absurd, wenn man aufgrund *einiger weniger* Irrtümer *sämtliche* Aussagen dieses Paläo-Seti-Forschers als Unsinn abtun wollte. Es gibt unzählige Irrtümer bedeutender Persönlichkeiten, von denen mir besonders die Aussage von Thomas J. Watson, Präsident von IBM, aus dem Jahre 1943 in Erinnerung geblieben ist:»Ich bin überzeugt, dass weltweit ein Bedarf nach nicht mehr als 5 Computern besteht.« Trotz dieser Fehleinschätzung trug Watson erheblich zum kometenhaften Aufstieg IBMs bei.

Ich bin davon überzeugt, dass es von Däniken in einigen Jahren ähnlich ergehen wird: Man wird ihm seine kleinen Irrtümer verzeihen und ihn als bedeutenden Visionär und Forscher preisen. Und nachdem die Wahrheit über die *Alderaaner* und *Dragonen* immer mehr ins Bewusstsein der Öffentlichkeit gerückt sein wird, höre ich ihn schon zu Recht mit einem breiten Lächeln sagen:»Ich hab's schon immer gewusst.«

Doch zurück zu den vorgeschichtlichen Ereignissen. Die Rekrutierungszentren waren zerstört, die technischen Einrichtungen der *Alderaaner*, von den Einrichtungen der Basen in der Antarktis, im Himalaya und dem iranischen Berg Mašu einmal abgesehen, waren verloren. Die wenigen hundert überlebenden *Alderaaner* zogen sich in diese Basen zurück und begaben sich in den Kälteschlaf. Nur alle paar Jahre wurde einer von ihnen automatisch geweckt, um den Fortschritt der Menschen zu beobachten. Sie warteten darauf, dass die Anunnaki dereinst die interstellare Raumfahrt entwickeln würden. Schließlich wussten sie, dass es in der kosmischen Nachbarschaft der Erde weitere bewohnbare Planeten gibt. Zu einem davon wollten sie aufbrechen, sobald die Zeit dafür reif wäre. Natürlich war den *Alderaanern* klar, dass es wohl Jahrtausende dauern würde, bevor die Nachkommen der Anunnaki die Vril-Technologie beherrschen würden. Doch in den kosmischen Maßstäben alderaanischen Denkens bedeutete dies nur einen Wimperschlag, zumal sie beliebig lange Zeiträume im Kälteschlaf überbrücken können. Ich kann mir die Freude sehr gut vorstellen, die die *Alderaaner* empfunden haben müssen, als es der *Vril-Gesellschaft* schließlich gelang, die alderaanische Technologie zu reproduzieren. Entsprechend herzlich dürfte der Empfang der *Templer* in der antarktischen Hauptbasis gewesen sein (siehe Abschnitt 2.9). Dazu zu gegebener Zeit mehr.

Die *Dragonen* hingegen verfolgten ganz andere Pläne. Es gelang einigen von ihnen, eine ihrer abgestürzten Flugscheiben wieder einigermaßen flugtauglich zu machen. Sie brachten einige Anunnaki, denen sie die Herrschaft über die Menschheit versprachen, auf ihre Seite. Mithilfe ihrer Haunebu transportierten sie ihre Verbündeten möglichst weit weg von den *Alderaanern* und deren loyalen Anunnaki auf einen anderen Kontinent: nach Yucatan (Mexiko) und Peru. Einige Dutzend versprengte *Dragonen* blieben jedoch auf den anderen Kontinenten zurück, da ihnen die technischen Hilfsmittel fehlten, um sich bei ihren Artgenossen bemerkbar zu machen. Dieser Umstand wird noch an einigen Stellen in den Folgebänden, zum Beispiel bei der Diskussion des Gilgameš-Epos, von Bedeutung sein.

Bei allen nach menschlichen Maßstäben ethisch verwerflichen Eigenschaften der *Dragonen* besaßen sie auch eine positive Charaktereigenschaft: Sie waren geradezu unverbesserliche Optimisten. Daher gingen sie davon aus, dass irgendwo im Hades- oder Erisant-System Artgenossen überlebt hatten und im Laufe der Jahrhunderte oder Jahrtausende eine neue dragonische Zivilisation aufbauen würden. Aus diesem Grunde waren ihnen die wenigen überlebenden *Alderaaner* und deren treuergebene Anunnaki ein Dorn im Auge. Schließlich konnte aus ihnen dereinst eine interstellare Zivilisation hervorgehen, die dem hypothetischen neuen Dragonenreich gefährlich werden könnte.

Vor diesem Hintergrund lehrten die *Dragonen* »ihren« Anunnaki nicht etwa Naturwissenschaft und Technologie, sondern Psychologie, Wirtschaft- und Finanzwissenschaften. Auf dieser Basis sollten diese menschlichen Verbündeten der Schlangenwesen, die sich alsbald *»Bruderschaft der Schlange«* nannten, ihre Weltherrschaft aufbauen und dabei die Masse der Menschen dumm und abergläubisch halten, um den Fortschritt zu hemmen. Erst Jahrtausende später, als der Fortschritt durch die von den *Artur* initiierte Aufklärung unaufhaltsam Fahrt aufnahm, begann auch die *Bruderschaft,* die Technologie in verstärktem Maße und selbstverständlich im Geheimen für sich zu nutzen. Doch das ist eine andere Geschichte.

Die *Bruderschaft* beherrschte die Völker der Maya und Inka als Gottkönige. Die *Dragonen* begaben sich, tief in den monumentalen Pyramidentempeln jener Völker verborgen, in einen Kälteschlaf. Die dazu notwendigen Kammern bargen sie aus den Trümmern ihres in den Pazifik gestürzten Generationsraumschiffs. Natürlich waren diese Kälteschlafsysteme stark beschädigt, doch sie konnten nach jahrelanger Arbeit wieder repariert werden.

Die *Dragonen* hofften auf ihre Artgenossen, die sicherlich irgendwo in der kosmischen Nachbarschaft ein neues Reich gründeten, und dereinst auch die Erde besuchen würden. Sie wollten dafür sorgen, dass dies geschah, *bevor* die *Artur* selbst die Vril-Technologie beherrschen lernten. Zumindest wollten die *Dragonen,* mit Hilfe der ihnen ergebenen *Bruderschaft* technologische Fortschritte auf Seiten der *Artur* möglichst lange hinauszögern; bedeutet doch technologischer und damit militärischer Fortschritt zugleich auch immer einen Zuwachs an Macht.

Nachdem die *Bruderschaft* ihre Herrschaft über die Maya und Inka gefestigt und unermessliche Reichtümer, hauptsächlich in Form von Gold und Edelsteinen, angehäuft hatte, machten sich einige von ihnen auf den Weg über den Atlantik und Pazifik, um die auf den anderen Kontinenten in der Entstehung begriffenen Imperien des nahen Ostens, Indiens und Chinas zu infiltrieren. Man kann den weiteren Verlauf der Geschichte ziemlich genau auf folgenden einfachen Nenner bringen: In der Phase des Aufstiegs einer Kultur hatten die *Artur* die Oberhand, in der Phase ihres Niedergangs war die *Bruderschaft* am Drücker. Vor diesem Hintergrund kann man sich leicht ausrechnen, dass die Tage der heutigen westlichen Zivilisationen gezählt sind. Doch auch dieser Punkt wird ausführlich in den Folgebänden diskutiert werden …

Ebenso schenke ich mir hier Betrachtungen über die symbolische Bedeutung der Schlange in den unterschiedlichen Kulturen. Es liegt auf der Hand, dass von der *Bruderschaft* dominierte Zivilisationen die Schlange als Quell der Weisheit ansehen, Völker unter Leitung der *Artur* sehen in dem Tier jedoch die Ausgeburt des Bösen – bis hin zu einer der Lieblingsgestalten, die der Teufel gerne persönlich annimmt.

Zusammenfassung des 1. Bandes

Es wäre mir eine große Freude, mit diesem Buch Ihr Interesse an den Hintergründen der Weltgeschichte und den daraus resultierenden Auswirkungen auf unsere Gegenwart geweckt zu haben. Wenn Sie es bis hierhin geschafft haben, gab es eine große Menge für Sie wahrscheinlich vollkommen neuer Information zu verarbeiten. Deshalb halte ich es für sinnvoll, die Fakten noch einmal kurz, knapp und ohne jeglichen Ballast zusammenzufassen und zwar als Antworten auf die Fragen, die wahrscheinlich jeden Wahrheitssuchenden bewegen.

Selbstverständlich ergeben sich aus der Thematik noch viele weitere Fragen, die ich hoffentlich in einem der folgenden Bände der Reihe »Schlüssel der Offenbarung« beantworten kann. Außerdem möchte ich Sie hiermit ermutigen, Fragen, Anregungen und Kritik an den Verlag zu senden, was mich wiederum in die Lage versetzt, genauer auf die Bedürfnisse meiner Leser einzugehen. Schließlich beschäftige ich mich seit Jahrzehnten mit dem Ihnen nun vorliegenden Stoff, weshalb für mich möglicherweise Dinge selbstverständlich sind, die für Sie keineswegs klar sind.

Wurde die Erde in grauer Vorzeit von Außerirdischen besucht?

Im Jahre -3.565 (~ vor 5.500 Jahren) erreichten die *Alderaaner* die Erde. Diese menschenähnliche, in höchstem Maße pazifistische Spezies befand sich im Krieg mit den schlangenähnlichen *Dragonen*. Auf der Erde führten sie genetische Veränderungen am Menschen durch, um eine Kriegerrasse für den interstellaren Kampf zu schaffen. Zu diesem Zweck errichteten sie Rekrutierungszentren in Mesopotamien (heutiger Irak), Ägypten, Atlantis, Peru, Pakistan und China.

Ist »Atlantis« nur ein Mythos? Wenn es existierte, wo lag es und wer waren die Bewohner?

Zweihundert Jahre später trafen die *Dragonen* im Sonnensystem ein. Es entbrannte ein Krieg um die Erde, in dessen Verlauf ein Teil von Atlantis unterging. Das Gebiet erstreckte sich über Teile der heutigen Nord- und Ostsee, Großbritannien, Niederlande, Skandinavien und Norddeutschland. Atlantis war das größte Rekrutierungszentrum der *Alderaaner*, weil die genetische Manipulation an den dort lebenden Völkern am schnellsten zu den gewünschten Ergebnissen führte. Die heutigen Nord- und Mitteleuropäer sind mit den Nachfahren der Atlanter weitgehend identisch. Teile der Bevölkerung waren bereits vor der Ankunft der *Alderaaner* nach Mesopotamien und Ägypten ausgewandert.

Warum sind die Außerirdischen nicht geblieben?

Die *Dragonen*, die ihre Technologie ursprünglich von den *Alderaanern* erhalten hatten, vertrieben die »Fremden« von ihrer Heimatwelt und starteten eine Invasion des Erisant-Systems. Im Zuge dieses mit Vril-Technologie geführten Krieges wurde der Planet Alderaan mit hoher Wahrscheinlichkeit entvölkert.

Die auf der Erde verweilenden *Alderaaner* führten mit Hilfe der gentechnisch manipulierten irdischen Soldaten einen Gegenschlag. Dabei sind wahrscheinlich sowohl *Dragonen* als auch die terranisch-alderaanische Invasionsflotte vernichtet worden.

Nach dem Angriff der *Dragonen* auf die Erde blieben einige Schlangenabkömmlinge, aber auch *Alderaaner* auf der Erde zurück. Ihnen blieb nichts anderes übrig, als im Kälteschlaf darauf zu warten, bis die Menschheit die interstellare Raumfahrt beherrscht, um dann das Schicksal ihrer Heimatwelten zu ergründen.

Warum entstanden die Hochkulturen rund um den Erdball zur gleichen Zeit? Was war der auf der Erde überall zugleich vorhandene zündende Funke?

Das bislang wissenschaftlich nicht geklärte Phänomen, dass die großen Hochkulturen in China, Pakistan, Mesopotamien, Ägypten und Peru alle zur gleichen Zeit vor rund 5.000 Jahren entstanden, wird durch die Aktivitäten der *Alderaaner* sofort verständlich. Die gentechnische Manipulation der Außerirdischen zur Züchtung einer Kriegerrasse führte zu einer höheren analytischen und emotionalen Intelligenz, gesteigertem Zusammengehörigkeitsempfinden und erhöhter Opferbereitschaft – allesamt Eigenschaften, die sowohl für hervorragende Soldaten als auch zur Errichtung von Hochkulturen unverzichtbar sind.

Der heutige Homo sapiens lebte rund siebzigtausend Jahre als Jäger und Sammler in losen Sippenverbänden. Erst durch die genetische Manipulation der *Alderaaner* war er in der Lage, Hochkulturen zu schaffen, die dann prompt rund um die Rekrutierungszentren entstanden.

Warum ähneln sich die Mythen dieser Hochkulturen so sehr? Warum kamen ihre Götter vom Himmel und die Schlange gilt bei einigen als Symbol des Bösen, bei anderen als Symbol der Weisheit?

Selbstverständlich waren die Menschen nicht in der Lage, Technologie von Magie zu unterscheiden. Aus diesem Grunde verehrten sie die gutmütigen *Alderaaner* als Götter und die in die Reihen der Sternenkrieger aufgenommenen Menschen als Halbgötter. Da sowohl die Götter als auch die Halbgötter häufige Reisen mit ihren Flugscheiben unternahmen, assoziierten die Menschen den Himmel mit der Heimat der Götter.

Nach dem apokalyptischen Krieg um die Erde schulten die *Dragonen* einen Teil der Menschen, um über die so entstandene *Bruderschaft der Schlange* die Erde zu beherrschen. Ziel dieser Herrschaft war und ist es, den technologischen Aufstieg der

Menschheit zu bremsen, um zu verhindern, dass ein mächtiger Gegner für ein – ihrer Annahme nach – möglicherweise existierendes *Dragonen*-Reich entsteht.

Die *Artur* hingegen traten das Erbe der *Alderaaner* an und setzten alles daran, den Fortschritt der Menschheit zu fördern. Vor diesem Hintergrund ist es verständlich, dass von der *Bruderschaft* dominierte Kulturen die Schlange als Symbol der Weisheit sehen, während für die von den *Artur* inspirierten Kulturen die Schlange das Symbol des Bösen ist.

Was ist das Geheimnis des Heiligen Grals? Handelt es sich um eine christliche Legende, oder reichen seine Ursprünge bis zu Gilgameš, dem sagenumwobenen König der Sumerer, zurück?

Jahrhunderte nach dem Krieg um die Erde gelangte der sumerische König Gilgameš in den Besitz eines elektronischen Lesegeräts, ähnlich einem heutigen Amazon Kindle, allerdings mit erheblich größerem Speicher und holographischer Darstellungsfunktion des Inhaltes. Das Lesegerät enthält Unmengen an Informationen der alderaanischen Kultur, inklusive technischem Wissen.

Gilgameš gründete den Geheimbund der *Artur*, der sich seit nunmehr fast 5.000 Jahren mit der Erforschung dieser alderaanischen Hinterlassenschaft beschäftigt. Die *Artur* praktizierten eine ausführliche Geschichtsschreibung. Diese Dokumente zusammen mit dem Lesegerät bilden den »Heiligen Gral«. Die technologischen Geheimnisse des Grals blieben jedoch über die Jahrtausende unverständlich und konnten erst mit dem Aufkommen der Quantenmechanik und der Relativitätstheorie Anfang des 20. Jahrhunderts verstanden werden.

Gibt es Geheimgesellschaften, die das Schicksal der Menschheit im Verborgenen lenken?

Seit fast 5.000 Jahren herrscht ein Krieg zwischen der *Bruderschaft der Schlange* und den *Artur*. Mal gewinnen die *Artur* die

Oberhand, in diesem Fall entstehen Imperien und Aberglaube wird zurückgedrängt, mal dominiert die *Bruderschaft*, d.h. Imperien gehen unter, Wissen wird durch Glaube, moralische Werte durch das Streben nach Reichtum, und Freiheit durch Konformität ersetzt. Aus Sicht der *Artur* verhält sich die *Bruderschaft* wie ein Krebsgeschwür, das jedes Mal alles vernichtet, was über viele Generationen aufgebaut wurde.

Man kann die Interessenslagen folgendermaßen zusammenfassen: Die *Dragonen* versuchen die Menschheit so lange wie möglich primitiv zu halten, die *Bruderschaft* setzt diese Bestrebungen um, wobei sie jene Fähigkeiten anwenden, welche sie von den *Dragonen* erlernt haben. Im Gegenzug erhalten die Mitglieder unermesslichen Reichtum und daraus in Zeiten der Bestechlichkeit absolute Macht. Die *Artur* hingegen versuchen die Menschheit zu den Sternen zu führen. Mit Hilfe des Grals steht ihnen die dazu notwendige Technologie heute zur Verfügung. Aufgrund der Erfahrungen der Geschichte und der heutigen Situation auf der Erde, leben sie zurückgezogen und überlassen den Rest der Menschheit weitgehend seinem Schicksal.

Sind »*Illuminaten*« und »*Vril-Gesellschaft*« nur Mythen?

Nein, die *Illuminaten* sind die Führungsspitze der *Bruderschaft der Schlange*, die wiederum die westliche Hemisphäre kontrolliert und die *Vril-Gesellschaft* ist der technologische Arm der *Artur*.

Was genau versteckt sich hinter dem Begriff »Dritte Macht?«

Gegen Ende des 2. Weltkrieges zogen sich die *Artur* in einen alten unterirdischen alderaanischen Stützpunkt zurück. Er liegt in der Antarktis, an der Küste Neuschwabenlands. Dort erwehrten sich die *Artur* Eroberungsversuchen durch die von den *Illuminaten* geführten US-Amerikaner und gründeten von dort aus in den darauffolgenden Jahrzehnten eine Reihe weiterer Basen auf der Erde, aber auch auf Mond, Mars, den Jupiter- und Saturnmonden und vor allem auf der Venus, die von ihnen »Elysium« genannt wird. Dieses Reich wird von Außenstehenden als 3. Macht bezeichnet, wobei der Begriff aus der Zeit des kalten Krieges stammt und die Existenz einer weiteren Supermacht neben den USA und der Sowjetunion verdeutlichen sollte.

Was ist von »Verschwörungstheorien« zu halten?

Verschwörungen sind real, wie die regelmäßigen Treffen der Bilderberger oder der NSA-Abhörskandal zeigen. Jede geheime Absprache von zwei oder mehr Parteien zur Erlangung von Vorteilen gegenüber Außenstehenden ist eine Verschwörung. Davon lesen wir praktisch jeden Tag in der Zeitung. Folglich ist es ein Zeichen grenzenloser Naivität, gepaart mit schafsköpfiger Arroganz, Verschwörungen per se und von vornherein als lächerlich abzutun. Selbstverständlich gibt es völlig abwegige, an den Haaren herbeigezogene Verschwörungstheorien, die entweder von Schwachköpfen zusammengesponnen wurden oder ganz gezielt gestreut wurden, um die Beschäftigung mit Verschwörungen in eine unseriöse Ecke zu stellen.

Die wohl erfolgreichste und in ihren Folgen weitreichendste Verschwörung in der Geschichte der Menschheit ist die Erfindung des Finanzsystems, speziell die Privatisierung der Geldschöpfung. Auch dies wird in einem Folgeband detailliert diskutiert.

Was war die wahre Ursache der beiden Weltkriege?

Ausgelöst wurden beide Weltkriege durch Intrigen der *Illuminaten*. Ihre Zielsetzung ist ganz einfach in vier Punkten zusammenzufassen:

1. Sie verdienten an den immensen Rüstungsausgaben.
2. Sie verdienten an den Zinseinnahmen aus der durch die Rüstung resultierenden Staatsverschuldung.
3. Sie vereinnahmten die letzte verbliebene, nicht unter ihrer Kontrolle stehende westliche Großmacht: Deutschland.

4. Sie versuchten direkten Zugriff auf die Geheimnisse der hauptsächlich in Deutschland lebenden *Artur* zu erlangen (den »Heiligen Gral«).

Was hat es mit dem UFO-Phänomen auf sich? Warum werden die Sichtungen übereinstimmend als »Fliegende Untertassen« beschrieben?

Bei den nicht durch natürliche Phänomene erklärbaren UFO-Sichtungen handelt es sich um Flugscheiben der *Vril-Gesellschaft*. Die »Untertassenform« ist einerseits ideal für die Vril-Triebwerke und bietet beim Atmosphärenflug einen geringen Luftwiderstand.

Wer sind die »kleinen grünen oder grauen Männchen mit den großen Köpfen und Augen«, wie die hypothetischen Außerirdischen meist beschrieben werden?

Es handelt sich um Puppen (»Dummies«), die sich an Bord einer experimentellen Aufklärungsdrohne der *Artur* befunden haben, welche bei Roswell, New Mexico, abstürzte. Diese Dummies enthielten eine Reihe von Messgeräten und Sensoren, um etliche Parameter wie Radioaktivität, Andruck beim Beschleunigen usw. zu bestimmen. Da die Drohne zu klein für Dummies in Menschengröße war, waren sie nur einen Meter groß, mit Köpfen von menschlichen Maßen, um die Vielzahl der Messgeräte unterzubringen – und die daher entsprechend überdimensioniert wirkten. Die Puppen wurden von Spezialisten des amerikanischen Militärs zerlegt, um die Funktionsweise dieser Messgeräte zu ergründen. Veröffentlichte Fotos dieser wie »Obduktionen« anmutenden Arbeiten führten bei vielen zu der Überzeugung, es handele sich bei den Dummies um Außerirdische.

Warum sollten die Regierungen die Existenz von UFOs geheim halten, falls sie wirklich existieren?

Die *Vril-Gesellschaft* hat kein Interesse daran, den Rest der Menschheit mit ihren technologischen Errungenschaften zu beglücken, weil sie der Meinung ist, die überwältigende Mehrheit der Menschen wäre geistig dafür nicht reif. Man befürchtet, die ungeheure Energie, die beim Vril-Prozess freigesetzt wird, würde von religiös oder ideologisch verblendeten Fanatikern zur Vernichtung des Planeten benutzt werden.

Die *Illuminaten* auf der anderen Seite befürchten einerseits, dass die *Artur* die Menschheit über die Machenschaften der *Bruderschaft* aufklären könnten. Andererseits würde eine Veröffentlichung der Existenz und damit der Machtmittel der *Vril-Gesellschaft* zur Zerstörung des Glaubens an die militärische und kulturelle (d.h. rein konsumorientierte) Überlegenheit des westlichen Lebensstils führen, wodurch der Herrschaft der *Illuminaten* die Basis entzogen wäre – von den wirtschaftlichen Auswirkungen, die sich mit Vril-Generatoren für jedermann zur kostenlosen Stromerzeugung und als Antrieb für Fortbewegungsmittel aller Art ergeben würden, einmal ganz abgesehen.

Was ist in Roswell abgestürzt?

Eine unbemannte, etwa zehn Meter durchmessende Aufklärungsdrohne der *Vril-Gesellschaft* in der typischen Untertassenform. An Bord befanden sich drei Dummies, die den Mythos um die »kleinen Außerirdischen mit den großen Köpfen« begründeten.

Erbeuteten die Amerikaner dort außerirdische Technologie?

Sie erbeuteten die Dummies und konnten aus den Trümmern der Flugscheibe in etwa konstruieren, wie der Antrieb funktioniert – jedoch nicht, wie dieser nachzubauen ist. Heute, fast siebzig Jahre später, stehen die Wissenschaftler der *Bruderschaft* kurz davor, den Vril-Prozess mit hochenergetischen Photonen und Neutrinos reproduzieren zu können. Weitere Fortschritte auf diesem Gebiet werden zu einem offenen Eingreifen der *Vril-Gesellschaft* führen. Dieser Umstand ist den *Illuminaten* bekannt, weshalb sie einen Plan entwickelt haben, der im nächsten Band beschrieben wird.

Sind die UFOs eine Nazi-Entwicklung?

Nein, es gibt keine ideologischen oder sonstigen Gemeinsamkeiten zwischen den Nationalsozialisten und den *Artur*, die jede Art von Sozialismus als ungerechtfertigte Erhebung der Unfähigen verstehen. Dementsprechend ist kein einziger überzeugter Nationalsozialist von den *Artur* gegen Kriegsende »gerettet« worden. Man überließ sämtliche Nazi-Größen ihrem Schicksal.

Wenn es tatsächlich UFOs gibt, wie funktionieren sie technisch?

Sowohl die Energieerzeugung wie der eigentliche Antrieb der Flugscheiben basieren auf dem Prozess der Baryonenvernichtung (Vril-Prozess), wahlweise zu niederenergetischen, d.h. keine Radioaktivität verursachenden Neutrinos als »Rückstoßquelle« oder als Photonen im sichtbaren Bereich als Wärmequelle.

Ausblick

Mit dem vorliegenden Band hoffe ich, eine Grundlage geschaffen zu haben, für eine etwas andere Sicht der Welt – fernab von der Scheinrealität, wie sie durch die Manipulationsmechanismen der Massenmedien geschaffen wird. Dabei ist, wie ich glaube, meine stärkste Waffe die Vernunft. All die vielen Puzzleteilchen von der Entstehung der Hochkulturen bis zum UFO-Phänomen passen darin konsistent zusammen – unabhängig davon, ob Sie mir die Herkunft meiner Informationen glauben oder nicht.

Wie ich bereits erwähnte, wäre es unmöglich, einem Menschen des Mittelalters unsere heutige westliche Zivilisation zu erklären, ohne ihn zuvor mit unseren Technologien vertraut zu machen. Oder um ein weniger krasses Beispiel zu nennen: Es ist für mich mit erheblichen Schwierigkeiten verbunden, meinem Vater die Bedeutung des Internets für mein Leben zu erklären. Da er selbst noch nicht einmal einen Computer benutzt, sind die Möglichkeiten, die das Internet bietet, für ihn einfach nicht nachvollziehbar. Als er letztens bei mir zu Besuch war, wies er mich darauf hin, dass am Abend eine Dokumentation über Erich von Däniken im Fernsehen lief. Ich schaltete meinen Fernseher und den daran angeschlossenen PC ein. Anschließend zeigte ich ihm die Unmenge von Dokumentationen über Herrn von Däniken, die man sich auf »YouTube« anschauen kann. Mein Vater war mehr als verblüfft und sagte: »Ach! Sowas geht?«

Aus diesem Grunde habe ich mich redlich bemüht, die wichtigsten Technologien der *Templer* im vorliegenden Buch zu schildern, ohne deren Verständnis die Gesellschaft, die Motivationen und die Ziele dieser Ultramacht unverständlich bleiben müssen. Mit diesen Schilderungen mag ich den einen oder anderen Leser überfordert oder gar gelangweilt haben – vielleicht habe ich aber auch den einen oder anderen dafür begeistern können ...

Ich sehe bereits vor meinem geistigen Auge negative Rezensionen über diese Schrift, mit dem Diktum: »*Ich dachte, ich kaufe ein Buch über Geheimgesellschaften und Verschwörungstheorien, und was habe ich bekommen? Ein Physikbuch.«* Wie gesagt, ohne die Physik ist ein Verständnis unserer Welt, erst recht der okkulten, nun einmal nicht möglich.

Der vorliegende Band ist, wie eingangs erwähnt, als eine Grundlage zu verstehen. Deshalb werden die Folgebände erheblich weniger »physiklastig« sein. Nachdem ich die naturwissenschaftlichen Erläuterungen nun weitgehend abgeschlossen habe, kann es ab dem nächsten Band ans »Eingemachte« gehen. Dann kann ich auf solider Basis damit beginnen, die Mosaiksteinchen der Geschichte der Menschheit zu einem verblüffenden, faszinierenden Ganzen zusammenzusetzen. Mich juckt es jetzt schon in den Fingern, die tatsächlichen Hintergründe des Gilgameš-Epos zu schildern, die Ursachen des Aufstiegs und Falls des römischen Imperiums zu diskutieren, die Ereignisse, die zum Ausbruch der beiden Weltkriege führten, zu beschreiben, die Hintergründe des 11. September 2001 aufzuklären und vor allem: das Wirken der *Bruderschaft*, ihre Macht in Politik und Gesellschaft sowie ihre Methoden, speziell das Bankensystem, offenzulegen. Ebenso werde ich über die Ziele der *Illuminaten* berichten, deren Verwirklichung unser aller Leben drastisch verändern wird. Die in der üblichen Verschwörungsliteratur aufgeführten Szenarien, nach denen eine finstere Elite versucht, eine Weltregierung zu schaffen und aus den Menschen willfährige Konsumsklaven zu machen, sind, unbemerkt von den meisten Mitmenschen, längst erreicht worden und stellen erst den Anfang der totalen Herrschaft der *Bruderschaft* dar. Ich werde ausführlich darlegen, dass diese immense Machtzunahme der *Illuminaten* seit dem 2. Weltkrieg auf das Machtvakuum zurückzuführen ist, dass die *Templer*, maßlos enttäuscht von der Dummheit der Menschen, bei ihrer selbstgewählten Isolation hinterlassen haben.

Was ich Ihnen, verehrter Leser, mitzuteilen habe, sind zunächst einmal ziemlich bedrückende Aussichten für uns alle. Ich kann diese Wahrheiten leider nicht ändern und es liegt mir fern, mündigen Menschen die Tatsachen vorzuenthalten oder zu verbiegen, nur um das zu bedienen, von dem ich glaube, dass es für meine Leserschaft *wünschenswert* wäre.

Doch so düster die Zukunft auch scheint, es gibt Auswege – sowohl auf individueller als auch auf gesellschaftlicher Ebene. Ich werde Strategien aufzeigen, wie man sich *persönlich* der Herrschaft der Bruderschaft entziehen kann und wie ein *gesellschaftlicher* Wandel aussehen könnte, der den Illuminaten ihre Macht nimmt.

Speziell bei den für unsere Freiheit unabdingbaren Veränderungen unserer Gesellschaft werde ich keine schönen, aber unrealistischen Utopien skizzieren, sondern im Gegenteil einfache Maßnahmen darlegen, die ohne größere Probleme umsetzbar wären, wenn – ja, wenn – nur genügend viele Menschen aus der Scheinrealität aufwachen.

Auf den genauen Inhalt des Folgebandes möchte ich mich jetzt noch nicht festlegen. Zunächst einmal möchte ich die Reaktionen meiner Leser in Form von Buchbesprechungen oder Schreiben an den Verlag abwarten. Dann habe ich eine bessere Basis, um die Themen festzulegen, die ich in Band 2 der »Schlüssel der Offenbarung« schildern werde.

Naturwissenschaftlicher Anhang

Anhang 1: Physikalische Grundlagen der Vril-Technologie

Beginnen wir mit Einsteins berühmter Formel:

$$E = m \cdot c^2 \tag{Gl. A1.1}$$

E ist die Energie, m die Masse und c die Lichtgeschwindigkeit. Diese Gleichung sagt aus, dass die Energie der Masse proportional ist. Der Proportionalitätsfaktor ist die Lichtgeschwindigkeit. Anschaulich gesprochen bedeutet dies: Ein Klumpen Masse enthält umso mehr Energie, je schwerer er ist. »Proportional« bedeutet dabei, dass doppelt oder dreifach so viel Masse doppelt beziehungsweise dreifach so viel Energie enthält (das Gleiche gilt natürlich nicht nur für doppelt oder dreifach, sondern für jedes beliebige x-fach).

An dieser Stelle sei mir eine Zwischenbemerkung gestattet, weil Gleichung A1.1 sehr schön illustriert, wie theoretische Physik funktioniert:

Die Frage, die Sie sich vielleicht stellen, lautet: Wie kam Einstein auf diese Gleichung? Hat er geträumt und sie ist ihm in den Schoß gefallen? Natürlich nicht. Einstein gelangte zu seiner Formel durch das Michelson-Morley-Experiment, das ich bereits im Zusammenhang mit dem – nicht vorhandenen – Äther erwähnte (siehe Abschnitt 2.6). Die beiden Physiker wollten den Äther, also das hypothetische Medium, in dem sich Licht fortpflanzt, nachweisen, indem sie die Geschwindigkeit des Lichts in und entgegengesetzt der Bewegungsrichtung der Erde beim Umkreisen der Sonne maßen (siehe Abb. A1.1).

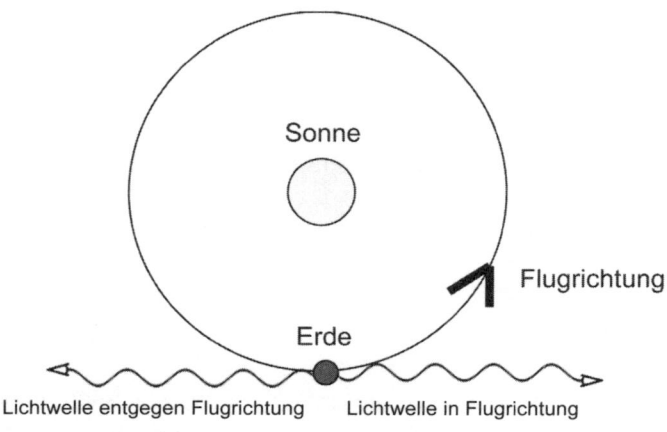

Sonne

Flugrichtung

Erde

Lichtwelle entgegen Flugrichtung   Lichtwelle in Flugrichtung

(Abb. 2.6.1 Das Michelson-Morley-Experiment)

Da sich die Erde mit rund 30 km/s um die Sonne bewegt und die Lichtgeschwindigkeit knapp 300.000 km/s beträgt, müsste der Unterschied bei der Messung der Lichtgeschwindigkeit in Flugrichtung der Erde um die Sonne im Vergleich zur Messung in die entgegen gesetzte Richtung 60 km/s betragen. Um einen solchen Unterschied überhaupt zu bemerken, musste die Messgenauigkeit also 60/300.000 betragen, was 0,02% entspricht. Die Messgenauigkeit des Michelson-Morley-Experiments reichte dazu problemlos aus, heutige Wiederholungen des Versuchs mit natürlich erheblich verbesserten Messgeräten führen zu Genauigkeiten in der Größenordnung 0,000000000000001%. Das Ergebnis dieser Experimente ist, dass die Lichtgeschwindigkeit (entgegen unserem »gesunden Menschenverstand«) exakt die gleiche ist, ob wir nun in oder entgegensetzt der Flugrichtung der Erde messen. Die Konsequenzen daraus sind folgende:

Erstens, man möge mir diese zynische Bemerkung verzeihen, unser Menschenverstand ist offensichtlich doch nicht so gesund.

Zweitens, die Lichtgeschwindigkeit ist unabhängig von der Geschwindigkeit des Beobachters, was durch tausende andere Experimente bestätigt und durch kein einziges widerlegt wurde. Wenn wir also jemanden in ein hypothetisches Raumschiff stecken, welches sich von uns aus gesehen mit 99,999% der Lichtgeschwindigkeit bewegt und dem Piloten auftragen, die Lichtgeschwindigkeit zu messen, so wird auch er mit dem Ergebnis 300.000 km/s nach Hause zurückkehren. Einstein hat nichts anderes getan, als genau diese Experimente wirklich ernst zu nehmen[XL]. Folglich leitete er die Konsequenzen ab, die sich mathematisch daraus ergeben, dass die Lichtgeschwindigkeit immer die gleiche ist, also unabhängig davon ist, wie schnell sich der Beobachter bewegt. Diese Ableitung der Konsequenzen ist nichts weiter als logisches Folgern, also Mathematik, deren Einzelheiten ich Ihnen hier ersparen möchte. Der interessierte Leser sei auf das Buch von Feynman (Vorlesungen über Physik, siehe Literaturverzeichnis) verwiesen. Die zugrunde liegende Mathematik ist wahrlich kein Hexenwerk und kann von jedem durchschnittlich intelligenten Menschen erlernt werden, sofern er einen guten Lehrer hat oder ein didaktisch gut geschriebenes Buch. Ich bin übrigens der Meinung, dass die Probleme der meisten Menschen mit der Mathematik tatsächlich ihre Ursache eher in schlechten Lehrern als in mangelnder Intelligenz hat.

Die Messung von c führt immer zum gleichen Wert, woraus sich die Konsequenz ergibt, dass für einen bewegten Beobachter die Zeit langsamer vergeht, als für einen ruhenden[XLI]. Eine andere Konsequenz ist, dass der Raum vor dem bewegten Beobachter »kontrahiert«, also zusammengedrückt wird. Und schließlich ergibt sich daraus noch eine dritte Konsequenz: Die Energie, die zum Beschleunigen des bewegten Beobachters aufgebracht wurde (seine kinetische Energie) führt zu einer Massenzunahme des bewegten Beobachters – und zwar genau nach der Formel A1.1.

[XL] Für Fortgeschrittene sei hier erwähnt, dass er auch noch ein weiteres Indiz für die Konstanz der Lichtgeschwindigkeit hatte: Die rund 50 Jahre zuvor entwickelten Gleichungen, die den Elektromagnetismus beschreiben (Maxwell'sche Gleichungen), haben eine Lösung für elektromagnetische Wellen. Diese Lösung ergibt eine immer gleiche, also vom Beobachter unabhängige Ausbreitungsgeschwindigkeit der Welle. Dieser Sachverhalt hatte die Physiker Mitte des 19. Jahrhunderts, gelinde gesagt, verwirrt.

[XLI] An dieser Stelle könnte man fragen, wer denn der ruhende und wer der bewegte Beobachter ist, da es kein absolutes Bezugssystem gibt. Die Antwort ist einfach: Der bewegte Beobachter ist derjenige, der eine Beschleunigung erfahren hat, was ihm wegen der Andruckkräfte nicht verborgen bleibt.

Wenn man eine Masse beschleunigt, so wird sie immer schwerer. Man kann berechnen, dass eine Masse bei Lichtgeschwindigkeit unendlich groß wäre. Man bräuchte also unendlich viel zusätzliche Energie, um sie weiter zu beschleunigen – weshalb nichts schneller als das Licht sein kann. Damit haben wir nun kurz, knapp und einfach die Grundzüge der Speziellen Relativitätstheorie besprochen.

Wichtig bei diesen Überlegungen ist, dass irgendeine Substanz nicht nur an Masse zunimmt, wenn sie beschleunigt wird (was man nur dann merkt, wenn sehr hohe Geschwindigkeiten erreicht werden, die in unserem Alltagsleben nicht vorkommen), sondern auch eben die uns vertraute »Ruhemasse«. Wir können »Masse« also etwas genauer beschreiben als:

$$m = m_0 + m_B \qquad \text{(Gl. A1.2)}$$

Wobei m_0 die Ruhemasse und m_B die nach Gl. A1.1 in Materie umgewandelte Bewegungsenergie ist. Wir können Gl. A1.2 in Gl. A1.1 einsetzen:

$$E = (m_0 + m_B) \cdot c^2 = m_0 c^2 + m_B c^2 = E_0 + E_B \qquad \text{(Gl. A1.3)}$$

mit

$$E_0 = m_0 \cdot c^2 \qquad \text{(Gl. A1.4)}$$

Diese letzte Gleichung sagt aus, dass in jeder Masse eine ungeheure Menge Energie steckt. Ungeheuer deshalb, weil c^2 ein riesiger Faktor ist, nämlich:

$$\left(300.000.000 \frac{m}{s} \cdot 300.000.000 \frac{m}{s} = 9 \cdot 10^{16} \frac{m^2}{s^2} \right., \text{ also eine »9« mit 16 Nullen).}$$

Jetzt wissen wir auch, woher die Energie in Form von Wärme kommt, wenn wir ein Stück Holz verbrennen: Ein Teil der Ruhemasse des Holzes wird durch die chemische Reaktion mit Sauerstoff in Energie umgewandelt. Wenn man die Ruhemasse des Holzes mit der Masse der Verbrennungsprodukte vergleicht, so findet man tatsächlich, dass Letztere etwas geringer ist, als die Ausgangsmasse des Holzes. Um dies festzustellen, bräuchte man jedoch extrem genaue Messgeräte und einen sehr, sehr sauberen Versuchsaufbau. Warum? Weil die freigesetzte Menge Energie bei einem solchen Verbrennungsprozess im Vergleich zur Ruhemasse des Holzes extrem gering ist. Diese Menge reicht gerade aus, dass wir uns die Finger verbrennen, wenn wir unvorsichtig sind. Würde man jedoch die gesamte Masse des Holzes in Energie umwandeln, so wären die Auswirkungen katastrophal: ein dutzende Kilometer durchmessender Landstrich würde von einer ungeheuren Explosion verwüstet.

Dieser Gedanke führte letztlich zur Entwicklung der Atombombe. Wenn chemische Prozesse nur einen sehr geringen Bruchteil der Ausgangsmaterie in Energie umwandeln, so stellt sich die Frage, ob es nicht Prozesse gibt, die einen größeren Anteil Energie freisetzen. Derartige Prozesse gibt es in der Tat.

Als erstes sei die Kernspaltung genannt. Wenn man einen Urankern[XLII] durch Neutronenbeschuss spaltet, so haben die Bruchstücke immerhin 0,08% weniger Masse, als der ursprüngliche Urankern. Diese 0,08% der Masse des Urankerns werden also in Energie umgewandelt. Diese gering erscheinende freigesetzte Energiemenge reicht bei einer Bombe mit wenigen Kilogramm Uran aus, um eine ganze Stadt vollkommen zu vernichten (wegen des großen Proportionalitätsfaktors c^2). Da können wir froh sein, dass die Lichtgeschwindigkeit c »nur« 300.000 km/s beträgt. Wäre diese Naturkonstante deutlich größer, hätten wir die Erde wahrscheinlich längst gesprengt.

Der nächste, effizientere Prozess der Umwandlung von Materie in Energie ist die Kernfusion. Man kann beispielsweise

---

[XLII] Man verwendet U235, weil es im Vergleich zu seinem schwereren Isotop U238 instabiler, also leichter zu spalten ist.

vier Protonen (Wasserstoffkerne) miteinander verschmelzen. Dabei werden zwei der Protonen zu Neutronen. Es entsteht ein neuer Atomkern, der aus zwei Protonen und zwei Neutronen besteht (Helium). Das Helium hat jedoch 0,76% weniger Masse als die vier Wasserstoffkerne, d.h. jene 0,76% der Ausgangsmasse in Form von Protonen wurde in Energie umgewandelt. Das ist rund zehnmal mehr als bei der Kernspaltung des Urans. Aus diesem Grunde haben Wasserstoffbomben (Fusionsbomben) eine erheblich höhere Sprengkraft als die auf Kernspaltung basierenden Atombomben. Der Kernfusionsprozess ist beispielsweise der Energielieferant unserer Sonne. Durch die Fusionierung von Wasserstoff zu Helium, verliert die Sonne in jeder Sekunde 4 Millionen Tonnen ihrer Masse. Doch keine Sorge, das wird in den nächsten paar Milliarden Jahren weniger als ein Promille ihrer Gesamtmasse ausmachen.

Und? War's das schon? Selbst die Kernfusion wandelt weniger als 1% der Ausgangsmasse in Energie um. Gibt es nicht noch effizientere Prozesse? Vielleicht welche, bei denen das *absolute Maximum* erreicht werden kann, nämlich die Umwandlung *sämtlicher* Masse in Energie?

Ja, derartige Prozesse gibt es. Mir sind zwei bekannt: Erstens die Materie-Antimaterie-Annihilation (MAA) und zweitens der Vril-Prozess.

Um die MAA zu verstehen, müssen wir uns kurz mit Antimaterie befassen. Vereinfacht gesagt, unterscheidet sich Antimaterie von herkömmlicher Materie in nur einem einzigen Aspekt: der elektrischen Ladung. Das Elektron beispielsweise hat eine negative Ladung, das zugehörige Antiteilchen, das Positron, eine positive. Da sich entgegengesetzte Ladungen anziehen, stürzen sich Elektron und Positron förmlich aufeinander. Dabei passiert, sehr vereinfacht und eigentlich unzulässig »anschaulich« gesprochen, folgendes: Elektron und Positron kommen sich beliebig nahe – sie versuchen also, den gleichen Raum einzunehmen, was dazu führt, dass sie vollkommen vernichtet (annihiliert) werden, d.h. sich vollständig in Energie umwandeln. Die Masse eines Elektrons bzw. Positrons beträgt $0,511$ MeV/c², wobei MeV = Megaelektronenvolt eine in der

Teilchenphysik gängige Energieeinheit ist. Es handelt sich um die Energie, die ein Elektron benötigt, um eine Potentialbarriere von einem Volt zu überbrücken. Bei der Annihilation eines Elektron-Positron-Paares werden also 1,022 MeV Energie freigesetzt. Genau das misst man auch beim Experiment. Bei der Paarvernichtung entstehen Lichtteilchen (Gammaquanten) mit genau der vorhergesagten Energie. Ebenso wie das Elektron, haben auch alle anderen Teilchen ihre Antiteilchen. So gibt es auch Antiprotonen, Antineutronen. Daraus lassen sich dann Antiatome und sogar Antimoleküle bauen. Im CERN gelang es im April 2011, 307 Antiwasserstoffatome bei einer Temperatur von nur einem Kelvin (-272° Celsius) für fast 17 Minuten »gefangen zu halten«. Dies ist deshalb ein technisch äußerst schwieriges Kunststück, weil sich die Antiwasserstoffatome sofort mit Atomen herkömmlicher Materie in reine Energie verwandeln würden. Man muss die Antimaterie also von der »normalen« Materie strikt getrennt halten. Dies gelingt nur in einem möglichst perfekten Vakuum bei möglichst geringen Temperaturen.

Als Energieerzeugungstechnologie eignet sich die MAA allerdings nicht. Der Grund dafür ist der, dass man zur Erzeugung der Antimaterie exakt so viel Energie benötigt, wie anschließend bei der Materie-Antimaterie-Reaktion wieder freigesetzt wird. Der Wirkungsgrad ist aus technischen Gründen sogar niedriger als 100%. Deshalb ist Antimaterie eher für die Herstellung von Batterien geeignet. Falls es gelingt – wovon man heute meilenweit entfernt ist –, Materie und Antimaterie mit vertretbarem Aufwand für längere Zeit voneinander zu trennen, so könnte man in Kraftwerken Antimaterie erzeugen, diese in Batterien packen, die dann durch kontrollierte MAA die im Kraftwerk erzeugte Energie bei Bedarf wieder freisetzen. Doch derartige Batterien sind, sofern überhaupt realisierbar, Zukunftsmusik. An dieser Stelle möchte ich anmerken, dass auch die *Vril-Gesellschaft* keinerlei Anstrengungen unternimmt, Antimateriebatterien herzustellen – ganz einfach, weil sie etwas Besseres hat: den Vril-Prozess.

Vril ist das zweite Verfahren, wie Materie vollständig in Energie umgewandelt werden kann. Im Gegensatz zur MAA benötigt man dafür keine Antimaterie und es kommt erheblich mehr Energie dabei heraus, als man in den Prozess hineinstecken muss. Dieser Prozess ist in der heutigen »offiziellen« Physik durchaus bekannt. Die Zusammenhänge, die ich hier nun schildern werde, können also im Prinzip von jedermann nachvollzogen werden. »Im Prinzip« bedeutet dabei, dass zum vollständigen Verständnis dieses Prozesses ein Physik-Studium notwendig ist. Es ist für mich natürlich unmöglich, sämtliches Hintergrundwissen in diesem Buch detailliert auszubreiten. Doch ich gebe die wissenschaftlichen Veröffentlichungen und Lehrbücher an, auf die ich mich beziehe, damit der interessierte Leser in der Lage ist[XLIII], das Folgende Schritt für Schritt nachzuvollziehen.

Trotz der Komplexität des Sachverhaltes werde ich mich bemühen, Ihnen, lieber Leser, zumindest die Grundzüge zu vermitteln, wie der Vril-Prozess zur vollständigen Umwandlung von Materie in Energie führt.

Der Vril-Prozess ist nichts anderes als die sogenannte Baryonenvernichtung mittels des elektroschwachen Tunneleffekts. Das sind viele, für die meisten Leser neue Begriffe. Unter Baryonen versteht man die schweren Elementarteilchen (griechisch *barýs* = *schwergewichtig*), zu denen beispielsweise die Protonen und Neutronen, also die Bestandteile der Atomkerne, gehören. Die elektroschwache Wechselwirkung ist eine der vier Grundkräfte der Natur: die elektromagnetische Kraft (Magnetismus entsteht durch nichts anderes als bewegte elektrische Ladung), die Gravitation (Schwerkraft), die starke Kernkraft (das ist die Kraft, die Atomkerne zusammenhält, obwohl sich die positiv geladenen Protonen abstoßen; gäbe es die starke Kernkraft nicht, würden die Atomkerne auseinanderplatzen) und eben die elektroschwache Kraft, auch schwache Kernkraft genannt.

Die schwache Kernkraft ist beispielsweise dafür verantwortlich, dass sich bei der Fusion von vier Protonen zwei davon in

---

[XLIII] Wobei der dazu notwendige Aufwand einem Physikstudium entspricht, also einige Jahre in Anspruch nimmt. Mit dieser Bemerkung möchte ich niemanden abschrecken. Ich möchte nur verhindern, dass falsche Erwartungen geweckt werden.

Neutronen umwandeln und alle zusammen so einen Heliumkern bilden können (siehe weiter oben).

Der Tunneleffekt ist eine Konsequenz aus der Quantenmechanik, die, wie die gesamte Theorie, unserer Anschauung widerspricht, aber durch Millionen Experimente hervorragend bestätigt wird. Was ist nun unter »Tunneleffekt« zu verstehen? Betrachten wir dazu eine senkrecht nach oben gerichtete Kanone. Wenn man sie abfeuert, so fliegt die Granate bis auf eine bestimmte Höhe, dann fällt sie wieder herab. Diese maximale Flughöhe können wir mit Hilfe der in der Einleitung diskutierten Newton'schen Gesetze ziemlich genau ausrechnen, sofern wir die Luftreibung vernachlässigen. Nehmen wir an, unsere »klassische« Rechnung (d.h. nach Newton) ergibt eine Höhe von 1 km, in die unsere Granate aufsteigt. Wenn man die gleiche Rechnung nun mit Hilfe der Quantenmechanik durchführt, so ergibt sich, dass unsere Granate mit einer sehr hohen *Wahrscheinlichkeit* bis in eine Höhe von 1 km aufsteigt, es gibt jedoch auch eine *Wahrscheinlichkeit* größer als Null, dass sie bis in 2 km, 3 km oder sogar bis in den Weltraum aufsteigt und das Schwerefeld der Erde verlässt.

Die genaue quantenmechanische Rechnung zeigt jedoch, dass die Wahrscheinlichkeit für die maximale Höhe von einem Kilometer überwältigend hoch ist. Hingegen sind alle anderen maximalen Flughöhen dermaßen unwahrscheinlich, dass wir sie mit an Sicherheit grenzender Wahrscheinlichkeit niemals beobachten werden. Die Quantenmechanik liefert also im Prinzip das gleiche Ergebnis wie die klassische Rechnung. Genauer gesagt, ergibt sich die klassische (Newton'sche) als Grenzfall für große Massen (wie sie in unserem täglichen Leben vorkommen) aus der Quantenmechanik.

Wenn wir die Masse m der Granate in der Rechnung jedoch immer kleiner machen, so sehen wir, dass die Wahrscheinlichkeit für die maximale Flughöhe bei einem Kilometer abnimmt und für alle anderen Höhen im Vergleich zu größeren Granatenmassen anwächst. Die Verteilungskurve für die Wahrscheinlichkeiten der Flughöhen hat zwar immer noch ihr Maximum bei einem Kilometer, aber die Kurve wird breiter, siehe Abb. A1.2.

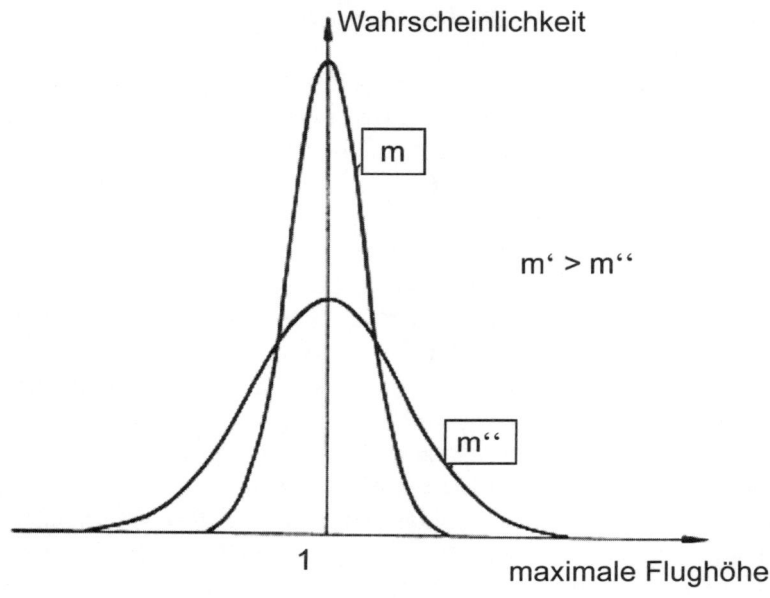

Wahrscheinlichkeit

m

m' > m''

m''

1   maximale Flughöhe

(Abb. A1.2: Quantenmechanische Flughöhenverteilung als Funktion der Masse des Geschosses)

Mit anderen Worten: Wenn wir Granaten mit dem üblichen, uns vertrauten Gewicht verwenden, wird die Kurve in Abb. A1.2 so schmal, dass wir ihre Breite überhaupt nicht bemerken. Ganz anders verhält es sich jedoch, wenn wir winzig kleine, leichte Granaten verwenden, also Elementarteilchen. Dann ist die Kurve in Abb. A1.2 so breit, dass wir tatsächlich alle möglichen Flughöhen messen würden. Die meisten Teilchen kämen zwar immer noch auf eine maximale Höhe von 1 km, wir würden aber noch signifikant viele Teilchen in 2 km oder darüber hinaus messen.

Man kann den Tunneleffekt also als ein quantenmechanisches Phänomen verstehen, der die Teilchen mit einer gewissen Wahrscheinlichkeit höher fliegen lässt, als es ihre Energie beim Abfeuern der Kanone »eigentlich« zulassen würde. In unserem Gedankenexperiment könnte man also von einem »gravitativen Tunneleffekt« sprechen, da die Kraft, die sich unseren Teilchen entgegenstellt, eben die Gravitation, d.h. die Schwerkraft der Erde, ist.

Analog ist der elektroschwache Tunneleffekt zu verstehen: Teilchen überwinden die elektroschwache Kraft in Atomkernen, obwohl sie laut klassischer Physik (d.h. nach Newton) nicht genug Energie dafür haben. Dieser elektroschwache Quanten-Tunneleffekt kann nun dazu benutzt werden, Baryonen, wie Protonen und Neutronen, zu vernichten, d.h. komplett in Energie umzuwandeln. Dieses physikalische Gesetz wurde im Jahre 1976 (wenn wir einmal von den *Alderaanern* und ihren technologischen Hinterlassenschaften absehen) von Gerardus `t Hooft entdeckt, wofür er 1999 mit dem Physik-Nobelpreis bedacht wurde[71].

Die Baryonenvernichtung durch elektroschwaches Tunneln ist eine direkte Folge des sogenannten »Standardmodells der Teilchenphysik«. Es handelt sich dabei um jenes Theoriengebäude, mit dem die Physiker mit großem Erfolg das Verhalten der Elementarteilchen, z.B. bei den Kollisionen in den Teilchenbeschleunigern, beschreiben. Wer zu diesem Thema Genaueres erfahren möchte, dem lege ich das Lehrbuch von Gordon Kane[72] ans Herz. Eine besonders elegante Herleitung der Baryonenvernichtung findet der Leser bei Weinberg[73].

Doch nun zu den Grundzügen dieser mit dem Nobelpreis gewürdigten Theorie:

Es gibt in der Physik sogenannte Erhaltungsgrößen. Darunter sind einige, die immer erhalten bleiben, und einige, die dies nur unter bestimmten Bedingungen tun. Energie und Impuls beispielsweise gehören zur ersten Kategorie. Es ist bislang kein einziges reproduzierbares Experiment durchgeführt worden, bei dem die Gesamtenergie oder der Gesamtimpuls eines Systems nachher einen anderen Wert gehabt hätte als vorher. Zur zweiten Kategorie zählen beispielsweise die Atome. Bei einer chemischen Reaktion wird die Anzahl der Atome jedes beteiligten Elements nicht verändert. Wenn beispielsweise 2 Wasserstoffmoleküle mit einem Sauerstoffmolekül zu zwei Wassermolekülen reagieren, so haben wir vorher 4 Wasserstoff- und 2 Sauerstoffatome ($2H_2 + O_2 \rightarrow 2H_2O$). Die Erhaltung der Anzahl der Atome jedes

Elements gilt auch für jede andere chemische Reaktion. Anders ist dies bei Kernreaktionen. Dabei werden Atomkerne gespalten oder mit anderen zu neuen Kernen verschmolzen. Es entstehen also neue chemische Elemente bei Kernreaktionen – die Anzahl der Atome einer Sorte ist vor und nach der Reaktion nicht mehr gleich.

Der wesentliche Unterschied zwischen chemischen Reaktionen und Kernreaktionen ist, neben der Verletzung der Erhaltung der Atomanzahl jeder Sorte, dass Kernreaktionen bei erheblich höherer Energie ablaufen als chemische Reaktionen. Man kann dies so verstehen, dass die Verletzung eines Erhaltungssatzes Reaktionen oberhalb eines bestimmten Energieniveaus erforderlich macht. Dieser letzte Satz ist für uns im Folgenden noch von besonderer Bedeutung.

Da also auf der nächsten Energiestufe (bei der Kernreaktionen stattfinden) die Anzahl der Atome je Sorte nicht erhalten bleibt, so stellt sich die Frage, ob eine andere Größe auch dabei erhalten bleibt. Eine solche Größe existiert tatsächlich. Es handelt sich sogar um zwei unterschiedliche Größen, die beide für sich erhalten bleiben: die Baryonenzahl B und die Leptonenzahl L. Zur Erinnerung: Baryonen sind die »schweren« Elementarteilchen, wie Protonen und Neutronen. Leptonen (griechisch *leptós* = dünn, klein, fein) hingegen sind die »leichten« Elementarteilchen, wie zum Beispiel Elektronen und die für uns noch sehr wichtigen Neutrinos.

Bei der Kernfusion von vier Wasserstoffkernen zu einem Heliumkern ($4H \rightarrow He$) haben wir vorher vier Baryonen (4 Protonen) und nachher vier Baryonen (2 Protonen und 2 Neutronen). Die Baryonenzahl B wird durch die Kernreaktion also nicht verändert.

Nun stellt sich die Frage, ob wir dieses Erhaltungsgesetz für die Baryonenzahl B verletzen können, indem wir die Energie noch weiter steigern – wie wir es gedanklich von den chemischen Reaktionen hin zu den Kernreaktionen getan haben. Wir wollen schließlich verstehen, wie man Materie in Energie umwandelt, wobei die Baryonenzahl natürlich nicht erhalten bleiben kann.

Die Antwort lautet ja, und dabei sind wir schon mittendrin im Standardmodell der Elementarteilchenphysik und in der von Gerardus `t Hooft gefundenen Baryonenvernichtung mittels elektroschwachem Tunneleffekt (das ist der Vril-Prozess), beziehungsweise dem umgekehrten Vorgang, der Baryogenese. Dabei stellt sich heraus, dass dabei die Baryonenzahl B, wie bei einer Auflösung von Materie in Energie nicht anders zu erwarten, nicht erhalten bleibt, die Differenz zwischen Baryonen- und Leptonenzahl L jedoch schon. Die neue Erhaltungsgröße ist B − L. Bitte schalten Sie jetzt nicht ab, lieber Leser, denn jetzt sind wir ganz nah am Vril-Prozess.

Die grundlegende Reaktionsgleichung beschreibt die Auflösung eines Wasserstoffatoms, das bekanntlich aus einem Proton p als Kern und einem Elektron e besteht, in Neutrinos v und Antineutrinos $\bar{v}$.

$$p + e \to N(v + \bar{v}) \qquad \text{(Gl. A1.5)}$$

Dabei ist N die Anzahl der Neutrino-Antineutrino-Paare, die bei der Vernichtung des Wasserstoffatoms entstehen. Diese Zahl wird noch von großer Bedeutung für die weiteren Betrachtungen sein. Denn wenn N=1 gilt, geht die gesamte Energie nach Gleichung A1.4 in die Energie des Paares über. Die Energie, die in der Ruhemasse eines Protons steckt, beträgt rund 1 GeV[XLIV] (die des leichten Elektrons ist vernachlässigbar) und würde in diesem Fall an ein einziges Neutrino-Antineutrino-Paar abgegeben. Sowohl v als auch $\bar{v}$ würden ½ GeV an Energie davontragen. Die Folge wäre eine erhebliche radioaktive Belastung der Umwelt. Im Anhang skizziere ich kurz, dass diese Radioaktivität mit 1/N abnimmt und für N > 1.000.000 vertretbare Werte annimmt. Die Baryonenvernichtung muss also in einer Art und Weise durchgeführt werden, bei der N möglichst groß ist. Das bedeutet, dass bei der Vernichtung des Wasserstoffatoms möglichst viele Neutrino-Antineutrino-Paare entstehen sollen, auf die sich die Gesamtenergie von ca. 1 GeV aufteilt.

[XLIV] Gigaelektronenvolt

Schauen wir uns noch kurz die Gültigkeit des Erhaltungssatzes für B − L an: Das Proton hat die Baryonenzahl 1 und die Leptonenzahl 0. Für das Elektron ist B = 0 und L = 1. Für Proton und Elektron zusammengenommen ist also B = 1 und L = 1. Auf der linken Seite von Gl. A1.5 haben wir also B − L = 1 - 1 = 0. Das Neutrino hat als leichtes Teilchen die Baryonenzahl 0 und die Leptonenzahl 1. Für das Antineutrino gilt dementsprechend B = 0 und L = -1 (Antiteilchen!). Zusammen für das Paar ergibt sich demnach B = 0 und L = 1 + (-1) = 0. Damit haben wir auf der rechten Seite von Gl. 2.6.5: B − L = N(0 − 0) = 0 für alle N. Wir sehen also, dass die Größe B − L erhalten bleibt, egal wie viele Neutrino-Antineutrino-Paare bei der Wasserstoffvernichtung erzeugt werden. Wodurch man »sozialverträgliche« Vril-Triebwerke bauen kann − also ohne die unschöne Nebenwirkung, dass die Menschen in der Nähe einer Flugscheibe tot umfallen. Der Prozess wird so gestaltet, dass N möglichst groß wird, was die radioaktive Belastung mit dem Faktor 1/N senkt (siehe Anhang 3: Abschätzung der Radioaktivität beim GN-Vril-Prozess).

Nun ist es aber wünschenswert, jegliche Materie, nicht nur Wasserstoff, in Energie zu verwandeln. Da Materie (exotische Materie und einige Kandidaten für dunkle Materie einmal außen vor gelassen) aus Protonen, ebenso vielen Elektronen und einer meist davon unterschiedlichen Zahl Neutronen besteht, müssen wir uns nur noch anschauen, wie die Vernichtung von Neutronen vonstatten geht.

Das ist relativ einfach, weil Neutronen in freier Form nicht lange existieren, sondern mit einer Halbwertszeit von etwas mehr als 10 Minuten zerfallen − und zwar in ein Proton, ein Elektron und ein Antineutrino:

$$n \rightarrow p + e + \bar{v} \qquad \text{(Gl. A1.6)}$$

In der Kernphysik nennt man den Zerfall des Neutrons »β^--Zerfall«. Dabei ist zu beachten, dass bei Gleichung A1.6 die Baryonenzahl und die Leptonenzahl separat erhalten bleiben: Auf der linken Seite ist B = 1 und L = 0, auf der rechten Seite ist B = 1 + 0 + 0 = 1 und L = 0 + 1 + (-1) = 0. Wir brauchen also für den β^--Zerfall nicht die für die Baryonenvernichtung sehr hohen Energieniveaus. Deshalb findet der β^--Zerfall bei niedrigen Energien statt und kann problemlos im Labor beobachtet werden.

Auf der linken Seite von Gl. A1.6 sehen wir p + e, wofür wir die Vernichtung zu N $(v + \bar{v})$ bereits besprochen haben. Setzen wir also N $(v + \bar{v})$ für p + e in Gl. A1.6 ein, so erhalten wir die Gleichung für die Neutronenvernichtung:

$$n \rightarrow N(v + \bar{v}) + \bar{v} \qquad \text{(Gl. A1.7)}$$

Da wir, um die Radioaktivität niedrig zu halten, den Prozess so ablaufen lassen möchten, dass N möglichst groß ist (siehe Anhang 3), gilt:

$$n + p + e \rightarrow N(v + \bar{v}) \qquad \text{für } N \gg 1 \qquad \text{(Gl. A1.8)}$$

Wir können also festhalten, dass Neutronen und Protonen in Neutrino-Antineutrino-Paare zerfallen; die Zahl der Neutrinos und Antineutrinos ist in guter Näherung gleich.

Die Gleichungen A1.5 und A1.7 bzw. A1.8 zusammengenommen beschreiben also die Vernichtung jeglicher (herkömmlicher) Materie in Neutrino-Antineutrino-Paare.

Wir haben gesehen, dass es bei chemischen Reaktionen – sie laufen auf einem Energieniveau von einigen eV (Elektronenvolt) ab – einen Erhaltungssatz für die Anzahl der Atome je Element gibt. Wenn wir das Energieniveau steigern (einige MeV, also das Millionenfache der Energie chemischer Reaktionen, z.B. bei den Temperaturen im Innern der Sonne), gilt dieser Erhaltungssatz nicht mehr. Es finden Kernreaktionen statt, die unter Erhaltung der Baryonenzahl B (und unabhängig davon mit erhaltener Leptonenzahl L) ablaufen. Wenn wir die Energie noch weiter steigern, kommt es zum Vril-Prozess mit der Erhaltungsgröße B - L. Die Frage, die sich nun stellt, ist die, wie hoch denn die Energie eigentlich sein muss, damit die Baryonenvernichtung erfolgen kann. Die Antwort lautet: rund 10 TeV, also das Millionenfache der Energieniveaus von Kernreaktionen. Das ist eine ganze

Menge. Der bislang stärkste Elementarteilchenbeschleuniger, der »Large Hadron Collider« des CERN in der Schweiz liefert Energieniveaus um 5 TeV. Dabei teilt sich die Energie auf sämtliche beteiligten Teilchen auf, so dass wir wohl noch eine Weile warten müssen, bis wir die Baryonenvernichtung live und in Farbe im Experiment beobachten können.

Doch wenn die stärksten Beschleuniger nicht die nötige Energie für den Vril-Prozess erzeugen können – und das noch nicht einmal für ein paar wenige Teilchen –, wie soll das dann im großen Maßstab, d.h. für Massen im Bereich mehrerer Kilogramm oder sogar Tonnen funktionieren?

Die Energiezustände der Teilchen in Atomkernen sind eine Million mal niedriger als die Energie, die nötig wäre, um den Vril-Prozess auszulösen. Wenn wir nun ausrechnen, mit welcher Wahrscheinlichkeit ein Teilchen trotz seiner niedrigeren Energie die 10 TeV-Barriere »durchtunnelt«, so ist das Ergebnis ernüchternd: Wir werden einen solchen Vorgang wohl niemals zu Gesicht bekommen. Was also ist der Trick, den die alten *Alderaaner* den *Artur* hinterlassen haben? Was ist das Geheimnis des Grals?

Die Antwort lautet – Makroskopische Quantenkohärenz. Dabei geht es um Folgendes:

Die Materie ist, wie gesagt, aus Elektronen, Protonen und Neutronen zusammengesetzt. Alle drei Teilchensorten gehören zur Klasse der Fermionen. Das bedeutet, dass sie einen sogenannten »Spin« haben, der den Wert ½ ℏ hat. ℏ ist das Planck'sche Wirkungsquantum geteilt durch 2π, wobei π die Kreiszahl ist. Diese Zusammenhänge müssen Sie, lieber Leser, an dieser Stelle nicht verstehen, ich erwähne dies nur der Vollständigkeit halber. Man sagt auch: »Fermionen haben einen halbzahligen Spin« oder »Der Spin von Fermionen ist ½«. Den Spin kann man sich als Eigendrehimpuls des Elementarteilchens vorstellen. Was unserer Anschauung allerdings vollkommen widerspricht, ist die Tatsache, dass dieser Eigendrehimpuls nur einen Wert annehmen kann, nämlich den Betrag von ½ . Das ist mal wieder so ein quantenmechanischer Effekt, der eindeutig im Experiment nachweisbar ist, uns aber berechtigterweise an unserem »gesunden« Menschenverstand zweifeln lässt.

Doch es kommt noch verrückter: Aus Gründen, die den Inhalt dieses Buches sprengen würden, können nicht mehrere Fermionen gleichzeitig im gleichen Quantenzustand sein. Diese Regel wurde vom Physiker und Nobelpreisträger Wolfgang Pauli entdeckt und nach ihm »Pauli-Prinzip« genannt. Es ist der Grund dafür, dass sich die Elektronen eines Atoms auf »Schalen« befinden, statt sich alle auf der untersten, der energieärmsten, zu versammeln. Das Pauli-Prinzip ist auch der Grund dafür, dass Sie Ihre Hand nicht einfach durch eine Wand bewegen können. Sobald sich Ihre Hand hinreichend nah an die Wand bewegt hat – Sie empfinden dies als »berühren« –, stoßen sich die Elektronenhüllen der Atome auf der Oberfläche Ihrer Hand und auf der Oberfläche der Wand ab. Diese elektrostatische Abstoßung wäre jedoch relativ leicht zu überwinden, weshalb es Ihnen trotzdem gelingen müsste, Ihre Hand in die Wand hinein zu stoßen. Der eigentliche Grund, warum Ihnen das nicht gelingt, ist das Pauli-Prinzip. Die Elektronen Ihrer Hand und die der Wand stoßen sich *zusätzlich* ab, weil die quantenmechanischen Zustände alle bereits »besetzt« sind, die Elektronen der Wand die Migrantenelektronen Ihrer Hand also nicht »hereinlassen« wollen. Umgekehrt gilt das Gleiche.

Schauen wir uns das Pauli-Prinzip in einem beliebigen Körper an. Dort gilt das Gesetz für jedes einzelne Atom (im Kern und in der Elektronenhülle) *separat*. Mit anderen Worten: In jedem einzelnen Atom werden die niedrigsten Energiezustände besetzt. Wenn ein Atom zum Beispiel aus dreißig Fermionen besteht, sagen wir jeweils zehn Protonen, Neutronen und Elektronen, so werden für diese Teilchen die niedrigsten Energiezustände (die zwanzig niedrigsten für die Protonen und Neutronen im Kern und die zehn niedrigsten für die Elektronen) besetzt. Gleiches gilt für die Nachbaratome und deren Nachbaratome und so weiter. Die Fermionen eines Atoms »spüren« die Fermionen der anderen Atome also nicht, denn sonst könnten die Fermionen von Atom A nicht in den gleichen (niedrigst möglichen) Zuständen sein, wie die Fermionen des Atoms B.

Wenn wir es also irgendwie hinbekommen könnten, dass sich die Atome nicht wie getrennte Teilchen, sondern wie ein einziges quantenmechanisches System verhalten würden, gälte das Pauli-Prinzip über den ganzen Körper verteilt und eben nicht nur für jedes Atom separat. Der Effekt wäre, dass nicht jeweils pro Atom die untersten (im obigen Beispiel dreißig) Energieniveaus besetzt würden, sondern eben so viele Energieniveaus eingenommen werden, wie es Fermionen in unserem Festkörper gibt. In dem Fall könnten wir davon ausgehen, dass für eine große Anzahl Fermionen die obersten besetzten Energiezustände tatsächlich nahe genug an die für die Baryonenvernichtung notwendige Energiebarriere von 10 TeV heranreichen, um mit einer signifikant hohen Wahrscheinlichkeit »hindurchtunneln« zu können. Wenn wir also einen hinreichend großen Körper irgendwie zu einem einzigen Quantensystem machen könnten, so würden die Baryonen in den oberen Energiezuständen in Energie verwandelt werden.

Diese Möglichkeit, aus den vielen voneinander getrennten Quantensystemen (den Atomen) ein einziges Quantensystem zu machen, gibt es tatsächlich. Das zugrunde liegende Phänomen nennt man »Quantenkohärenz« und ihre praktische Umsetzung ist aktueller Forschungsgegenstand der Physik.

Führend auf diesem Gebiet ist der österreichische Physiker Anton Zeilinger, Professor an der Universität Wien und am Institut für Quantenoptik und Quanteninformation der Österreichischen Akademie der Wissenschaften. Neben zahlreichen Veröffentlichungen auf diesem Gebiet hat er auch zwei populärwissenschaftliche Bücher zum Thema Quantenkohärenz geschrieben, die ich dem interessierten Leser nahelegen möchte[74,75]. Dabei möchte ich darauf hinweisen, dass Prof. Zeilinger auch komplizierte Zusammenhänge klar und verständlich darlegen kann.

Nebenbei bemerkt, hat die Quantenkohärenz makroskopischer Objekte neben der Baryonenvernichtung noch weitere höchst interessante technische Anwendungsmöglichkeiten. Ihre Beherrschung würde den Bau des »ultimativen Computers«, des sogenannten »Quantencomputers« erlauben, weshalb in hunderten Labors rund um den Erdball an diesem Thema geforscht wird. Des Weiteren würden 100%ig abhörsichere Datenverbindungen möglich gemacht, Überragungsraten könnten um viele Größenordnungen gesteigert werden und etliche Dinge mehr. Auf diese technischen Anwendungen der makroskopischen Quantenkohärenz gehe ich hier nicht weiter ein, weil diese Technologien im Gegensatz zur Baryonenvernichtung, der entscheidende Bedeutung für das vorliegende Buch zukommt, Gegenstand der gängigen Literatur zum Thema ist.

Bei der technischen Realisierung der makroskopischen Quantenkohärenz ist es von entscheidender Bedeutung, dass der betreffende Körper vollständig von der Außenwelt abgeschottet wird. Auf diese Weise werden die einzelnen Atome und ihre Bestandteile »ununterscheidbar«: Jede Beobachtung wäre zwangsläufig mit einer Störung des Systems verbunden und würde daher die Quantenkohärenz zerstören.

Damit haben wir das Geheimnis des Grals auf den Punkt gebracht: Es ist eine technische Beschreibung zur 100%igen Abschottung eines Körpers von der Außenwelt, um die einzelnen Fermionen (je Sorte) ununterscheidbar zu machen und ihn so in den Zustand der Quantenkohärenz zu versetzen. Auf diese Weise wird erreicht, dass die N Fermionen des gesamten Körpers wegen des Pauli-Prinzips die N untersten Energieniveaus besetzen, wobei die obersten energiereich genug sind, um mit signifikanter Wahrscheinlichkeit die 10-TeV-Barriere zur Baryonenvernichtung zu durchtunneln. Bei hinreichend großem N machen diese energiereichen Zustände den Großteil des gesamten Körpers aus, weshalb er sich praktisch vollständig in Energie auflöst.

Anhang 2: Von Vril-Triebwerken und Kraftstrahlkanonen

Bevor Sie hier fortfahren, sollten sie den Anhang 1 über Baryonenvernichtung gelesen haben. Der Prozess der Baryonenvernichtung kann in zwei Varianten durchgeführt werden:
1. Variante: Die Materie zerfällt in Neutrinos entsprechend Gleichung A1.8, genannt »N-Vril-Prozess«, »N« steht für »Neutrinos«. Dieser Prozess macht genau dann technisch Sinn, wenn die Neutrinos alle in die gleiche Richtung fliegen, wir sprechen vom »GN-Vril-Prozess«, wobei »G« für »gerichtet« steht. Für diesen Fall ergibt sich der beste, das heißt effizienteste aller denkbaren Raketenantriebe. Dabei ist anzumerken, dass die Verwendung niederenergetischer Neutrinos (großes N in Gl. A1.8, um hohe Radioaktivität zu vermeiden, siehe Anhang 3) zu einem sehr niedrigen Wirkungsquerschnitt mit Materie führt. Diese Neutrinos durchdringen beispielsweise die gesamte Erde, wobei kaum eines von ihnen mit einem Atom wechselwirkt. Dies bedeutet, dass man beim Vril-Antrieb vollständig auf Austrittsöffnungen für die Triebwerke verzichten kann. Die Neutrinos durchdringen die Raumschiffhülle einfach, selbst bei stärkster Panzerung. Dieser Sachverhalt ist von großer militärischer Bedeutung, da die verwundbarste Stelle, nämlich die Triebwerksöffnungen, bei Raumschiffen mit Vril-Antrieb fehlt.

Um die Wirkung eines solchen Triebwerks quantitativ zu erfassen, berechnen wir einfach die Kraft, die durch den permanenten Rückstoß durch die in eine Richtung forteilenden Neutrinos entsteht:

Da sich die Neutrinos annähernd mit Lichtgeschwindigkeit bewegen, müssen wir zur Berechnung der Kraft die spezielle Relativitätstheorie bemühen. Falls Sie sich damit näher beschäftigen wollen, empfehle ich das geniale Lehrbuch des Nobelpreisträgers und hervorragenden Didakten Richard Feynman[76].

Wie wir bereits diskutiert haben, wird die bei der Beschleunigung einer Masse aufgewendete Energie in zusätzliche Masse umgewandelt, was dazu führt, dass die Gesamtmasse des Körpers immer größer wird, bei Erreichen der Lichtgeschwindigkeit sogar ins

Unendliche anwachsen würde, weshalb diese Geschwindigkeit nicht erreicht werden kann. Doch wie genau sieht diese Massenzunahme in Abhängigkeit von der Geschwindigkeit aus? Die Lösung und ihre Herleitung findet man in jedem Physikbuch, wobei ich, wie gesagt, das von Feynman empfehle:

$$m = \frac{m_0}{\sqrt{1 - v^2 / c^2}} \qquad \text{(Gl. A2.1)}$$

Dabei ist m die Gesamtmasse des Körpers, m_0 seine Ruhemasse, v seine Geschwindigkeit und c die Lichtgeschwindigkeit. Wir sehen, wenn wir $v = c$ setzen, wird der Nenner in Gleichung A2.1 Null, d.h. m wird unendlich groß.

Mit Hilfe von Gleichung A2.1 können wir nun die relativistische Energie und den relativistischen Impuls hinschreiben:

$$E = mc^2 = \frac{m_0 c^2}{\sqrt{1 - v^2 / c^2}} \qquad \text{(Gl. A2.2)}$$

und

$$p = mv = \frac{m_0 v}{\sqrt{1 - v^2 / c^2}} \qquad \text{(Gl. A2.3)}$$

Nun multiplizieren wir Gl. A2.3 auf beiden Seiten mit c, dann quadrieren wir beide Gleichungen und subtrahieren sie voneinander – was nichts weiter als ein mathematischer Trick ist, damit die Geschwindigkeit v in der Gleichung eliminiert wird. Wir erhalten:

$$E^2 - p^2 c^2 = \frac{m_0^2 \, c^4 - m_0^2 \, c^2 v^2)}{1 - v^2 / c^2} = \frac{m_0^2 c^4 (1 - v^2 / c^2)}{1 - v^2 / c^2} = m_0^2 c^4 \qquad \text{(Gl. A2.4)}$$

Gleichung A2.4 beschreibt die relativistische Beziehung zwischen Energie und Impuls. Da Neutrinos eine vernachlässigbar kleine Ruhemasse haben, können wir in Gl. A1.2 $m_0 = 0$ setzen und erhalten für die Energie-Impuls-Beziehung von Neutrinos:

$$E^2 - p^2c^2 = 0 \Leftrightarrow p = \frac{E}{c}$$ (Gl. A2.5)

Wir wissen, wie groß die Energie ist, die den Neutrinos mitgegeben wird. Sie ist gleich der Energie, die bei der Baryonenvernichtung des »Treibstoffs« mit der Masse m_T freigesetzt wird. Nach Gl. A1.1 gilt also: $E = m_T c^2$. Setzen wir dies in Gl. A2.5 ein, so haben wir den Impuls der Neutrinos in Abhängigkeit von der Masse des vernichteten Treibstoffs:

$$p = m_T c$$ (Gl. A2.6)

Nun berechnen wir die Kraft, die durch diesen Impuls erzeugt wird. Nach Newton gilt:

$$F = \frac{dp}{dt}$$

Für einen zeitlich konstanten Impuls (d.h. pro Zeiteinheit wird immer gleich viel Materie in Energie umgewandelt) gilt:

$$F = \frac{p}{t}$$ (Gl. A2.7)

Wir setzen für p laut Gl. A2.6 $m_T c$ ein und erhalten:

$$F = \frac{m_T c}{t}$$ (Gl. A2.8)

Diese Kraft steht zur Verfügung, um ein Raumschiff mit der Gesamtmasse M_R zu beschleunigen. Die Trägheit setzt dieser Kraft laut Newton die Kraft

$$F = M_R a$$

entgegen, wobei a die Beschleunigung ist. Nun setzen wir die beiden Kräfte gleich (3. Newton'sche Axiom: *Actio gleich Reactio*):

$$\frac{m_T c}{t} = M_R a \Leftrightarrow \frac{m_T}{t} = \frac{M_R a}{c} \qquad \text{(Gl. A2.9)}$$

Wir können nun auf der rechten Seite der Gleichung die Masse des Raumschiffs und die gewünschte Beschleunigung einsetzen und erhalten die Masse des Treibstoffs, die dazu pro Sekunde vernichtet werden muss. Wir sehen übrigens sofort, wenn wir die Gleichung mit t multiplizieren, haben wir auf der rechten Seite im Zähler $v = a \cdot t$, also die Geschwindigkeit des Raumschiffs. Für $v = c$ gilt dann: $m_T = M_R$. Wir müssten also die gesamte Raumschiffmasse in Energie umwandeln, um Lichtgeschwindigkeit zu erreichen. Dies ist selbstverständlich im Einklang mit der Relativitätstheorie, aber nicht unbedingt im Interesse der Besatzung, die schließlich auch zur Gesamtmasse des Raumschiffs gehört.

Wir werden jetzt für einige Raumschifftypen, die von der *Vril-Gesellschaft* realisiert wurden, die pro Sekunde vernichtete Masse für den Antrieb mit Hilfe von Gl. A2.9 ausrechnen. Für die Beschleunigung a verwende ich die Erdbeschleunigung $g = 9,81 m/s^2$. Dies bedeutet, durch die Baryonenvernichtung der in der Tabelle aufgeführten Masse wird in Erdnähe das »Schweben« des Raumschiffs erreicht. Im freien Raum bewirkt die Beschleunigung, dass die Besatzung durch die Andruckkräfte exakt die gewohnte Erdbeschleunigung erfährt. Wegen des linearen Zusammenhangs zwischen m_T und a kann sich der Leser die pro Sekunde vernichtete Masse für beliebige Beschleunigungen selbst herleiten.

Tabelle A2.1: Technische Daten ausgewählter Raumschifftypen für $a = g$ entsprechend Gl. A2.9.

Typ	Ø/m	M_R/Tn	$m_T/s/g$
Vril 7	11,5	139,37	4,56
Haunebu I	25,0	1.068,56	34,97
Haunebu II	26,3	823,48	26,95
Haunebu III	71	11.787,64	385,72
Haunebu XIV	120	9.234,98	302,19

1 Tn = 1.000 kg

Um beispielsweise eine Haunebu XIV bewegungslos über dem Erdboden schweben zu lassen oder um das Schiff im freien Weltraum mit einem g zu beschleunigen, wird also nur etwas mehr als 300 Gramm Treibstoffmasse pro Sekunde zu Neutrino-Antineutrino-Paaren vernichtet.

2. Variante: Analog zu Reaktionsgleichung A1.8, die die Vernichtung von Materie zu Neutrino-Antineutrino-Paaren beschreibt, ist auch die Umwandlung von Materie in Photonen (Lichtteilchen) möglich. Die Energie der Masse (siehe Gl. A1.4) wird dann auf die Anzahl N der erzeugten Photonen aufgeteilt. Dabei ist wichtig, N so zu regulieren, dass die Energie je Photon zwischen 2 und 3 eV, d.h. im sichtbaren Bereich liegt. Der Grund dafür ist der, dass Materie für niedrigere Energien (Infrarot, Mikrowellen, Radiowellen) und für höhere Energien (Ultraviolett, Gammastrahlung, Höhenstrahlung) in der Regel »durchlässiger« ist. Es ist jedoch gerade sinnvoll, wenn die Photonen von der Materie, auf die sie treffen, absorbiert werden können. Deshalb wird N also so gewählt, dass die Photonenenergie im sichtbaren Spektrum liegt (manchmal auch im Infraroten, zur Anregung von Schwingungsmoden der Moleküle, »Phononen« genannt. Bitte nicht mit den Lichtteilchen, den »Photonen«, verwechseln).

Für diesen Fall werden die aus der Vernichtung der Materie erzeugten Photonen von der Umgebung absorbiert, das bedeutet, dass sich diese Umgebung erhitzt. Das heißt, die Energie, die durch die Baryonenvernichtung als Photonen frei gesetzt wurde, wird durch Absorption der Umgebung in Thermische Energie (Wärmenergie) umgewandelt. Damit haben wir zunächst einmal zwei konkrete Anwendungsfälle:

a) Die thermische Energie wird kontrolliert über einen längeren Zeitraum freigesetzt. In diesem Falle haben wir eine zentrale Wärmequelle, wie sie z.b. auch in Kohle- oder Kernkraftwerken zum Antrieb eines Stromgenerators verwendet wird. Der Unterschied besteht lediglich darin, dass die in einem Vril-Kraftwerk als »Brennstoff« verwendete Masse (bei gleicher Menge erzeugter Energie) eine Million mal kleiner ist als bei einem Kernkraftwerk und eine Billion mal kleiner als bei einem Kohlekraftwerk. Hinzu kommt, dass der Brennstoff (herkömmliche Materie) im Gegensatz zu spaltbarem Material (meist Uran oder Plutonium) oder zu Kohle praktisch unbegrenzt verfügbar ist. Der P-Vril-Prozess löst also nachhaltig sämtliche Energieprobleme.

b) Wird die thermische Energie spontan (also »alles auf einmal«) freigesetzt, so entsteht die gewaltigste physikalisch denkbare Explosion, weil beim Zündstoff sämtliche Materie in Energie umgewandelt wird – mehr geht halt nicht. Auf diese Weise können Bomben praktisch beliebiger Sprengkraft erzeugt werden.

Anhang 3: Abschätzung der Radioaktivität beim GN-Vril-Prozess

Wir haben folgende Situation: Eine Flugscheibe erzeugt gerichtete Neutrinos, durch deren Impulsübertragung sie nach dem Raketenprinzip fliegt (siehe Anhang 2). Die Neutrinos werden durch Baryonenvernichtung nach Gl. A1.5 erzeugt:

$$p + e \rightarrow N(v + \bar{v}) \tag{Gl. A1.5}$$

Wobei p ein Proton, e ein Elektron, v ein Neutrino und $\bar{v}$ ein Antineutrino ist. N ist die Anzahl der Neutrino-Antineutrino-Paare, auf die die Massenenergie des Protons und Elektrons nach Gl. A1.3 übergeht. Eine ähnliche Gleichung gilt auch für die Vernichtung des Neutrons.

Die Fragen, die sich uns nun stellen, lauten: Wie viel Radioaktivität bekommt ein Mensch ab, der sich unterhalb der Flugscheibe befindet (siehe Abb. A3.1)? Hängt diese Radioaktivität von der Anzahl N der erzeugten Neutrino-Antineutrino-Paare ab? Wenn ja, wie?

(Abb. A3.1: Neutrinofluss einer Flugscheibe)

Die Radioaktivität hängt davon ab, wie hoch die Wahrscheinlichkeit ist, dass ein Neutrino überhaupt mit einem Nukleon (Proton oder Neutron) wechselwirkt – und falls es dazu kommt, wie viel Energie es dabei überträgt. Mit der Wahrscheinlichkeit beschäftigen wir uns später. Betrachten wir zunächst die Energiemenge, die das Neutrino überträgt. N Neutrino-Antineutrino-Paare haben die Massenenergie eines Nukleons. Diese beträgt nach Gl. A.3 rund 1 GeV (wir verwenden wieder die in der Kernphysik gebräuchliche Einheit Elektronenvolt (eV)). Wäre $N = 1$, so hätte sowohl das Neutrino v als auch das Antineutrino $\bar{v}$ eine Energie von je 0,5 GeV. Allgemein gilt:

$$E_v = \frac{E_n}{2N} \qquad \text{(Gl. A3.1)}$$

Mit E_v als Energie des Neutrinos (oder Antineutrinos) und

$$E_n = m_n \cdot c^2 \qquad \text{(Gl. A3.2)}$$

als Massenenergie des Nukleons. m_n ist die Ruhemasse des Nukleons.

Um nun eine Untergrenze für die Übertragung von Energie vom Neutrino auf das Nukleon zu erhalten, gehen wir davon aus, dass der Zusammenstoß zwischen Neutrino und Nukleon vollkommen elastisch ist. Das Nukleon erhält also nur Bewegungsenergie, keine Anregung. Für den elastischen Stoß gelten die Energie- und Impulserhaltung (v ist die Geschwindigkeit des Nukleons nach dem Stoss, E^*_v ist die Energie des Neutrinos nach dem Stoss, p^*_v der entsprechende Impuls. Vor dem Stoss war das Nukleon in Ruhe, deshalb stehen auf der linken Seite (der zweite Term) von Gl. A.3.3 nur seine Ruheenergie und die »0« im zweiten Term auf der linken Seite von Gl. A3.4:

Energieerhaltung: $E_v + m_n c^2 = E_v^* + \dfrac{m_n c^2}{\sqrt{1 - \dfrac{v^2}{c^2}}}$ (Gl. A3.3)

Impulserhaltung: $p_v + 0 = -p_v^* + \dfrac{m_n v}{\sqrt{1 - \dfrac{v^2}{c^2}}}$ (Gl. A3.4)

Zum Aufstellen dieser Gleichungen habe ich Gl. A2.2 und A2.3 verwendet. Ziel der nun folgenden Rechnung ist es, die kinetische Energie als Funktion von N zu bestimmen, die dem Nukleon vom Neutrino mitgegeben wird. Nach Gl. A2.5 ist der Impuls der quasi masselosen Neutrinos gegeben durch: E_v/c Um unsere Gleichungen etwas kürzer zu machen, setzte ich

$$Z = \dfrac{1}{\sqrt{1 - \dfrac{v^2}{c^2}}}$$ (G. A3.5)

Damit werden die beiden Gleichungen A3.3 und A3.4 zu:

$$E_v + m_n c^2 = E_v^* + Z \cdot m_n c^2$$ (Gl. A3.6)

$$\dfrac{E_v}{c} = -\dfrac{E_v^*}{c} + Z \cdot m_n v$$ (Gl. A3.7)

Gl. A3.7 multiplizieren wir noch mit c und erhalten:

$$E_v = -E_v^* + Z \cdot m_n c \cdot v$$ (Gl. A3.8)

Jetzt subtrahieren wir Gl. A3.8 von Gl. A3.6 (damit eliminieren wir schon mal E_v^*):

$$2E_v + m_n c^2 = m_n c \cdot Z \cdot (c+v)$$
$$\Leftrightarrow$$
$$\frac{2E_v + m_n c^2}{m_n c^2} = Z(1 + \frac{v}{c})$$

(Gl. A3.9)

Jetzt setzen wir noch, um die Formeln zu vereinfachen,

$$A = \frac{2E_v + m_n c^2}{m_n c^2}$$

(Gl. A3.10)

und erhalten so aus Gl. A3.9:

$$A = Z(1 + \frac{v}{c}) \Leftrightarrow \frac{v}{c} = \frac{A}{Z} - 1$$

(Gl. A3.11)

Jetzt greifen wir ein wenig in die algebraische Trickkiste. Wir setzen unser Ergebnis für v/c aus Gl. A3.11 in Gl. A3.5 ein:

$$Z = \frac{1}{\sqrt{1 - (\frac{A}{Z} - 1)^2}} = \frac{1}{\sqrt{1 - \frac{A^2}{Z^2} + 2\frac{A}{Z} - 1}} = \frac{1}{\sqrt{2\frac{A}{Z} - \frac{A^2}{Z^2}}}$$
$$\Leftrightarrow$$
$$Z^2 = \frac{1}{2\frac{A}{Z} - \frac{A^2}{Z^2}} \Leftrightarrow 2AZ - A^2 = 1$$
$$\Leftrightarrow Z = \frac{1 + A^2}{2A}$$

(Gl. A3.12)

Schließlich setzen wir Gl. A3.1 und dann Gl. A3.2 in Gl. A3.10 ein und erhalten so A als Funktion von N :

$$A = \frac{\dfrac{2E_n}{2N} + m_n c^2}{m_n c^2} = \frac{\dfrac{m_n c^2}{N} + m_n c^2}{m_n c^2} = 1 + \frac{1}{N} \qquad \text{(Gl. A3.13)}$$

Durch Einsetzen von Gl. A3.13 in Gl. A3.12 erhalten wir schließlich Z als Funktion von N :

$$Z = \frac{1 + (1 + \dfrac{1}{N})^2}{2(1 + \dfrac{1}{N})} = \frac{N^2 + (1 + N)^2}{2(N^2 + N)} = \frac{N^2 + 1 + 2N + N^2}{2(N^2 + N)} = \frac{1 + 2(N^2 + N)}{2(N^2 + N)}$$

$$\qquad \text{(Gl. A3.14)}$$

$$\Leftrightarrow$$

$$Z = \frac{1}{2(N^2 + N)} + 1$$

Jetzt ist es gleich geschafft! Die kinetische Energie E_{kin} des Nukleons ist seine Gesamtenergie nach Gl. A2.2 (hier: $m_o = m_n$) abzüglich seiner Ruheenergie $m_n c^2$. Für den Wurzelausdruck in Gl. A2.2 verwenden wir nun unser Z aus Gl. A3.5:

$$E_{kin} = Z \cdot m_n c^2 - m_n c^2 = (Z - 1) \cdot m_n c^2 \qquad \text{(Gl. A3.15)}$$

Nun setzen wir Gl. A3.14 in Gl. A3.15 ein und erhalten so die gesuchte Beziehung zwischen der kinetischen Energie des Nukleons, die es durch elastischen Stoss vom Neutrino erhält, als Funktion der erzeugten Neutrino-Paare:

$$E_{kin} = \frac{m_n c^2}{2(N^2 + N)} \qquad \text{(Gl. A3.16)}$$

Für große N ist der Beitrag von N im Vergleich zu N^2 im Nenner von Gl. A3.16 vernachlässigbar. Es gilt also:

$$E_{kin} = \frac{m_n c^2}{2N^2} \, f\ddot{u}r \; N \gg 1 \qquad\qquad \text{(Gl. A3.17)}$$

Gl. A3.17 ist der Schlüssel zum Verständnis der technischen Probleme beim Vril-Prozess. Wie ich mehrfach ausgeführt habe, muss der Prozess derart durchgeführt werden, dass bei der Baryonenvernichtung nach Gl. A1.5 möglichst viele Neutrino-Antineutrino-Paare entstehen, d.h. N muss möglichst groß sein. Die durch sämtliche Neutrinos auf einen Körper übertragene Energie ist gleichbedeutend mit der Radioaktivität. Die Anzahl der Neutrinos steigt linear mit N, die übertragene Energie je Neutrino fällt jedoch mit $\frac{1}{N^2}$. Beides zusammen ergibt dann, dass die Radioaktivität mit $\frac{N}{N^2} = \frac{1}{N}$ sinkt. Wenn man also statt einem Neutrino-Antineutrino-Paar je vernichtetem Nukleon gleich eine Million Paare erzeugt, so sinkt die Radioaktivität in der Umgebung um den Faktor eine Million.

Jetzt sollten wir noch abschätzen, wie hoch die radioaktive Belastung der Umwelt durch die Verwendung von Vril-Triebwerken tatsächlich (in Abhängigkeit von N) ist. Wir berechnen dies am Beispiel einer Vril-7 Flugscheibe. Die dazu nötigen Daten finden Sie in Tabelle A2.1: Der Durchmesser beträgt 11,5 m, die pro Sekunde vernichtete Treibstoffmasse ist 4,56g, um das Raumschiff bei Erdschwere in der Schwebe zu halten.

Das Triebwerk emittiert die Neutrinos auf einer kreisrunden Fläche mit einem Durchmesser von 7 m (vgl. dazu Abb. A3.1, die emittierende Fläche ist durch die nach unten gerichteten Pfeile veranschaulicht).

1g Materie enthält $6{,}022 \cdot 10^{23}$ Nukleonen (Avogadrozahl). Durch Vernichtung dieser Nukleonen werden $2N \cdot 6{,}022 \cdot 10^{23}$ Neutrinos erzeugt. Für 4,56g/s haben wir also:

$$N_{gesamt} / s = 4{,}56 \cdot 2 \cdot 6{,}022 \cdot 10^{23} \cdot N = 5{,}49 \cdot 10^{24} \cdot N / s \qquad \text{(Gl. A3.18)}$$

Die emittierende Fläche beträgt $\pi \cdot (\frac{7}{2}m)^2 = 38{,}5m^2$.

Nehmen wir nun an, unterhalb der schwebenden Vril-7 steht ein Mensch (Abb. A3.1). Von oben betrachtet hat er einen Querschnitt von rund $0{,}1m^2$. Das bedeutet, er bekommt »nur« $\frac{1}{385}$ der gesamten »Neutrinodusche« aus Gl. A3.18 ab:

$$N_{Mensch}/s = 1{,}43 \cdot 10^{22} \cdot N/s \qquad \text{(Gl. A3.19)}$$

Mit anderen Worten: Der unterhalb der Flugscheibe stehende Mensch wird in jeder Sekunde von $1{,}43 \cdot 10^{22} \cdot N$ Neutrinos getroffen.

Die Frage, die sich nun stellt, ist die: Wie hoch ist die Wahrscheinlichkeit, dass eines von diesen Neutrinos überhaupt mit einem Nukleon des Menschen wechselwirkt? Diese Wahrscheinlichkeit w ergibt sich zu:

$$w = \sigma \cdot \frac{N_{Mensch}}{F} \qquad \text{(Gl. A3.20)}$$

σ ist der Wirkungsquerschnitt für die Streuung von Neutrinos an Nukleonen, N_{Mensch} ist die Anzahl der Nukleonen im Körper des Menschen und F ist die Querschnittsfläche des Menschen, hier $0{,}1m^2$.

Der Neutrino-Nukleon-Wirkungsquerschnitt ist gegeben durch:

$$\sigma = 0{,}63 \cdot 10^{-42} \cdot E_v \cdot \frac{m^2}{GeV} \qquad \text{(Gl. A3.21)}$$

Das ist so aus Gründen, die hier zu weit führen, nicht ganz korrekt, aber für unsere Abschätzung der Radioaktivität reicht das vollkommen aus. Man sieht auf jeden Fall an dem großen negativen Exponenten, dass Neutrinos kaum mit Materie wechselwirken.

Für einen 80 kg schweren Menschen ergibt sich die Zahl der Nukleonen seines Körpers zu:

$$N_{Mensch} = 80 \cdot 1000g \cdot 6{,}022 \cdot 10^{23} g^{-1} = 4{,}82 \cdot 10^{28} \qquad \text{(Gl. A3.22)}$$

Mit Gleichung A3.21, Gl. A3.22, $E_\nu = \frac{1}{2} GeV$ (für $N = 1$) und $F = 0{,}1 \ m^2$ können wir die Wahrscheinlichkeit dafür berechnen, dass ein Neutrino mit dem Körper des Menschen wechselwirkt.

$$w = 0{,}63 \cdot 10^{-42} \frac{m^2}{GeV} \cdot 4{,}82 \cdot 10^{28} \cdot \frac{\frac{1}{2} GeV}{0{,}1 m^2} = 1{,}52 \cdot 10^{-13} \qquad \text{(Gl. A3.23)}$$

Die Zahl der wechselwirkenden Neutrinos ergibt sich dann durch Multiplikation von N_{gesamt} mit der Wahrscheinlichkeit w:

$$N_{ww} / s = N_{gesamt} / s \cdot w = 5{,}49 \cdot 10^{24} \cdot 1{,}52 \cdot 10^{-13} = 8{,}34 \cdot 10^{11} / s \qquad \text{(Gl. A3.24)}$$

In jeder Sekunde übertragen also knapp eine Billion Neutrinos ihre Energie auf den Körper des Menschen.

Wir können eine Obergrenze für diese übertragene Energie dadurch abschätzen, dass wir von ausschließlich unelastischen Stößen ausgehen. In diesem Falle überträgt jedes Neutrino seine vollen $0{,}5 GeV$ auf den menschlichen Körper. Mit der Umrechnung von eV in Joule (J) haben wir:

$$E_{unelastisch} / s = 8{,}34 \cdot 10^{11} / s \cdot 0{,}5 \cdot 10^9 eV \cdot 1{,}6 \cdot 10^{-19} \frac{J}{eV} = 66{,}68 J / s \qquad \text{(Gl. A3.25)}$$

Als Untergrenze ergibt sich aus Gl. A3.16 für den elastischen Stoß ein Viertel des Wertes aus Gl. A3.25:

$$E_{elastisch} / s = 16{,}67 J / s \qquad \text{(Gl. A3.26)}$$

Diese übertragenen Energien können wir jetzt in eine Strahlendosis umrechnen ($1rad = 0,01\,{}^{J}\!/_{kg}$). Für einen 80 kg schweren Menschen ergibt sich als Obergrenze für die Strahlendosis D pro Sekunde:

$$D\,/\,s = \frac{66,68\,\dfrac{J}{s}}{80kg} = 0,83\,\frac{J}{kg}\,/\,s = 83rad\,/\,s \qquad \text{(Gl. A3.26)}$$

Für die Untergrenze haben wir:

$$D\,/\,s = 21rad\,/\,s \qquad\qquad\qquad \text{(Gl. A3.27)}$$

Irgendwo zwischen diesen beiden Werten wird sich die Wirklichkeit abspielen.

Wir haben nun noch ein kleines Problem zu lösen: Wegen des geringen Wirkungsquerschnitts von Neutrinos wechselwirken diese so gut wie nicht mit Materie. Die große Zahl in Gl. A3.24 kommt nur daher, dass wir eine Unmenge an Neutrinos durch die Baryonenvernichtung erzeugt haben – eine Technologie, die der Menschheit heute nicht zur Verfügung steht. Deshalb gibt es auch keinen Umrechnungsfaktor von rad in die für die Wirkung auf Menschen relevante Einheit Rem. Setzt man einen Menschen Gammastrahlung aus, so gilt $1rad = 1Rem$. Für Neutronen haben wir den Umrechnungsfaktor 2: $1rad = 2Rem$. Irgendwo dazwischen wird der Wert für Neutrinos liegen. Gehen wir konservativ an die Sache heran und verwenden den niedrigeren Wert für die Gammastrahlung auch für Neutrinos, d.h. wir rechnen rad eins zu eins in Rem um.

Eine Strahlendosis von 600 Rem gilt für einen Menschen als tödlich. Diese Dosis würde für den unglücklichen Menschen, der unterhalb der Flugscheibe steht, schon nach 10 bis 30 Sekunden erreicht. Die empfohlene Höchstdosis für z.B. Ärzte, die mit Röntgengeräten umgehen, beträgt 5 Rem pro Jahr. Unterhalb einer Flugscheibe würde man diese Dosis im Bruchteil einer Sekunde abbekommen.

Diese Betrachtungen gelten für den Fall, dass bei der Baryonenvernichtung nach Gl. A1.5 nur ein Neutrino-Paar je vernichtetem Nukleon erzeugt wird ($N = 1$). Wir haben jedoch gesehen, dass die Radioaktivität mit $\frac{1}{N}$ sinkt. Deshalb ist es so wichtig, dass eine große Zahl ($N > 1 Million$) Neutrino-Paare je vernichtetem Nukleon erzeugt werden. Nur so ist der Vril-Antrieb praktikabel, weil nur dann die Radioaktivität keinerlei Gefahr für die Umwelt darstellt.

Anhang 4: Terraforming der Venus

Um die Problematik des »Terraforming« der Venus zu verstehen, denken Sie daran, dass die Atmosphäre der Venus zu 96,5% aus Kohlendioxyd (CO_2) besteht – und das bei einem 92 mal höheren Luftdruck als auf der Erde. Beim CO_2 handelt es sich unstrittigerweise um ein Treibhausgas, wobei sich jedoch die Frage stellt, ob dessen Auswirkungen auf das Klima der Erde bei 0,038% Anteil CO_2 in der irdischen Atmosphäre tatsächlich so gravierend sind, wie die Vertreter der Hypothese des vom Menschen verursachten Klimawandels uns glauben machen wollen. Ganz anders sieht die Sache auf der Venus aus: Die CO_2-Konzentration ist tausendmal höher, der Druck und damit die Anzahl der Moleküle pro Volumen fast hundertmal größer. Das Kohlendioxyd ist also neben den Spuren von Schwefeldioxyd und Wasserdampf der Hauptverursacher der außergewöhnlichen Hitze auf der Venus (dort ist es mit ca. 460°C heißer als auf dem sonnennächsten Planeten Merkur). Hochrechnungen haben ergeben, dass die mittlere Temperatur auf der Venus ohne den Treibhauseffekt bei -41°C liegen würde[77]! Wenn man also die Konzentration der Treibhausgase hinreichend weit senkt, so könnte man irdische Verhältnisse auf der Venus erzeugen. Was man also tun muss, ist die Menge CO_2 in der Atmosphäre drastisch zu reduzieren. Schauen wir uns dieses Gas etwas näher an. Es entsteht durch die Verbrennung von Kohlenstoff[78]:

$$C + O_2 \rightarrow CO_2 + \Delta H,$$
$$\Delta H = -394 kJ / mol$$

(Gl. A4.1)

Ein Kohlenstoffatom verbindet sich also mit einem Sauerstoffmolekül, wobei ein Kohlendioxydmolekül entsteht. Lässt man diese Reaktion nicht mit einem Kohlenstoff und einem Sauerstoffmolekül, sondern jeweils mit $1 mol = 6,022 * 10^{23} Teilchen$ ablaufen, so wird eine Reaktionsenthalpie (Wärmeenergie) in Höhe von 394 kJ freigesetzt (das Minuszeichen in Gl. A4.1 gibt an, dass die Energie bei der Reaktion freigesetzt wird).

Entsprechend des Energieerhaltungssatzes muss man genau diese Energie aufwenden, um die Reaktion wieder rückgängig zu machen:

$$CO_2 + \Delta H \rightarrow C + O_2,$$
$$\Delta H = +394 kJ / mol$$

(Gl. A4.2)

Die Zahl $1 mol$ = $6,022*10^{23} Teilchen$ ist übrigens nicht willkürlich gewählt. Wenn wir 1mol irgendeiner Substanz nehmen, so ist der Zahlenwert des Gewichts in Gramm identisch mit dem Atomgewicht der Substanz. In unserem Beispiel bedeutet dies: Kohlenstoff hat ein Atomgewicht von 12, Sauerstoff von 16. Daraus folgt, dass CO_2 ein Atomgewicht von 12 + 16 + 16 = 44 hat, O_2 von 16 + 16 = 32. 1 mol Kohlendioxyd wiegt also 44g und wird zersetzt zu 1 mol Kohlenstoff (12g) und 1 mol molekularem Sauerstoff (32g).

Wir hatten ausgerechnet, dass ein fliegendes Urbanes Segment etwas mehr als 22 kg Materie pro Sekunde in gerichtete Neutrinos vernichten muss, um in der Schwebe zu bleiben (siehe Abschnitt 2.9). Um den Kohlendioxydanteil in der Venusatmosphäre zu reduzieren, verwenden die *Templer* dazu den Kohlenstoff, den sie nach Gl. A4.2 aus der angesaugten »Luft« der Venus entnehmen.

Ein einfacher Dreisatz zeigt, dass das Urbane Segment 81 kg CO_2 ansaugen muss, um daraus 22 kg Kohlenstoff für die Baryonenvernichtung zu gewinnen. Der Rest wird als O_2 wieder in die Atmosphäre entlassen – ein kaum nennenswerter Anteil wird für die Erneuerung der Luft innerhalb der Segmentkuppel verwendet. Zur Spaltung dieser Menge Kohlendioxid müssen 725 Megajoule (MJ) aufgebracht werden. Diese Energie gewinnt ein Vril-Kraftwerk durch Vernichtung von 8 Milliardstel Gramm Materie, was also im Vergleich zu den für den Rückstoß benötigten 22 kg pro Sekunde keine Rolle spielt.

Die Venusatmosphäre hat eine Masse von rund $4,5*10^{20} kg$. Da Kohlendioxyd 95% der Atmosphäre ausmacht, setzen wir in guter Näherung die Gesamtmasse der Atmosphäre gleich der Gesamtmasse des Kohlendioxyds; damit machen wir einen Fehler von wenigen Prozent, was für die weiteren Betrachtungen absolut keine Rolle spielt.

Kohlenstoff (Atomgewicht 12) macht 27% des Gewichts von Kohlendioxid (Atomgewicht 44) aus. Das bedeutet, es befinden sich $1{,}2*10^{20}kg$ Kohlenstoff in der Atmosphäre. Um diese Menge vollständig zu vernichten, bräuchte unser Urbanes Segment $5*10^{18}s$, was mehr als 100 Milliarden Jahren entspricht – das ist mehr als sechs mal so lange, wie das Universum alt ist. Es wäre also ein aussichtsloses Unterfangen, mit einem Urbanen Segment die atmosphärische Zusammensetzung der Venus ändern zu wollen.

Doch dieses Problem wurde von den *Templern* auf geniale Weise gelöst. Das Urbane Segment ist nämlich viel mehr, als es scheint. Es ist das erste sich selbst reproduzierende, von Menschenhand geschaffene System. Man kann sich das Urbane Segment als eine Fabrik vorstellen, die sämtliche Komponenten herstellen kann, um anschließend ohne fremde Hilfe ein weiteres Urbanes Segment zu bauen. Sämtliche Atome, aus denen ein solches Segment besteht, stammen aus der Atmosphäre der Venus. Das hauptsächliche Baumaterial ist Kohlenstoff, als elektrische Leiter dienen spezielle Kohlenstoffnanoröhren und selbst die Roboter, die die Rohkomponenten des neuen Urbanen Segments bearbeiten und diese anschließend zusammensetzen, bestehen hauptsächlich aus Kohlenstoff. Die Gehirne dieser Maschinenwesen sind Quantencomputer. Die dazu notwendige Quantenkohärenz (siehe Vril-Prozess) ist sozusagen die Kernkompetenz der *Templer*. Die Speicherung der Q-Bits erfolgt durch sogenannte Stickstoff-Fehlstellen im Diamant-Gitter[79] (Diamant besteht aus Kohlenstoff).

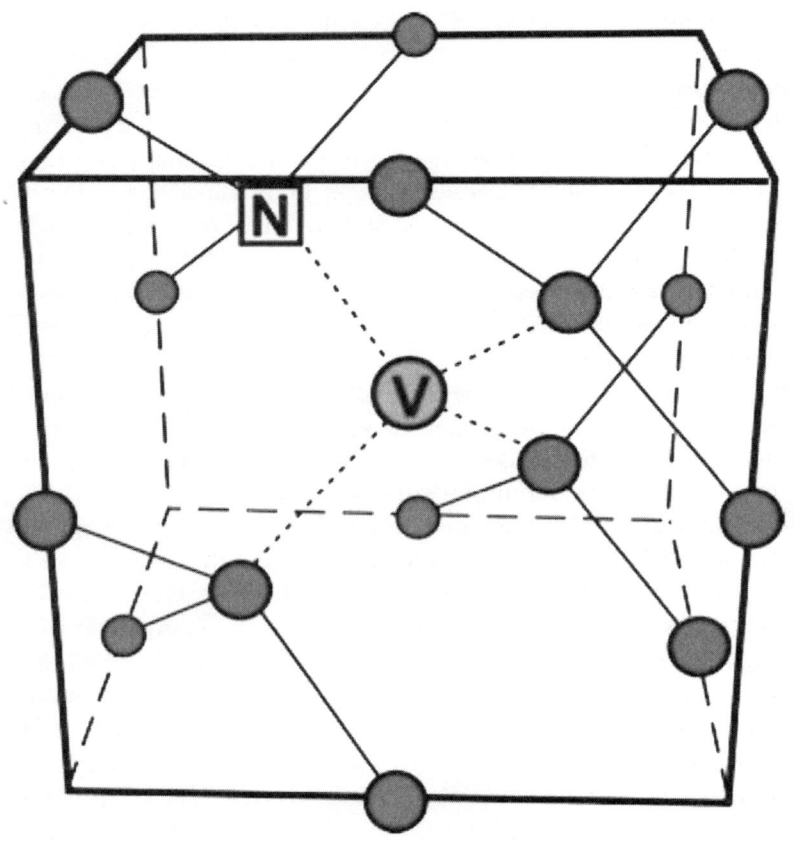

(Abb. A4.1: Stickstoff Fehlstellen im Diamantgitter zur Speicherung der Q-Bits von Quantencomputern[80]. Kohlenstoffatome sind rund und unbeschriftet, Stickstoff mit »N« und die Fehlstelle mit »V« gekennzeichnet.)

Sie sehen, selbst für die Rechengehirne, die die vollständige Automatisierung erst möglich machen, wird nur Kohlenstoff und Stickstoff benötigt, was reichlich in der Venusatmosphäre vorhanden ist.

Die *Templer* haben ursprünglich nur ein einziges Urbanes Segment gebaut, das sie am 9. Februar 2008 in Betrieb nahmen.

Die technische Realisierung eines solchen sich selbst reproduzierenden Systems war selbst für die *Vril-Gesellschaft* eine gigantische Herausforderung, weshalb die Verwirklichung trotz
des unermesslichen Wissensschatzes des Grals 80 Jahre intensi-
ve Forschungsarbeit erforderte.

Das ursprüngliche Segment schwebte in besagten 50 km Höhe
über der Venusoberfläche und begann sofort mit der Produktion
der Komponenten für ein weiteres Segment. Diese Teile wurden unterhalb des ursprünglichen Segments zur Plattform (also
ohne transparenten Quader) eines weiteren Segments zusammengesetzt. Anschließend navigierte Segment 2 mit Hilfe seiner Vril-Triebwerke neben Segment 1. Die Roboter verban-
den dann beide Segmente und montierten den transparenten
Quader von Segment 2. Nachdem die Venusatmosphäre innerhalb des Quaders durch das irdische Verhältnis von Sauerstoff
und Stickstoff ausgetauscht war, entfernten sie die Trennwand
zwischen Quader 1 und Quader 2. Beide Segmente haben so
schließlich eine gemeinsame, überdachte Oberfläche ohne
Trennwände. Die komplette Reproduktionsperiode dauert 987
Tage. Dann beginnen beide Segmente mit der Produktion von
jeweils einem weiteren Segment. Nach weiteren 987 Tagen existieren also bereits vier Segmente, nach noch mal 987 Tagen sind
es 8, dann 16, 32 und so weiter. Was hier also vorliegt, ist exponentielles Wachstum. Das Ergebnis eines solchen exponen-
tiellen Wachstums ist für uns Menschen verblüffend. Dies liegt
zum einen daran, dass wir es gewohnt sind, linear zu denken.
Wenn man beispielsweise doppelt so lange arbeitet, verdient man
(ohne Überstundenzuschläge) auch doppelt so viel, wenn man
doppelt so schnell fährt, beträgt die Reisezeit nur die Hälfte.
Exponentielles, statt linearem Wachstum setzt genau dann ein,
wenn wir es mit sich selbst reproduzierenden Systemen zu tun
haben. Derartige Systeme konnte die Menschheit (von der *Vril-
Gesellschaft* einmal abgesehen) bislang noch nicht technisch herstellen, demzufolge sind wir auch nicht damit vertraut. Könnte
man beispielsweise eine Autofabrik bauen, die neben Autos
auch Autofabriken herstellt, so würde der Preis für Fahrzeuge
praktisch ins Bodenlose sinken (sofern sich die Fabrik auch die

dazu notwendigen Rohstoffe selbstständig besorgt und diese unbegrenzt vorhanden sind). Genau diese Verhältnisse haben die *Templer* auf der Venus geschaffen. Schauen wir uns jetzt einmal an, wie lange es unter diesen Bedingungen dauert, die Venusatmosphäre vom Kohlendioxyd zu befreien.

Ein Segment entzieht der Venusatmosphäre 22,37 kg Kohlenstoff pro Sekunde, um die Vril-Triebwerke zu versorgen. Das sind im Reproduktionszeitraum von 987 Tagen rund 1,7 Millionen Tonnen. Diese Zahl müssen wir mit 1,5 multiplizieren, da das Segment im Durchschnitt über den Reproduktionszeitraum ein halbes weiteres Segment fertig gestellt hat, dessen Gewicht von den Vril-Triebwerken getragen werden muss. Das ergibt knapp 2,9 Millionen Tonnen Kohlenstoff. Zusätzlich entzieht das Urbane Segment der Luft weitere 756.000 Tonnen, um ein weiteres Segment zu bauen.

An dieser Stelle möchte ich auf ein weiteres Problem beim Terraforming der Venus aufmerksam machen. Da die Venusluft zu 95% aus Kohlendioxid besteht, so hätten wir nach der Vernichtung des Kohlenstoffs eine Atmosphäre mit 95% Sauerstoff und 3,5% Stickstoff bei knapp 100 bar, also immer noch keine irdischen Verhältnisse. Folglich muss auch noch der nach Gl. A4.2 freigesetzte Sauerstoff in der Luft reduziert werden. Dazu wird wiederum Kohlenstoff verwendet – und zwar 45 Millionen Tonnen je Urbanem Segment innerhalb des Reproduktionszeitraums –, indem Aerosole aus Mellitsäureanhydrid und verwandten Verbindungen (größere Molekülkomplexe aus Kohlenstoff und Sauerstoff, siehe Abb. A4.2) gebildet werden, die allesamt weiße, also das Sonnenlicht reflektierende Festkörper bilden[81], was wiederum zum Abkühlungsprozess der Venusoberfläche beiträgt.

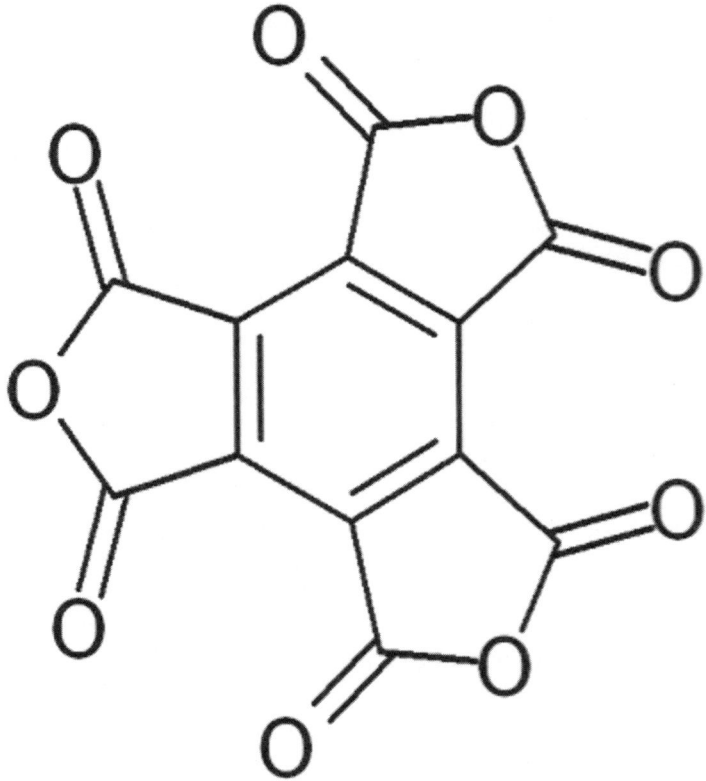

(Abb. A4.2: Struktur von Mellitsäureanhydrid. An den Ecken befindet sich jeweils ein Kohlenstoffatom)

Innerhalb des Reproduktionszeitraums entzieht ein Urbanes Segment der Venusatmosphäre 2,9 Millionen Tonnen Kohlenstoff für den Vril-Prozess, 0,756 Millionen Tonnen als Bausubstanz für das nächste Segment und 45 Millionen Tonnen zur Bindung des Großteils des Sauerstoffs in Form von Mellitsäureanhydrid. Zusammen sind das rund 50 Millionen Tonnen Kohlenstoff – in Kilogramm: $M_S = 5*10^{10} kg$.

Während der ersten Reproduktionsperiode arbeitet nur ein Segment. in der zweiten 2 in der dritten 4, in der vierten acht und so weiter. Um die Gesamtmenge des der Luft entzogenen Kohlenstoffs M_{gesamt} zu erhalten, müssen wir diese Zahlen addieren und mit M_S multiplizieren.

Es gilt also:

$$M_{gesamt} = M_S * (1 + 2 + 4 + 8 + 16 + ...),$$

was wir schreiben können als:

$$M_{gesamt} = M_S \sum_{i=1}^{n} 2^{i-1} = \frac{1}{2} M_S \sum_{i=1}^{n} 2^i = \frac{1}{2} M_S \frac{2^{n+1} - 2}{2 - 1} = \frac{1}{2} M_S (2^{n+1} - 2) \quad \text{(Gl. A4.3)},$$

wobei n die Zahl der Reproduktionszyklen ist. Ich habe bei der Herleitung von Gl. A4.3 die Summenformel für (endliche) geometrische Reihen verwendet.

Jetzt wollen wir natürlich wissen, wie viele Reproduktionszyklen wir brauchen, um sämtlichen Kohlenstoff in der Atmosphäre entweder zu vernichten oder in Baumaterial für die Urbanen Segmente umzuwandeln. In diesem Fall ist $M_{gesamt} = 1{,}2 * 10^{20} kg$. Dies und $M_S = 5 * 10^{10} kg$ setzen wir in Gl. A4.3 ein:

$$1{,}2 * 10^{20} kg = \frac{1}{2} * 5 * 10^{10} kg * (2^{n+1} - 2)$$

$$\Leftrightarrow 0{,}48 * 10^{10} = 2^{n+1} - 2 ... die \text{"-2"} \text{ können wir vernachlässigen}$$

$$\Leftrightarrow 4{,}8 * 10^9 = 2^{n+1}$$

$$\Leftrightarrow n = \log_2 (4{,}8 * 10^9) - 1$$

$$\Leftrightarrow n = 31{,}2$$

Nach 31 Reproduktionszyklen à 987 Tagen ist das Kohlendioxid vollständig aus der Atmosphäre der Venus entfernt und der Partialdruck des Sauerstoffs entsprechend gesenkt.

Dies entspricht einem Zeitraum von 87 Jahren. Um das Jahr 2095 wird es also soweit sein, dass Menschen ohne Schutzkleidung die Venusoberfläche betreten können. Bis dahin sind $Z = 2^{n-1}$ Urbane Segmente erzeugt worden. Mit n = 31,2 ergibt das Z = 1,2 Milliarden. Die Seitenlänge eines Segments beträgt 300 m, was zu einer Grundfläche von 0,09 km² führt. Alle Segmente zusammen haben daher am Ende der Reproduktionszyklen eine Gesamtfläche von 111 Millionen km², was einem Viertel der Venusoberfläche entspricht. Nur ein kleiner Bruchteil dieser gigantischen Fläche wird bis dahin tatsächlich als Plattform für die Errichtung von Städten und Parkanlagen verwendet worden sein.

Sicherlich wird man die gigantische Fabrik, die aus den Plattformen gebildet wird, umbauen, um sie einem neuen, nützlichen Zweck zuzuführen. Worum es sich bei diesem Zweck handelt, ist mir allerdings nicht bekannt. Da derartige Informationen nicht Teil der Hinterlassenschaft meines Großvaters sind, liegt die Vermutung nahe, dass es noch keine konkreten Pläne für die weitere Verwendung der Urbanen Segmente gibt.

Literaturverzeichnis

[1] Orwell, George: *Nineteen-eighty-four*, Martin Secker & Warburg Ltd, 1949

[2] *Prism-Skandal: Orwells »1984« wird in den USA und Großbritannien wieder zum Bestseller,* bei: SPIEGEL ONLINE, 13. Juni 2013

[3] Orwell, George: *Animal Farm*, Harcourt, Brace and company, New York 1946

[4] Dawkins, Richard, *Der Gotteswahn*, Ullstein, 9. Aufl., 2007

[5] Im Artikel »Is There a God?« (aufcfpf.org.uk), in Auftrag gegeben vom *Illustrated* Magazin im Jahre 1952 (aber letztlich nicht erschienen).

[6] Siehe »The Spirituality of Fatima«, auf: http://www.sofc.org/Spirituality/s-of-fatima.htm (2007)

[7] Referenz der ältesten Skelettfunde des Homo Sapiens.

[8] Bulwer-Lytton, Edward: *The Coming Race*, Edinburgh 1871; Deutsche Version: *Das kommende Geschlecht*, Deutscher Taschenbuch-Verlag, München 1999

[9] Wagner, Geoffrey: *A Forgotten Satire. Bulwer-Lytton's The Coming Race,* Nineteenth-Century Fiction, Vol. 19, No. 4, 1965, S. 379–385.

[10] Blavatsky, Helena Petrowna: *Die Geheimlehre. Band I: Kosmogenesis,* Nikol-Verlag, Hamburg 2005

[11] Blavatsky, Helena Petrowna: *Isis entschleiert. Ein Meisterschlüssel zu den alten und modernen Mysterien.* Band 1: Wissenschaft. Neuauflage der 2. deutschen und revidierten Gesamtausgabe von 1922.

[12] Ley, Willi: *Pseudoscience in Naziland,* in: »Astounding Science Fiction«, 39/3, Mai 1947, S. 90–98

[13] Goodrick-Clarke, Nicholas: *Im Schatten der »Schwarzen Sonne«. Arische Kulte, esoterischer Nationalsozialismus und die Politik der Abgrenzung,* Marix, Wiesbaden 2009

[14] Täufer, Johannes: *»Vril« – Die kosmische Urkraft. Wiedergeburt von Atlantis,* Im Auftrag der Reichsarbeitsgemeinschaft »Das kommende Deutschland«, Astrologischer Verlag Wilhelm Becker, 1930

[15] Pauwels, Louis; Bergier, Jacques: *Le matin des magiciens: introduction au realisme fantastique.* Gallimard, Paris, 1960; Deutsche Übersetzung: Louis Pauwels; Jacques Bergier: *Aufbruch ins dritte Jahrtausend. Von der Zukunft der phantastischen Vernunft,* Wilhelm Heyne Verlag, München 1976

[16] Goodrick-Clarke, Nicholas: *Die okkulten Wurzeln des Nationalsozialismus,* 2. Aufl., Marix, Wiesbaden 2004

[17] Ravenscroft, Trevor: *Die heilige Lanze. Die okkulte Macht einer Reliquie, mit deren Hilfe Hitler die Welt erobern wollte,* HJB-Verlag, Mühlhausen-Ehingen 2013

[18] Heß, Wolf Rüdiger: *Rudolf Heß. Ich bereue nichts,* Stocker, 3. Aufl., 1998

[19] Sternhoff, Gilbert: *Die Zukunft hat längst begonnen,* Kopp Verlag, Rottenburg 2007

[20] Sternhoff, Gilbert: *Die Zukunft hat längst begonnen,* Kopp Verlag, Rottenburg 2007

[21] Jürgen-Ratthofer, Norbert; Ettl, Ralf: *Das Vril-Projekt. Der Endkampf um die Erde,*

STM-Tempelhof, Wien 1992 (Die Schrift wurde nie von einem Verlag publiziert. Ein Typoskript kursiert im Internet und im Versandhandel)

[22] Goodrick-Clarke, Nicholas: *Die okkulten Wurzeln des Nationalsozialismus*, 2. Aufl., Marix, Wiesbaden 2004

[23] Rushton, J. Philippe: *Rasse, Evolution, Verhalten*, ARES Verlag, Graz 2005

[24] Zentner, Christian: *Adolf Hitlers Mein Kampf*, List, 1991

[25] Zehnpfennig, Barbara: *Adolf Hitler: Mein Kampf. Weltanschauung und Programm – Studienkommentar*, UTB Stuttgart 2011

[26] Höhne, Heinz: *Canaris – Patriot im Zwielicht*, Bertelsmann, München 1984

[27] Krause, Reinhard A.; Rack, Ursula (Hrsg.): *Journal, geführt am Bord des Dampfschiffes GROENLAND, Captain Ed. Dallmann, auf der Reise von Hamburg auf d. Walfisch u. Robbenfang an den Küsten von South Shetland Islds. Coronation Isld. Trinity Land & Palmerland, geführt von Rud. Küper, Hamburg* (PDF; 5,1 MB), Alfred-Wegener-Institut, Bremerhaven 2006

[28] Bahn, Peter; Gehring, Heiner: *Der Vril-Mythos*, 2. verb. Aufl., Omega-Verlag 1997

[29] Schappeller entlarvt, In: Oberösterreichischer Tageszeitung vom 30.5.1929.

[30] Schappellers Raumkraft, *Enthüllung der Geheimnisse im Schloss Aurolzmünster*, Tatsachen von X.X., Linz 1929

[31] Emden, R.: *Aberration und Relativitätstheorie*, Die Naturwissenschaften. 14, Nr. 16, 1926, S. 329-335.

[32] Michelson, A.A.: American Journal of Science. 22, 1881, S. 120-129; Deutsche Übersetzung: Michelson, A. A.: *Die Relativbewegung der Erde gegen den Lichtäther.* Die Naturwissenschaften.

[33] Michelson, A. A., Morley, E.W., »American Journal of Science«, Nr. 34, 1887, S. 333-345.

[34] Dawkins, Richard: *Der entzauberte Regenbogen: Wissenschaft, Aberglaube und die Kraft der Phantasie*, rororo, 2. Aufl. 2008

[35] Gehring, Heiner; Zunneck, Karl-Heinz: *Flugscheiben über Neuschwabenland*, 2. Aufl., Kopp Verlag 2007

[36] Jacobsen, Annie: *Operation Paperclip*, Little, Brown 2013

[37] van Atta, Lee, El Mercurio, Santiage de Chile, 5. März 1947

[38] siehe z.B. http://de.wikipedia.org/wiki/Flugzeugabsturz

[39] siehe z.B. http://www.zeit.de/2009/25/Flugzeugabsturz-Air-France

[40] Picknett, Lynn: *The Mammoth Book of UFOs*, Avalon Publishing Group 2001

[41] General Accounting Office Government Records: *Results of a Search for Records Concerning the 1947 Crash Near Roswell, New Mexico (Letter Report, 07/28/95, GAO/NSIAD-95-187)*

[42] Roswell Daily Record, *RAAF captures Flying Saucer on Ranch in Roswell Region*, 8. Juli 1947

[43] Roswell Daily Record, *Gen Ramey Empties Roswell Saucer*, 9. Juli 1947

[44] *Report of the Air Force Research Regarding the 'Roswell Incident'*, 1994

[45] McAndrew, James: *The Roswell Report: Fact Vs. Fiction in the New Mexico Desert*, 1995

[46] James McAndrew (USAF-Hauptquartier): *The Roswell Report: Case Closed*, 1997

[47] Sternhoff, Gilbert: *Operation Tamacuari*, Unitall Verlag 2011

[48] http://commons.wikimedia.org/wiki/File:Venusatmosphere_de.svg,
abgerufen am 17.7.2013

[49] Gonzalez, G.; Carlson, M. K.; Tobin, R. W., *»Parent stars of extrasolar planets – X.
Lithiumabundances and v sini revisited«*,
Monthly Notices of the Royal Astronomical Society 403 (3): 1368–1380, 2010

[50] Demory, B.-O. et al., *»Mass-radius relation of low and very low-mass stars revisited
with the VLTI«*, Astronomy and Astrophysics 505 (1): 205–215, 2009

[51] Saumon, D. et al., *»A theory of extrasolar giant planets«*,
The Astrophysical Journal 460: 993, 1996

[52] van Helsing, Jan: *Unternehmen Aldebaran*, Ama Deus Verlag 2000

[53] von Stahl, Heinrich: *Aldebaran Bd. 1-8*, Unitall Verlag, 2009-2011

[54] Langer, Norbert: *Leben und Sterben der Sterne*, C.H.Beck'sche Verlagsbuchhandlung,
München 1995

[55] Kippenhahn, Rudolf: *Der Stern von dem wir leben*. DVA, Stuttgart 1990

[56] Jason T. Wright, B. Scott Gaudi: *Exoplanet Detection Methods*. Astrophysics.
Solar and Stellar Astrophysics, 2012

[57] Kraus, C.: Bezüge der »Psychopathie Checklist-Revised« (PCL-R) zu den DSM-III-R-und
ICD-10-Klassifikationen bei Sexualstraftätern, *»Monatsschrift für Kriminologie und
Strafrechtsreform«*, 82 (1), 36-46, 1999

[58] Kardashev, N. S.: *Transmission of Information by Extraterrestrial Civilizations*.
Soviet Astronomy, Vol. 8, p.217, 1964

[59] Planck Collaboration et al: Planck 2013 results.
I. Overview of products and scientific results.

[60] *Stellar Chemistry. Earliest Stage of Planet Formation Dated Space Daily*, 20. 12. 2007,
abgerufen am 2. 8. 2013

[61] Alcubierre, Miguel: *The warp drive: hyper-fast travel within general relativity*.
Classical and Quantum Gravity 11 (5), 1994, L 73

[62] van den Broeck, Chris: *A 'warp drive' with more reasonable total energy requirements*.
Classical and Quantum Gravity 16 (12), 1999, S. 3973-3979

[63] Krasnikov, Serguei: *The quantum inequalities do not forbid spacetime shortcuts*.
Physical Review D, 67, 2003. S. 18-19

[64] O'Neill, Gerard K.: *The High Frontier: Human Colonies in Space*,
William Morrow & Company, 1977

[65] Sitchin, Zecharia: *Begegnungen mit den Göttern*, Kopp Verlag 2004

[66] http://www.sitchiniswrong.com/anunnaki/anunnaki.htm, abgerufen am 27.7.2013

[67] Falkenstein, A., *Die Anunna in der sumerischen Überlieferung*,
AS 16, 1965, S. 127-140

[68] Dietz-Otto-Edzard u.a: *Reallexikon der Assyriologie und vorderasiatischen Archäologie
(RLA)*, Bd. 5. S. 37

[69] Dietz-Otto-Edzard u.a: *Reallexikon der Assyriologie und vorderasiatischen Archäologie
(RLA)*, Bd. 5. S. 39

[70] Gladman, Brett, *The Kuiper Belt and the Solar System's Comet Disk*.
Science, 7. Januar 2005, Vol. 307 Nr. 5706, S.71-75

[71] 't Hooft, Gerard: *Symmetry Breaking through Bell-Jackiw Anomalies*,
Physical Review Letters 37, 8 – 1 (1976)

[72] Kane, Gordon L., *Modern Elementary Particle Physics*, Westview Press, 1993

[73] Weinberg, Steven: *The Quantum Theory of Fields,* Bd. 2, Cambridge University Press, 1996

[74] Zeilinger, Anton: *Einsteins Schleier: Die neue Welt der Quantenphysik,* Goldmann Verlag, 2005

[75] Zeilinger, Anton: *Einsteins Spuk: Teleportation und weitere Mysterien der Quantenphysik,* Goldmann Verlag, 2007

[76] Feynman, Richard P.: *Vorlesungen über Physik,* Bd. 1R. Oldenbourg Verlag, 1987

[77] David R. Williams: *Venus Fact Sheet.* NASA (2005), abgerufen am 17.7.2013 unter http://nssdc.gsfc.nasa.gov/planetary/factsheet/venusfact.html

[78] *Schülerduden Chemie,* Bibliografisches Institut & F.A. Brockhaus AG, Mannheim, 2007

[79] A. Nizovtsev, S. Kilin, F. Jelezko, T. Gaebal, I. Popa, A. Gruber and J. Wrachtrup: *A Quantum Computer Based on NV Centers in Diamond: Optically Detected Nutations of Single Electron and Nuclear Spins.* In: *Optics and Spectroscopy.* 99, 2005

[80] http://upload.wikimedia.org/wikipedia/commons/a/af/StructureNVcenter.jpg, abgerufen am 17.7.2013

[81] O. Ermer, J. Neudörfl: *Structure of Mellitic Trianhydride,* Helv. Chim. Acta, 83, 2000

Newsletter ALTERNATIVE REALITÄT

Wenn Sie mehrmals jährlich kostenlos per E-Mail Infos
zur Reihe »Alternative Realität« erhalten möchten,
abonnieren Sie bitte unseren Newsletter. Dazu müssen Sie
nur auf der Seite

www.alternative-realität.de

Ihre E-Mail-Adresse angeben und auf »Senden« klicken.
Natürlich kann der Newsletter jederzeit wieder abbestellt
werden. Auf der gleichen Seite finden Sie auch einen
aktuellen NEWS-Ticker.